国家级职业教育规划教材
人力资源和社会保障部职业能力建设司推荐
全国高等职业技术院校房地产经营与估价专业教材

房地产营销策划

人力资源和社会保障部教材办公室组织编写

肖润松　　　　邢旭东　主　编
王园园　崔发强　黄常运　副主编

中国劳动社会保障出版社

图书在版编目(CIP)数据

房地产营销策划/肖润松，邢旭东主编．—北京：中国劳动社会保障出版社，2012
全国高等职业技术院校房地产经营与估价专业教材
ISBN 978-7-5045-9875-2

Ⅰ.①房… Ⅱ.①肖…②邢… Ⅲ.①房地产-市场营销学-高等职业教育-教材 Ⅳ.①F293.35

中国版本图书馆 CIP 数据核字(2012)第 183055 号

中国劳动社会保障出版社出版发行
（北京市惠新东街 1 号 邮政编码：100029）
出 版 人：张梦欣
*
北京北苑印刷有限责任公司印刷装订 新华书店经销
787 毫米 × 1092 毫米 16 开本 20.25 印张 457 千字
2012 年 8 月第 1 版 2012 年 8 月第 1 次印刷
定价：38.00 元
读者服务部电话：010 - 64929211/64921644/84643933
发行部电话：010 - 64961894
出版社网址：http：//www.class.com.cn

前　言

随着我国房地产行业的迅速发展，相关企业对从业人员的知识结构和技能水平提出了更高的要求。为了更好地满足企业的用人需要，促进高等职业技术院校房地产经营与估价专业教学工作的开展，加快高技能人才培养，人力资源和社会保障部教材办公室组织有关院校的骨干教师和行业、企业专家，开发了全国高等职业技术院校房地产经营与估价专业教材。

本次开发的教材包括《房地产开发与经营》《房地产政策与法规》《房地产投资分析》《房地产估价》《房地产销售实务》《房地产经纪实务》《房地产营销策划》和《物业管理》。

在编写教材时，我们对教材的定位、结构、内容等进行了深入研究，努力使教材具有以下特点：

第一，重视职业能力培养，突出教材的职业特色。以职业能力为本位，从职业（岗位）分析入手，根据高等职业技术院校房地产经营与估价专业毕业生所从事职业的实际需要，科学确定学生应具备的知识和能力结构，合理选择教学内容，避免专业知识过深、过难，同时进一步加强实践性教学，突出企业工作内涵，提高教材的实用性。

第二，体现房地产行业发展趋势，突出教材的先进性。根据房地产行业的发展现状，尽可能多地在教材中体现本行业的新知识、新理念、新政策，使教材具有鲜明的时代特征。

第三，创新教材编写模式，突出任务驱动编写思路。按照学生的认知规律，合理安排教材内容，注重利用图表、实物照片辅助讲解知识点和技能点，激发学生的学习兴趣。结合先进的教学理念，大部分教材采用了任务驱动的编写思路，做到理论学习有载体、工作实训有实体，通过具体的任务引导学生学习知识和训练技能，使学生学有所获、练有所成。

本套教材可供全国高等职业技术院校房地产经营与估价专业选用，也可作为职业培训教材使用。教材的编写工作得到了有关省（区、市）人力资源和社会保障部门、教育部门，以及一批高等职业技术院校和相关企业的大力支持，教材的编审人员做了大量的工作，在此，我们表示诚挚的谢意。同时，恳切希望用书单位和广大读者对教材提出宝贵的意见和建议，以便修订时加以完善。

人力资源和社会保障部教材办公室

2012年4月

简　介

本教材根据高等职业教育人才培养的目标和要求，对房地产营销策划理论和实践进行了全面介绍。全书按照房地产营销策划的全过程分为六大模块，内容包括房地产营销策划基础知识、房地产项目调研、房地产项目定位分析、房地产项目产品策划建议、房地产项目整合推广策划、房地产项目销售执行策划等。

本教材以工作过程为导向，以房地产营销策划全过程为脉络，依据岗位工作需要和程序选取教材内容，符合职业教育的特点，有利于学生职业素质和职业能力的培养，也有利于激发学生的学习兴趣。

本教材由肖润松、邢旭东任主编，王园园、崔发强、黄常运任副主编。模块一由邢旭东编写，模块二由崔发强、肖润松编写，模块三由黄常运编写，模块四、六由肖润松编写，模块五由王园园编写，闫玉梅、陈建敏、杨晓华为本教材的案例收集做了大量工作。北京远洋嘉业房地产经纪有限公司为本教材提供了大量案例和图片，唯吾知足投资咨询有限公司郑秋浩总经理为本教材提供了大量的实操案例。本教材由肖润松负责整体策划并统稿，山东黑马房地产顾问有限公司总经理黄劲松对本教材进行了审定。

本教材编写过程中，参考了国内大量房地产类教材和著作，借鉴了国内房地产营销策划专家、学者大量的研究成果和优秀项目案例，在此表示诚挚的感谢。

本教材可作为高等职业技术院校、高等专科学校、成人高校、民办高校及本科院校举办的二级职业技术学院的房地产、建筑、工程管理等相关专业教材，也可作为建筑企业、房地产企业、房地产营销策划公司或房地产经纪公司的培训、参考用书。

目 录

模块一

房地产营销策划基础知识

随着房地产市场竞争的日益加剧，房地产开发公司逐渐意识到房地产营销策划在整个房地产项目开发过程中的重要作用。房地产营销策划行为在项目层面需要项目调研、项目定位、产品规划建议、整合推广和销售执行；在企业层面需要通过营销策划提供战略发展谋略；在产业自身层面也需要营销策划给出发展路径。以上职能对未来房地产经营领域的从业人员的理论知识、从业素养和策划技能等方面提出了较高的要求。

“房地产营销策划基础知识”模块可以通过以下课题的学习逐一进行：

课题一 房地产营销策划概述

课题二 房地产营销策划组织的建立及工作流程

课题三 房地产营销策划报告认知

课题一　房地产营销策划概述

学习目标

理解房地产营销策划的含义及特点，了解房地产营销策划的发展历程，掌握房地产营销策划在房地产经营管理过程中的重要作用和阶段性策划的主要内容。

一、策划

策划是指人们为了达到某种预期的目标，在充分获取相关有价值信息的基础上，借助科学方法、系统方法和创造性思维，对策划对象的环境因素进行分析，对资源进行重新组合并优化资源配置，而为此进行调查、分析、创意、设计并制定行动方案的行为。

对策划的理解应包含以下5个层面：

1. 策划具有很强的目的性和创造性。
2. 策划是在充分获取相关有价值信息的现实基础上进行的谋划。
3. 策划具有多种方案比选的特点，提供最佳的项目操作指导。
4. 策划具有一定的前瞻性和创新性。
5. 策划应借助科学的思维方法，并符合科学的工作程序。

二、房地产营销策划

1. 房地产营销策划的含义和作用

房地产营销策划，是指房地产企业在房地产项目投资、开发、营销过程中运用科学规范的策划行为，根据开发项目的具体目标，以客观的市场调研、消费者心理行为分析和市场定位为基础，以独特的概念设计为核心，综合应用各种建筑策划、营销策划理论和方法，按照一定的程序对房地产项目进行既具有创造性，又具有可操作性的筹划与安排。

随着房地产市场竞争的日益加剧，房地产开发企业对营销策划工作越来越重视，并将其融入整个房地产开发过程。因此，房地产营销策划是一个项目全程营销策划的过程，包含项目选址、项目调研、项目定位、产品策划、整合推广、销售执行等全过程的策划。

房地产营销策划的作用主要表现在以下几个方面：

（1）为项目决策指明方向

房地产营销策划可以使项目产品与竞争者产品产生明显的差别，为项目的整体推广出谋划策，指明方向，避免出现大的偏差。

（2）增强项目竞争力

专业的房地产营销策划队伍可以与开发商实现思维上的优势互补，使项目形成独特的产品定位和顾客群定位，从而凸显项目优势，形成强大的竞争力。

（3）实现项目利润最大化

房地产项目的营销策划过程是一个增值的过程，可以有效地整合资源，创造显著的经济效益和社会效益，尽可能实现利润最大化。

（4）加大项目品牌宣传

系统的项目营销策划可以加大项目宣传力度，树立品牌形象。

（5）有效防范和转嫁危机

房地产项目开发过程中，风险和危机无所不在，通过具备一定预见性的策划方案，可以提前预知风险，进行危机防范。

2. 房地产营销策划的特点

（1）系统性

房地产企业需要在整个项目营销策划过程中分析、评价、选择可以预见到的机会。整个过程是一个系统工程，由各个子系统（项目调研、项目定位、产品策划、整合推广、销售执行等）有机组成，并相互联系。

（2）政策性

房地产业是我国国民经济的一大支柱性产业，同时我国房地产市场的发展还有待规范，政府多利用宏观调控政策以及相应的法规来调整、规范房地产业的发展。

（3）地域性

在房地产营销策划过程中要考虑三个地域性要素：一是项目的区域经济状况（地理位置、自然环境、经济条件、市场状况等）；二是项目周边的市场状况（市场供求情况、市场发育情况、消费水平、消费倾向等）；三是项目宗地的区位状况（功能区位、地理区位、街区区位等）。

（4）市场性

房地产营销策划过程需要适应市场的需求：一是以市场需求为主导，二是要随着市场的变化而变化，三是要善于引导市场、创造市场。

（5）预见性

在项目调研阶段，要预见未来项目开发的市场情况；在项目定位阶段，要预见未来目标客户群、产品类型等的需求状况；在产品策划阶段，要预见小区规划、风格设计、户型设计等方面的发展趋势；在整合推广阶段，要预见购房者对项目品牌、价格、媒体、广告、包装等的接受程度；在项目销售执行阶段，要预见入市时机、开盘促销、优惠活动等对购房者的刺激效果。

（6）创新性

房地产营销策划过程要时时体现新概念、新主题、新方法和新手段。创新性是房地产项目成功开发的关键要素。

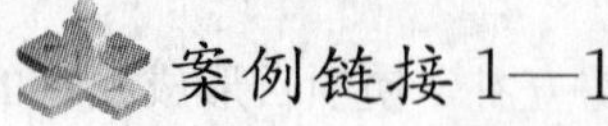
案例链接 1—1

万科·17 英里——我能与这个世界保持的距离

万科·17 英里是万科集团早期开发的项目，如图 1—1 所示。项目位于深圳市东部溪涌盐葵路南侧海岸，西距小梅沙 6～7 公里。项目拥有壮观的海洋景观、天然沙滩及远古礁岩群，已成为大鹏湾的一道亮丽的风景线。项目占地面积 67 571 平方米，总建筑面积约为 5 万平方米，分为两期开发，其中一期为 107 套海岸排屋住宅，二期为 330 余套全海景小高层住宅。

当时类似的项目有Ⅰ·领海（酒店式多层公寓，大梅沙海岸物业）和皇家·海湾公馆（盐田区地王，顶级海景豪宅），都是靠海的豪宅项目。万科当时推出该项目时，在进入时机和项目位置条件上都比两个竞争项目逊色。但万科经过前期精心的调研和后期的产品定位，在策划案中做起了“远”文章，将项目的劣势“远离城市，位置偏远”创造成一个需求。

策划公司根据“远”字联想到“静、隐、逸”三个字，从而区别于Ⅰ·领海“享乐主义者”的缤纷热闹和皇家·海湾公馆巨富阶层的豪奢。策划公司认为符合“静、隐、逸”三个字性格的是那些巅峰人士，是真正的“富人”（不以金钱为衡量标准）。他们知识渊博，事业有成，喜欢恬静，追求安逸生活，讲究品位和格调；他们不事张扬，生活自然，从容随意；他们财富的积累过程比较轻松，有足够的物质基础构建自己的精神堡垒，梦想着有一块地，盖一栋最自我的房子；他们有自己的“生活圈子”，地位相当，趣味相投，拥有特殊的“圈子文化”；他们希望远离人群，生活在一个属于自己的空间，因此对“远”有了独特的需求。项目的策划者将该客户群描述为“城市梦想家”。

图 1—1 万科·17 英里项目实例

项目最终市场定位为“纯海岸私人会馆”，瞄准以深圳区域为主，辐射全国大城市的高端客户，以“我能与这个世界保持的距离”打动 17 英里的追随者。他们具有如下特征：

1. 社会的中上阶层，以深圳客户为主，港澳台、珠三角及内陆大、中型城市客户为辅。

2. 35～50 岁，成功人士，高收入，讲究精神层面享受，思想及行为极其成熟。

3. 有文化素养，注重生活品质。

4. 储蓄及购买力已达丰裕，是二次置业者，处于事业高峰期。

5. 部分是企业购买，用于公务或投资。

(7) 操作性

房地产营销策划不仅要提供思路，而且要产生行动方案，具备可操作性：一是实际市场环境中具备可操作的条件；二是具体实施中有可操作的方法；三是要易于操作，容易实施。

(8) 动态性

房地产开发经营的过程是企业可控因素与环境的不可控因素之间的动态平衡过程。房地产营销策划贯穿于整个房地产开发经营过程中，并随之发生变化。

(9) 可调适性

任何策划方案在实施过程中都需要根据实际情况的变化加以调整和补充。因此，房地产营销策划方案必须具有弹性、灵活性和变通性。

(10) 多样性

房地产营销策划方案是在众多的营销策划方案中经过比较、权衡、调整而最终确定的。很多房地产开发公司选择代理商时，主要参照其各自提交的策划方案，并进行现场答辩，权衡优劣后进行选择。

三、房地产营销策划的发展历程

1. 标准规划阶段

标准规划阶段又称为生产观念阶段。20世纪80年代以前，我国住宅建设标准多由政府或各企事业单位统一制定。1987年中国共产党第十三次全国代表大会第一次明确提出了建立房地产市场，确立了房地产市场经济的地位，使得长期被压抑的居住需求逐步得以释放，专业化房地产开发商开始涌现。

20世纪80年代中后期，房地产市场上住宅开发占据主流，价格低廉的住房受到购房者欢迎，开发商对住宅产品的总体规划及户型设计等多停留在解决住房的“温饱”问题上，并未过多考虑人们的需求偏好，仅致力于提高生产效率和分销覆盖面。在此阶段，设计院的规划设计替代了房地产营销策划。

2. 楼盘策划阶段

楼盘策划阶段又称为产品观念阶段。20世纪90年代初期，随着经济的发展，人们对住房的需求迅速增长，需求层次也逐步提高。开发商开始关注楼盘策划，认为购房者喜欢那些质量好、功能多、具有某些特色的房地产产品。此时开发商致力于开发优质楼盘，并不断加以改进。这种观念导致开发商过度关注自己产品的创新设计，但忽视了市场发生的变化，没有考虑市场对其产品是否能够接受。

此时房地产策划工作仍以设计为中心，在销售过程中，策划工作以产品为主线，侧重于挖掘产品卖点或卖点群（如地段优势、配套优势、户型优势等）。

3. 销售策划阶段

销售策划阶段又称为推销观念阶段。20 世纪 90 年代中后期，越来越多的开发商认识到营销策划对房地产市场推广的作用，认为如果消费者对房地产产品不欢迎，便不会产生购买行为，因此必须进行大量的推销和促销工作，市场上大量的房地产策划机构开始涌现出来。此阶段的策划工作一般在项目销售开始前介入，以产品品质和价格为主线，运用广告策划、人员推广、销售折扣、公关活动等多种营销手段，促进房地产销售。

但是，本阶段的销售策划多缺乏前期深入的市场调研，特别是消费者需求调研，因此项目开发带有一定程度的主观臆断色彩。待产品开始销售时，才开始注意到消费者的需求，试图通过各种宣传和促销手段满足或引导消费者的市场需求。

4. 全程策划阶段

全程策划阶段又称为市场营销观念阶段。20 世纪 90 年代末，越来越多的开发商逐步意识到前期市场调研和项目定位的重要性，房地产项目全程策划逐步被重视。全程策划即从市场调研、土地使用权获取、投资分析、项目定位、规划设计、建筑施工、市场推广以及物业服务等各个方面进行全方位策划，为项目开发和经营提供有力保障。全程策划主要强调两方面的内容：各个环节相互连贯，缺一不可；每一个策划环节均以满足客户需求和提高产品价值为主要目的，强调项目开发价值提升的手段和空间。

该阶段策划一般在“拿地”前后开始介入，着手进行市场调研，以满足客户需求为主线，结合项目周边经济文化环境，进行项目的客户定位、产品定位、形象定位和主题策划，并通过后期的产品规划建议、营销推广以及销售执行等，有效地整合房地产资源，增强项目竞争能力。全程策划确立了房地产项目策划在房地产开发中的位置，开始了以客户为核心的房地产开发模式。

四、房地产营销策划阶段性策划内容分解

总体来说，一个完整的营销策划方案包括房地产项目调研、房地产项目投资分析、房地产项目定位分析、房地产项目产品规划建议、房地产项目整合推广策划、房地产项目销售执行策划等内容。其中房地产项目投资分析作为单独的课程进行学习，本书未对其内容进行分析。

1. 房地产项目调研

房地产项目调研是为了实现项目特定的经营目标，运用科学的理论和方法，以现代调查技术为手段，有目的、有计划、系统地收集有关房地产市场的信息资料，通过整理、分析，正确判断和把握市场的现状和发展趋势，从而为有关项目建设的必要性、内容、规模、档次、时机及开发经营方式等决策提供科学依据。

房地产项目调研主要包括项目市场环境调研（宏观环境调研、中观环境调研和微观环境调研）、消费者需求调研（“6W+1H”消费者需求调研、消费者特征及需求调研）、竞争对

手调研（竞争项目调研和竞争企业调研）、项目自身调研（SWOT 分析法）。

房地产项目调研是房地产营销策划的基础，是项目策划者认识房地产市场、捕捉新的市场机会的前提，是感知市场、了解消费者需求的主要手段，是应对竞争、把握房地产市场供给的主要方法，是项目定位分析、产品规划、整合推广和销售执行的基础，贯穿项目始终。

2. 房地产项目定位分析

房地产项目定位是在市场调研和细分的基础上研究和分析潜在消费者的客户定位，是对消费者使用方式和使用心理进行分析和研究基础上的产品定位，是将产品按消费者的理解和偏好方式传达出去的形象定位。

（1）客户定位

客户定位解决产品卖给谁、目标客户有哪些消费习惯及需求习惯的问题。由于客户对象在年龄、收入、职业、教育程度及个人兴趣等方面差异较大，其消费需求也复杂多变，因此，必须依照项目自身品质及特点，正确分析项目的客户群体组成和消费特征，从而为未来的项目销售指明方向。

（2）产品定位

产品定位解决开发什么样式产品的问题，即根据房地产项目所在市场的需求状况，项目的开发主题、类型、功能定位，以及经营方式等制定具体的产品定位方案和定位策略。

（3）形象定位

形象定位即找到该房地产项目所特有、不同于竞争对手、能进行概念化描述、能通过广告表达、能为目标客户所接受并产生共鸣的特征。

3. 房地产项目产品策划建议

房地产项目产品策划是指为满足消费者对房地产产品的特定需求而对房地产项目产品进行的策划和设计。

（1）房地产项目总体规划建议

房地产项目的总体规划需要进行项目概念设计、项目规划选址、项目平面布局和竖向设计等前期的总体设计工作，是项目能否成功的关键。

（2）房地产项目居住区道路交通规划设计建议

房地产项目以住宅项目为主，住宅项目内部居住区的道路交通直接影响项目的整体居住环境，因此，对道路交通的规划设计是房地产项目产品策划的重要任务。

（3）房地产项目建筑类别及风格建议

随着人们生活水平的提高，消费者对房地产项目的建筑风格和类别也产生了较高的精神需求，因此，需要针对消费者的需求进行调研，为产品的建筑类别及风格等因素提供建议。

（4）房地产项目户型设计建议

消费者不同的年龄阶段、职业、家庭人口、购买目的等，都将形成不同的户型需求，因此，需要对户型类型、数量、面积、空间功能、配比等进行科学的设计和配置。

（5）房地产项目建筑景观设计建议

房地产项目不仅要满足消费者居住、工作的核心需求，同时还需具备相应的休闲、锻炼、人际交流等功能，因此，房地产项目建筑景观设计越来越多地受到了消费者的关注。

(6) 房地产项目配套设施建议

针对房地产项目总体需要，进行配套设施功能分布设计，实现项目的基本使用功能，丰富社区文化生活，改善社区生活环境。

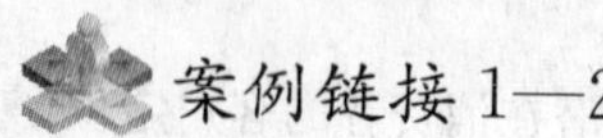案例链接 1—2

金地·格林世界项目产品设计

如图 1—2 所示，金地·格林世界项目位于天津市中心城区东南，是天津市规划的外围八大组团中距离市区最近的住宅项目。项目规划建设用地约为 38 万平方米，绿化率为 40%。

图 1—2　金地·格林世界项目规划示意图

一、产品优势

在保证低层、退台、双院落、阳光房、叠式庭院以及丰富空间的同时，围绕“以人为本”的核心理念，在空间尺度把握上更加专业和考究，90%以上的房子客厅面宽达到 4.5 米，并保证了户户全明设计。28 米的超宽楼间距，BLOCK 街区的特有规划手法，让阳光、空气与街区景观同步滋养居所。金地·格林世界热卖的三期“城市官邸”的产品集中为大户型，意在为改善型需求者提供一个集中居所，在让业主享受美好舒适的同时，产品也持续增值。为此，“城市官邸”的设计师在颠覆与继承上做了大量工作。

1. 户户全明

为保证居家生活质量，金地·格林世界项目不惜牺牲出房率，确保户户全明设计。同时，为了在室内营造出让居住者倍感舒适的开敞空间感，设计者在窗体设计上，打破以往飘窗框架，加入视角达 270 度的转角式外飘窗与落地窗，大大提升景观视野。为了让房子尽可能吸纳光照，设计者大胆突破传统的横厅设计，创造出多室向阳、全明户型。

2. 独立空间

在城市中，“独立”是一种奢侈。以小院围墙的处理为例，为了让住户充分享受社区景观，同时保证一楼住户小院生活隐私，小院围墙采用了半米台地加一米围墙的设计，既保证了一楼业主生活不外露，同时又保证向外看时视野开阔。

3. 景观式会所

金地·格林世界的运动主题会所采用实木结构，被戏水池与镜像水系双面环绕，镜像水系将会所的全木质外檐以挺拔姿态倒映其中，流水从屋檐下叮咚坠落，绽放的水晕与温润木质建筑组成一片动静结合的风景。

4. 金牌物业

物业管理水平是保证项目长期保值增值的一道安全屏障。金地物业是中国首批物业管理一级资质企业，以精品化服务方向、专业化管理水平和特色化服务模式闻名业内。

二、景观优势

1. “S”形中央景观公园带

绵延 1.5 公里的绿色风情社区内，“S”形中央景观公园从北至南贯穿社区，呈现山谷感。其间设置一条曲折的绿化水系，使景观更加灵动，同时水体在主绿化带中心部位形成“湖面”，与社区会所结合成为主要景观。中央景观带以大面积青草坡地形成广阔的休闲空间，慢跑小径和高尔夫球车道贯通南行，同时通过抬高地形形成中央公园。这条带状公园与延展区域中的建筑体形成关联和咬合，两者之间又通过宽大的绿篱有效分隔，既将“泛公园”概念引入居住区，又良好地保证了居住的私密性和安防要求。

2. 绿色走廊，风景流动的步伐

“S”形中央景观公园带衍生出的 6 条绿色走廊，犹如一脉交错的景观视廊，不仅将社区有效分割成宜人的组团，同时促成了社区之间的有效连通，使社区生活围绕广场和绿地展开。

3. 三重庭院享受，多重花园环抱

金地·格林世界独创三重庭院体系：入户花园、下沉小院和露台，构筑了私密浪漫的私家庭院；半围合 BLOCK 街区是邻里共享、绿意盎然的趣味庭院；组团中心既不封闭又相对独立的法式景观花园，以多条小路汇聚成组团内居民聚合交流的共有庭院。

三、配套设施

1. 生活配套

金地·格林世界超过 15 000 平方米的配套规划，包括餐饮店、药店、诊所、洗衣店、户外用品店等；4 000 平方米以休闲运动为主题的会所，设置有室外戏水池、健身馆、瑜伽馆、水疗 SPA 馆、羽毛球馆和室内篮球馆。以易初莲花超市等为代表的生活商业中心，与完备的金融、邮政、医疗等配套系统相配合，形成了“一步式”高素质生活圈，加上社区免费巴士全面开通，金地物业全面进驻，让居者充分享受城市的悠然生活。

2. 教育配套

金色摇篮潜能教育开发机构入住社区，双港中学、天津财经大学、天津科技大学、天津工程师范学院等学校均近在咫尺。

3. 交通配套

金地·格林世界拥有方便的复合交通网络，包括多条交通主干道，地铁1号线和多条公交线路极大地降低了那些拥有先进置业理念的中产阶级客户群为追求高品质的舒适生活向城市外围自然过渡的损失。

4. 生态配套

金地·格林世界与占地1 000亩的柳林风景区毗邻，规划总面积5.5平方千米的河畔公园与海河带状公园是天然大氧吧，生态环境得天独厚。

4. 房地产项目整合推广策划

房地产项目整合推广策划是指根据市场竞争环境分析和项目自身优劣势分析，针对项目目标市场的需求，制订有效的整合推广计划，为房地产产品上市销售或租赁作准备。

(1) 品牌策划——项目案名和LOGO建议

针对房地产项目的形象定位情况，设计案名和LOGO。为了使房地产开发企业有所比较，应多设计几套案名和LOGO，对每一套的寓意进行详细分析，并进行推荐说明。

(2) 价格策划

针对项目的实际情况，对房地产项目价格的构成要素、价格制定的影响因素进行分析，说明价格制定的方法与基本步骤，重点对项目价目表制定及调整的具体实施进行详细分析。

(3) 包装策划

明确不同阶段房地产项目包装策划的主要内容，对销售场所的售楼处、样板房、模型(规划模型、户型模型)、展板、楼书、海报、宣传单张、折页、平面图、户型图等进行包装设计，并注意项目不同开发阶段采取不同的包装策略。

(4) 广告策划

明确房地产项目广告策划的目标，制定广告费用预算，确定广告的主要内容（广告类别、主题、诉求点、平面广告文案等），选择恰当的广告媒介，实施相应的广告策略，开展相应的广告效果测定。

(5) 活动策划

明确房地产项目活动策划可采用的基本方式，并针对开盘活动、促销活动、展会活动、公关活动等常见项目的活动策划进行方案的设计。

5. 房地产项目销售执行策划

房地产项目销售执行策划是指为了实现项目的销售目标，对有利于项目销售的一系列工作进行有意识的整合，使项目按照规范的操作手段进行运作，从而实现项目总体销售目标的一种创意活动。

(1) 项目营销渠道策略的选择

项目营销渠道策略的选择主要是根据房地产公司以及开发项目的实际情况，选择直接营销渠道（自己组建销售队伍）、间接销售渠道（代理公司）或网络营销（房地产销售网站），同时包括开展房地产项目销售组织管理。

(2) 项目销售优惠措施的确定

项目销售优惠措施的确定主要是指根据项目销售推广的实际情况，在项目推广的不同阶段，针对客户选择的不同付款方式，开展一定的价格及其他方面的优惠措施，加大促销的力度。

(3) 项目销售执行的具体实施

项目销售执行的具体实施主要包括项目销售前的物料准备、项目入市开盘、商业项目招商、项目促销活动的实施、项目销售控制等内容。

(4) 房地产项目售后服务

房地产项目售后服务又称为房地产后营销，是指在项目销售环节结束后，为购房者提供的相关客户服务和物业管理措施。

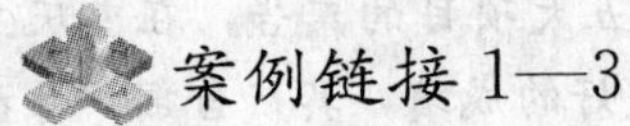
案例链接 1—3

2009 重庆地产风云榜“年度营销策划案例”

一、协信集团——亿元购房券撬动楼市

案例回顾：2009 年 2 月 23 日，协信集团推出单张面值为 5 000 元、总额为 1 亿元的“协信购房券”，在重庆楼市引起轰动。由开发企业大规模发放抵扣券，将实惠带给购房人，此举在重庆楼市史上尚无先例，创下重庆楼市纪录。

上榜理由：协信集团亿元购房券取得了极大的社会关注，吸引了购房人的眼球。首日发放时，协信集团旗下 6 大项目的销售中心人满为患，人们排队等待领取购房券，当日发放超过1 150 万元，成为当时楼市中最受关注的开发企业。

二、重庆晨报——宜居营销城市

案例回顾：2009 年 5 月，《重庆晨报》发起首届重庆十大宜居社区评选，经历了市民票选、专家评审、宜居社区体验等三个阶段，共有近 300 个社区参与初选，46 个社区入围，收到选票约 38 万张，网站留言超万条。在专家评审环节，以票选排行榜为基础，结合入住率、容积率、绿化率等多项指标，最终评选出十大宜居社区和十个单项奖，之后组织市民体验了入围的十大宜居社区，将活动推向高潮。

上榜理由：评选结合专家的权威性与民众的参与性，持续时间长，参与楼盘多，入围社区由市民投票产生，在重庆楼市的评选中尚属首次。评选结束后，引发了宜居标准大讨论，不但对重庆楼盘的未来开发提供了帮助，也营销了整个城市。

三、朗晴广场——让商业浪漫起来

案例回顾：朗晴广场从一亮相起，就提出把楼盘打造成重庆乃至中国最具影响力的浪漫商业中心。朗晴广场在硬件和软件上突出浪漫元素，塑造以爱恋经济、婚恋经济为一体的主题商业广场，提供各种浪漫设施，其中包括罗马假日许愿池、地中海婚庆礼堂、约会钟楼等。精准的定位和推广，带动了投资者的投资热情，开盘 2 小时狂销商铺 139 个，揽金

1.62亿元，单价最高达十多万元。

上榜理由：朗晴广场定位精准，抓住婚恋浪漫经济这一新亮点，开辟浪漫商业细分市场，为物业未来经营奠定了良好的前景，成为市场最聚集眼球的亮点。同时，能借势观音桥步行街改造，使浪漫步行街与项目紧密结合，为项目营造巨大卖点。朗晴广场一直塑造的高端物业形象，极大地提升了区域商圈物业的价值。

四、金科集团——万众瞩目“万家宴”

案例回顾：2009年12月7日，金科集团举行“2009金科邻里万家宴”大型活动，创造了一项吉尼斯世界纪录。“万家宴”耗资500万元以上，请2万多名业主赴宴，一个主会场三条餐饮街同时开宴。该事件是金科集团邻里文化的一部分。

上榜理由：金科集团通过邻里文化主线宣传推广，以气势庞大的“万家宴”，把邻里文化推向高潮，极大地推动了金科系列楼盘的旺销。

五、恒大地产——地毯式高强度营销

案例回顾：从2009年夏季开始，上市两个月的恒大地产五大项目的广告，在重庆主流报纸最佳位置进行地毯式高强度刊发。高强度的营销带来了最好的成绩，其广告词“开盘必特价，特价必升值”，为众多重庆市民耳熟能详。在当年楼市持续向上向好的过程中，这条恒大楼盘的“定律”，也反复被市场所验证。

上榜理由：恒大地产当年投放在纸媒的广告量，占到整个市场的近十分之一，高居广告投放量榜首。恒大地产的地毯式高强度营销的最大特点是其投放的主战场是报纸这一主流媒体。这一精准而有效的投放方式，为其带来了出色的营销成绩。

六、龙湖地产——易房节“吃小亏占大便宜”

案例回顾：2009年3月，龙湖地产举办了首届春季易房节，开全国先河。600余套租售房源参展，仅两天就成交50多套。之后的调查显示，97%的被调查者希望再办易房节。于是，在9月29日到10月8日，龙湖地产再次举办了秋季易房节，10天内共接待超过2 500组客户，成交龙湖二手房63套，成交金额逾5 000万元。

上榜理由：办易房节，对龙湖地产似乎是个赔本赚吆喝的事情，但迎合了业主买卖二手房的需求，由单纯对业主生活价值的关照，延伸到了对财产性价值的关照，龙湖地产的受益是间接的、长远的。通过易房节，业主对龙湖地产形成了更高的客户满意度和忠诚度，从而更多地重复购买或推荐购买龙湖地产的房子。

七、万科地产——甲壳虫大抢眼球

案例回顾：2009年9月10日，《重庆晨报》上出现了万科甲壳虫4连版的湖心岛广告，把广告直接嵌入新闻内容中，达到了远远超过同样几个整版广告效果的作用。除了广告形式的新颖，吸引了众多客户，在表现上，也采用了较流行的四格漫画形式，用讲故事的手段，把首付低、精装修以及投资的稳妥性等多方面的诉求点，轻松幽默地予以表达，让读者对项目有了更深刻的理解。

上榜理由：新颖的广告方式，使万科甲壳虫从铺天盖地的广告中脱颖而出，引起了消费者的关注。9月20日开盘时，由于良好的广告效果，积累的客户数倍于700多套房源，不得不“悄悄”开盘。713套精装小户型公寓两小时内即销售一空。

八、晋愉地产——公园地产赢得胜利

案例回顾：作为政企合作共建市政公园的典范，晋愉地产经过 4 年的公园地产探索，建成的 1 200 亩晋愉绿岛中央公园免费开放。在该公司 2009 年的年度推广中，公园地产主线贯穿始终，包括大规模的公园标准、公园地产模式探讨等。除了媒体推广，该公司还通过企业内刊、企业高管博客等形式，对公园地产、公园文化进行广泛解读，最终赢得了消费者的认可与尊重，实现了品牌与销售的双丰收。

上榜理由：晋愉地产的公园地产推广，不仅仅推行公园本身，还包括公园生活方式和公园居住文化，关照客户精神需求，与其达到精神层面上的沟通。同时也推动了行业和社会对公园的关注和对地产人文的追求。

（资料来源：第贰地房产网）

五、房地产策划师职业资格认证

2005 年，原劳动和社会保障部公示了第三批新兴热门职业名单，其中包括房地产策划师。2006 年，原劳动和社会保障部公布了房地产策划师国家职业标准，并开始进行房地产策划师职业资格认证工作，标志着房地产策划师作为一个新兴职业正式受到社会的认可。

房地产策划师是指通过房地产策划师职业资格认证考试，取得房地产策划师职业资格证书，并经登记后从事房地产行业的市场调研、方案策划、投资管理、产品营销和项目运营等工作的专业人员。

房地产策划师的主要工作包括：房地产项目的市场调研及市场定位；整合规划、设计、建设、营销、广告、物业等资源，制定策划方案；房地产项目的产品营销工作；房地产项目的运营和物业管理工作等。

房地产策划师职业分为四级：房地产策划员（国家职业资格四级）、助理房地产策划师（国家职业资格三级）、房地产策划师（国家职业资格二级）、高级房地产策划师（国家职业资格一级）。

模拟实训

根据本课题学习目标的要求，结合相关理论知识，在教师的指导下，针对以下任务的要求展开实训。

任务一：利用“百度”和“谷歌”等搜索工具，在网络上查询目前有哪些与房地产营销策划有关的网站，并选择其中的两个作为今后的主要学习参考网站。

____

____

任务二：了解所在院校目前房地产策划师认证考试的相关情况，并为自己的未来取证做好计划。

____

____

课题二　房地产营销策划组织的建立及工作流程

学习目标

了解房地产营销策划组织各部门的主要工作职责，掌握房地产营销策划工作的主要流程。能够看懂简单的策划报告。

一、房地产营销策划组织的建立

房地产营销策划组织的建立可以根据企业的实际情况，通过内部建立或外部聘任的方式进行。如需要外部策划机构参与，往往采取多家招标的形式进行。

房地产营销策划组织一般由 1 名策划总监（公司副总）、1 名策划经理、1～2 名策划文案、1 名策划执行等人员组成，各负其责。

1. 房地产营销策划组织工作职责

（1）负责项目的定位和策划报告的撰写。

（2）负责产品推广与执行。

（3）负责产品创意与推广策略的确定。

（4）根据公司有关经营发展战略，制订年度、季度、月度推广方案，呈报总经理。

（5）制订各个阶段的推广计划，制订相应的推广策划方案。

（6）根据公司有关推广工作的要求，实施各项推广方案及措施。

（7）负责项目外部公共场地公关活动的组织、策划、实施方案。

（8）负责项目的服务管理工作，制订相应的服务措施及管理制度。

（9）负责公司宣传，以及与媒体的沟通和协调工作。

（10）负责与广告公司的沟通工作，直接对广告公司负责。

（11）直接对总经理负责。

2. 房地产营销策划组织成员岗位职责

房地产营销策划组织中策划总监、策划经理、策划文案和策划执行的岗位职责见表1—1。

表 1—1 房地产营销策划组织成员岗位职责

策划总监（公司副总）岗位职责	策划经理岗位职责
1. 全面负责、组织开展策划部的各项工作 2. 全面制订工作计划，并负责人员安排与绩效考核工作 3. 全面负责项目的推广定位和主题创意 4. 全面组织宣传推广计划，掌握实施过程 5. 全面负责整个团队的业绩考核工作 6. 负责重要的接待和外联工作，塑造企业良好的内、外部形象 7. 及时将策划工作中所发现的不合理现象及合理化建议上报公司，并将公司有关决议传达给下级人员 8. 加强与上级领导、其他相关部门的协作、配合 9. 定期提报季度、年度项目综合分析及工作总结	1. 协助策划总监，负责企划方案的撰写与统筹 2. 负责策划方案的指导、审核与方向性方案的撰写工作 3. 负责重要项目提案的撰写和提报 4. 针对策划工作与公司其他部门沟通 5. 围绕方案组织项目的市场调研 6. 负责策划部的市场研究和指导工作 7. 指导策划人员提高整体水平，并培训策划人员 8. 协助策划总监，倡导策划部团结、协作、进取的良好氛围
策划文案岗位职责	策划执行岗位职责
1. 协助策划总监或策划经理完成项目的策划方案 2. 负责策划方案的撰写和加工 3. 负责资料的搜集和整理分析 4. 负责前期的市场调研与分析报告的撰写 5. 负责公司随机性方案稿件的撰写 6. 负责公司网站和项目网站的维护和更新 7. 根据项目需要，配合策划总监或策划经理完成相关工作	1. 协助策划总监或策划经理完成项目的市场调研 2. 负责与销售部、市场部、广告公司的沟通，反馈不同意见 3. 负责策划方案的落实和执行细则，与合作方沟通 4. 负责销售信息与广告效果的反馈与整理 5. 负责部门事务性工作

二、房地产营销策划工作流程

房地产营销策划的工作流程和阶段划分，在不同的项目中有所差异。房地产开发企业可以根据项目的实际情况，对其流程和阶段做出适合自己的划分，并开展相应的策划任务。

以代理公司接受房地产开发公司的项目策划任务为例，房地产营销策划工作的实施过程包含以下几个阶段：

1. 项目介入阶段

（1）识别客户需求

1）了解客户需求，解答客户问题。

2）理解并陈述客户需求。

3）界定工作范围。

4）描述提出方案或方法的基本原理。

5）介绍项目组织。

6）完成项目所要求的进度计划。

7）确认项目执行可能产生的成本预算。

8）确认客户期望项目团队提供什么样的交付物。

9）确认客户期望的规格和特征。

10）商定进一步洽谈的内容、时间及地点。

（2）进一步洽谈确定课题

1）客户企业介绍情况，提出咨询要求与希望。

2）研究客户企业提供的资料，分析客户企业状况，初步拟订项目框架。

3）实地考察客户企业及环境。

4）确定项目框架和目标。

5）根据客户企业期望做准备性调查。

（3）提交项目建议书及签订合同

1）与市场部及公司广泛沟通，根据客户需求提出项目建议书。

2）双方就建议书内容（包括项目目标、框架、主要内容、执行方案、时间计划和初步预算等）进一步商讨。

3）拟订并签订合同，做好项目前期准备工作。

以上工作以市场部为主，策划部协助。

2. 项目启动阶段

（1）确定项目领导小组

1）根据项目要求确定由策划部与市场部双方主要领导组成的项目领导小组。

2）确定公司配合要求和内部人选。

（2）确定项目计划

1）项目领导小组和负责人确定项目开展计划与项目详细目标、时间进度、人员要求和其他后期准备。

2）根据经验提出初步计划建议。

3）准备项目开展所需的资料等。

（3）确定工作组

1）根据项目计划要求，成立项目工作组，明确具体分工和职责。

2）拟订工作计划和时间进度。

3）拟订调查分析计划。

3. 调查分析阶段

（1）调查分析和召开座谈会

1）根据调查计划和针对性问题实施市场调查。

2）主持和开展座谈会，听取各方面人员的意见和要求。

3）深入调查分析，了解客户竞争对手的情况及客户产业链。

（2）调整并提交策划报告

1）整理分析调查资料，对问题分类。

2）提供初步改进建议方案框架。

3）提交报告。

4. 方案设计阶段

（1）提交初步设计方案

1）在客户对报告反馈基础上进行方案设计，并根据客户情况实时修改。

2）向客户提供满足其特殊要求的、可操作的管理改善方案。

（2）征求初步方案意见

1）初步方案分专题向有关部门进行详细介绍，回答有关问题，广泛听取修改补充意见。

2）针对反馈意见和建议，进行局部调整和补充。

3）拟订实施计划纲要。

（3）调整方案，提交最终报告

1）按照客户要求提供最终报告，就报告内容答疑咨询。

2）协助客户拟订实施计划。

3）对存在分歧的问题进行分析研究，提出可选择性的解决建议。

4）双方共同分析存在的问题和难点，商定可能的解决方案。

模拟实训

根据本课题学习目标的要求，结合相关理论知识，在教师的指导下，针对以下任务的要求展开实训。

任务一：调研你目前所在城市某房地产开发公司或代理公司，了解策划部的部门职责及工作内容。

____

____

任务二：利用网络工具，登录熟悉的房地产代理公司网站，了解该公司所能提供的房地产代理服务的主要内容。

____

____

任务三：调查你所在城市的房地产市场是否存在烂尾楼，如果有的话，对其目前情况进行简单调研，并写出该项目推广失败的主要原因。

项目：______________________

地点：______________________

失败原因：______________________

____

课题三　房地产营销策划报告认知

学习目标

了解房地产营销策划报告的主要类别，掌握房地产营销策划报告的结构和内容，熟悉房地产营销策划部门出具的不同类型的营销策划报告的应用。

一、房地产营销策划报告的含义与分类

房地产营销策划报告是策划机构向策划委托人提交的反映营销策划创意与计划方案等思维创造活动的文本文件，是房地产营销策划活动的完整、系统总结，是策划委托人进行投资决策、规划设计、营销推广等房地产开发经营活动的依据。

根据不同的分类标准，房地产营销策划报告可以分为以下类别：

1. 根据策划的范围划分

（1）单项策划报告

单项策划报告是指反映不能再细分的策划活动的报告（如市场调研报告、价格策划报告、广告策划报告、节日促销报告等）。

（2）综合策划报告

综合策划报告是指至少包含两项及以上单项策划活动的报告（如一般的策划报告都应包含调研报告、产品策划、价格策划、广告策划、促销策划等内容）。

2. 根据策划的阶段划分

（1）前期策划报告

前期策划报告又称为项目策划，包含市场策划、定位策划、产品策划、主题策划、营销推广策划、销售执行策划等内容。前期策划大都是全程策划。

（2）后期策划报告

后期策划报告是指策划公司的进驻已在项目开发的后期，甚至已经建成，策划公司的任务是如何将产品推广出去而完成的策划报告，主要包含主题策划、价格策划、广告策划、促销策划、物业管理策划等内容，一般根据策划委托人的不同需要而进行。

3. 根据策划报告的文本形式划分

(1) 书面报告

书面报告是最常见、最正式的策划报告类型，包含文字、图片、表格等内容。书面报告要求内容完整，报告形式规范。

(2) 演示报告

演示报告一般是在正式报告的基础上进行提炼和加工，以电子媒体的形式表现，用于向策划委托人进行汇报时使用。演示报告要求图文并茂，言简意赅，吸引策划委托人的注意力。

二、房地产营销策划报告的结构与内容

房地产营销策划报告由于项目用途、开发阶段及要求不同，其形式多样，内容重点差异较大，但从各种策划报告的结构与内容来看，其结构是相似的。一份完整的房地产营销策划报告文本应包含封面、目录、前言或摘要、正文及附录等组成部分。

1. 封面

房地产营销策划报告的封面应包含标题、编制机构、日期等内容。标题即策划报告的名称，可以采用陈述式标题（如“××项目策划报告”）或提问式标题（如“××烂尾楼项目如何变废为宝”）。陈述式标题较常用，提问式标题由于更具有针对性，在演示报告中会更容易吸引委托方的注意力。编制机构即策划机构的全称。日期即策划报告完成或提交的日期。此外，封面还包括策划小组成员的名单、联系方式、公司名称、公司 LOGO，以及相关项目效果图片等。

2. 目录

目录可以设置一级、二级标题层次，并进行页码标示，帮助查阅者迅速了解和查阅报告内容。在电子文档中，目录可设置成自动生成格式。

3. 前言或摘要

前言主要包括策划机构和策划人员的致辞、策划工作的主要内容、策划工作的简要过程、策划机构和策划人员的感受、策划机构或策划人员声明等内容。

摘要是对报告正文的提炼、浓缩和概括，主要包括策划目的、策划内容、调查和分析方法、策划结论和建议等四部分内容。摘要要做到重点突出，言简意赅。

4. 正文

正文是房地产营销策划报告的主体和中心。不同的策划项目，由于其目标和任务不同，策划报告正文的组成也有所区别。根据全程营销策划的理念，一份完整的策划报告正文应包含以下内容：

(1) 项目概况及策划目标

1) 项目概况。项目概况包括开发公司情况、立项背景、开发规模、项目宗地位置与环境情况、进度安排等。

2) 策划目标。策划目标是策划活动所要实现的目的，是委托人希望解决的问题（如改进项目的规划设计，实现项目的快速销售，树立项目品牌等）。

(2) 市场调查与市场机会分析

1) 宏观市场概况调查与分析。宏观市场概况调查与分析即对项目开发周期的社会经济发展状况、宏观调控政策、金融信贷政策、政策法规等内容的调查与分析。

2) 区域市场情况调查与分析。区域市场情况调查与分析即对项目所在地房地产市场总体供求现状、商品住宅市场板块的划分及其差异、商品住宅平均价格走势及市场价值发现等内容的调查与分析。

3) 本区域居民需求及心理偏好调查与分析。本区域居民需求及心理偏好调查与分析即对本区域居民的房地产产品购买目的、区位选择、价位选择、户型选择、项目配套、物业管理等内容的调查与分析。

4) 竞争项目调查与分析。竞争项目调查与分析即对项目所在地主要竞争楼盘的产品类型、体量、进度、价位、户型结构、优惠活动、物业管理等内容的调查与分析。

5) 项目宗地环境 SWOT 分析。项目宗地环境 SWOT 分析即针对项目土地性质、地块周边环境、交通条件、市政配套设施等进行项目开发优势、劣势、机会、威胁的分析。

(3) 项目定位分析建议

1) 项目目标客户群定位建议。通过客户职业、收入水平、需求状况等标准对客户群进行定位。

2) 项目主题形象定位建议。通过文化象征、生活方式、客户群、产品创新等对项目主题形象进行定位。

3) 项目产品定位建议。需要考虑的问题包括项目产品的功能、类型和档次等。

4) 项目价格定位建议。根据市场调研与分析、客户群定位和产品定位，确定项目租售价格的大体区间。

5) 项目物业管理模式建议。根据项目总的定位情况，以及开发公司的实际情况，建议使用自管物业或外聘品牌物业。

(4) 项目产品策划建议

1) 项目产品整体规划建议。针对项目的平面布局、竖向设计以及管线铺设等问题进行建议。

2) 项目道路交通规划设计建议。针对项目内部和外部的人车分流、内外交通、车辆停放等问题进行建议。

3) 项目建筑类别及风格建议。建筑可选用的类别有塔楼、板楼、错层、复式、跃层等。建筑风格可选择中式、英式、法式、简约式等。

4) 项目户型设计建议。针对户型的类别、数量、配比等进行建议。

5) 项目建筑景观设计建议。针对项目内部绿化种植、道路景观、场所景观、硬质景观、水景景观、庇护性景观、模拟化景观、高视点景观、照明景观等进行建议。

6）项目配套设施建议。针对项目公共服务设施、市政公用设施、停车设施、安防设施、户外场地设施和服务管理设施等进行建议。

7）项目开发规模节奏建议。针对项目的具体情况，如分期开发、重要节点推广等进行建议。

（5）项目整合推广建议

1）项目案名、LOGO设计及品牌推广建议。

2）项目销售价格建议。项目销售价格可以在成本导向、需求导向、竞争导向的基础上确定，并留有调整空间。

3）项目包装建议。项目包装建议即充分利用售楼处、沙盘模型、楼书、样板房、工地围挡等项目包装方式塑造和传递项目品牌形象。

4）项目媒体选择及广告投放建议。充分调研电视、报纸、高端杂志、户外广告、网络等媒体工具的宣传力度，制订有效的投放计划，并做好效果评价。

5）项目活动推广建议。充分利用开盘活动、促销活动、公关活动等方式对房地产项目进行推广。

（6）项目销售执行建议

1）销售组织与管理建议。包含对销售人员的招募与培训安排等建议。

2）入市开盘时机建议。可以充分利用项目建设节点、积累客户数量标准、重要节假日等对开盘时机进行建议。

3）付款优惠方式建议。可以针对一次性付款、银行按揭、分期付款、以租代售等对付款优惠方式进行建议。

4）项目促销活动建议。如充分利用送礼牌、会员牌、展销牌、文化牌、展会牌、节日牌等方式开展促销活动。

5）项目销售节点控制建议。项目销售节点控制包括销量控制、价格控制、时间控制、促销控制、客源控制、广告控制等。

（7）费用预算建议

费用预算主要包括市场调研费用、售楼处及样板房装修费用、销售人员费用、各阶段的广告费用、公关促销活动费用等。

5. 附录

附录是对正文内容的补充，主要是策划过程中参照使用的相关资料，如市场调查的原始资料、房地产相关政策与法规、本项目的规划限制条件、策划机构和人员的宣传资料等。应根据项目实际情况确定附录的内容。

三、房地产营销策划报告的写作技巧

房地产营销策划报告和一般的报告文章有所不同，它对可信性、可操作性和说服力的要求非常高。因此，运用写作技巧提高上述两个“性”一个“力”就成为撰写房地产营销策划报告追求的目标。

1. 结合实际，紧扣主题

房地产营销策划报告的撰写应重视项目的实地调研和分析，紧紧围绕项目需要解决的问题，将思路、方案、方法及分析评价与项目本身紧密结合，切实反映项目实际情况。

2. 简明扼要，突出重点

房地产营销策划报告的行文应简明扼要，切忌长篇大论、面面俱到，多用简短的段落、图表加以表达，注重图表与文字的连续性，图文并茂。对于重点内容，可以用下划线、黑体或斜体、特殊符号等方式予以标明。

3. 定性定量，紧密结合

房地产营销策划报告中的分析与建议应坚持定性分析与定量分析相结合。通过大量的调研数据进行定量分析，可为定性分析提供数据支撑，从而确保定性分析的科学性。

4. 准确分析，明确结论

房地产营销策划报告的目的是将策划方案、计划、方法、结论等传递给需要的客户，分析的过程和结论必须准确而清晰。因此，每章节结尾多设置项目小结，针对前面的分析进行综合性评价和建议。

5. 实事求是，客观公正

房地产营销策划报告的撰写应本着公平、公正的原则进行。在项目前期调研过程中，特别是项目的 SWOT 分析，要实事求是地对项目的优势和劣势一一说明，这样有利于做出最佳决策。

6. 理性表达，符合逻辑

房地产营销策划报告中的文字应做到朴实、客观和专业，体现其逻辑性、说服力和创造性。避免使用过于华丽的语言，尽量使用冷静、客观、中性的词汇，语义鲜明。

7. 思路创新、方法可行

房地产营销策划报告应具备良好的可操作性，增强方案对解决问题的针对性。

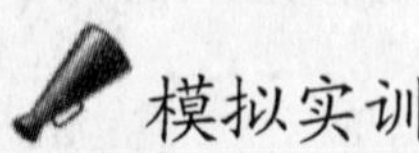

模拟实训

根据本课题学习目标的要求，结合相关理论知识，在教师的指导下，针对以下任务的要求展开实训。

任务一：对熟悉的某房地产公司进行调研，了解在房地产项目开发过程中，策划、代理公司需要向开发公司提交的最常见的策划报告有哪些？

任务二：利用网络工具及相关房地产网站，下载几份房地产营销策划报告，与本课题所学理论知识进行对比分析，列出房地产营销策划报告必须具备的核心内容。

模块理论知识检测

1. 如何理解策划及房地产营销策划的含义？
2. 房地产营销策划的发展经历了哪些阶段？
3. 房地产营销策划工作流程和阶段如何划分？各阶段的主要内容是什么？
4. 房地产营销策划报告有哪些种类？
5. 房地产营销策划报告包含哪些主要结构性内容？

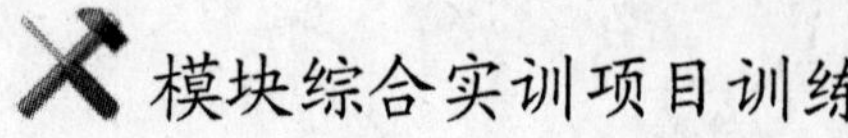

模块综合实训项目训练

企业房地产营销策划报告结构分析

任务要求：在教师的帮助下，以周围已成功上市的某房地产项目为例，实地调研并收集该项目的楼书、报纸广告、网络广告等资料，根据所学房地产营销策划报告的结构框架，模拟撰写一份简单的房地产营销策划报告。

任务提示：对于房地产营销策划的初学者来说，模仿是一个良好的学习工具。可以从网上下载1～2篇优秀的策划报告，熟悉该报告的结构和内容，对其中的项目个性描述，可以针对自己要撰写的项目进行相关资料的收集和整理，最终将其归纳、修改到已有的策划报告中。

评价标准：态度认真，联系实际，结构完整。

模块二

房地产项目调研

房地产行业竞争模式、发展模式以及营销理念的转变，都离不开科学、快速、准确的项目调研活动。项目调研在房地产开发各个环节都发挥着重要的作用，不仅可以为企业合理地配置资源，开拓市场，也可以为买卖双方提供准确的房地产项目诉求，为开发商、设计单位、建设单位等提供完善的项目依据，最终满足消费者、开发商和社会三方的共同需求。

因此，作为一名未来从事房地产营销策划工作的初学者，必须要明确房地产项目调研的相关内容，对房地产项目所处的营销环境进行调研，对客户需求和竞争对手进行调研，同时对自身企业和项目的现状进行调研，以便更好地开展营销策划各阶段的工作。

“房地产项目调研”模块可以通过以下课题的学习逐一进行：

课题一 房地产项目调研概述

课题二 房地产项目调研内容分析

课题三 房地产项目调研类型和方法分析

课题四 房地产项目调研问卷设计

课题五 房地产项目调研报告撰写

课题一　房地产项目调研概述

学习目标

掌握房地产项目调研的含义、作用、程序和步骤，掌握房地产调研信息资料的收集途径。能够根据项目实际，编制常见的房地产项目调研问卷，熟练运用资料收集工具收集调研资料，并对调研资料和数据进行分析，撰写调研报告。

一、房地产项目调研的含义和作用

1. 房地产项目调研的含义

房地产项目调研是指房地产企业（或策划机构）为实现房地产项目特定的经营目标，运用科学的理论与方法，以现代化的调研技术和手段，通过各种途径收集、整理、分析有关房地产市场的资料信息，正确判断和把握房地产市场的现状及发展趋势，为房地产企业的科学决策提供正确依据的一种活动。

与其他类型调研相比较，房地产项目调研具备以下特点：调研内容的广泛性、复杂性、针对性和时效性，调研方法的多样性和专业性，以及调研结果的局限性。

2. 房地产项目调研的作用

房地产项目调研对房地产开发企业具有重大的作用：

（1）房地产项目调研是项目策划者认识市场、捕捉新的市场机会的前提。

（2）房地产项目调研是项目策划者感知市场、了解购房者需求、确定目标市场的主要手段。

（3）房地产项目调研是项目策划者了解市场、挖掘卖点、形成创意的必要前提。

（4）房地产项目调研是项目可行性研究的重要依据，也是开展后期其他策划的基础性条件，并贯穿始终。

（5）房地产项目调研是项目开发商有效避免错误决策、降低开发风险的重要途径。

二、房地产项目调研的程序和步骤

1. 调研准备阶段

（1）确定调研目的

根据调研目的的不同，可以采用以下四种不同的调研方式。

1）探测性调研。当房地产企业对需要研究的问题和范围不明确，无法确定调研内容时，可以采用探测性调研找出症结所在（如产品因不明原因销售不畅，可采用探测性调研查明原因）。

2）描述性调研。描述性调研是指从外部联系上找出各种相关因素，并不回答因果关系问题，其目的在于准确地描述问题中的各变量及其相互关系（如房地产市场潜在购买力及产品使用情况调研、态度调研、销售分析、媒体研究、价格研究等）。

3）因果性调研。因果性调研是指要找出事情的原因和结果（如房地产项目价格的高低对项目销售的因果影响，以及不同的媒体推广组合对项目销售的因果影响）。

4）预测性调研。预测性调研是指为了预测未来一定时期内某一环节因素的变动趋势及其对企业市场营销活动的影响而进行的市场调研（如市场对某种房地产产品需求量变化趋势调研、供给量变化趋势调研等）。

（2）拟订调研方案

项目调研方案涉及的内容应包含以下几点：调研目的（调研的原因、内容、用途等）、调研区域（地理区域和范围）、调研对象及样本（对象的选定、样本的规模等）、调研时间及地点（开始时间、完成时间、地点的落实）、调研方法（观察法、访谈法、问卷法等）、分析的方法（定性、定量）、提交调研报告（形式、份数、中间报告、最终报告等）、调研费用和调研团队成员等。房地产项目调研费用组成见表2—1。

表2—1　房地产项目调研费用组成

序号	项目	备注
1	总体方案策划费或设计费	
2	抽样（或实验）方案设计费	
3	调查问卷设计费	包括测试费
4	调查问卷印刷费	
5	调查实施费	包括选拔、培训调查员的费用，以及试调查费、交通费、劳务费、礼品费、复查费等
6	数据录入费	包括编码、录入、查错等费用
7	数据统计分析费	包括上机、统计、制表、作图、购买必需品等费用
8	调研报告撰写费	
9	办公费	包括资料费、复印费、通信联络费等
10	专家咨询费	
11	劳务费	公关、协作人员劳务费等
12	上缴管理费或税金	

（3）建立调研团队

根据调研任务规模大小，选拔企业内部人员、聘用兼职人员或委托专业调研公司（综合性的市场调研公司、咨询公司、广告公司的调查部门、企业内部的调查机构等）组成房地产项目调研团队，并开展相应的学习和培训。

优秀的调研人员应具备的条件见表2—2。

表2—2　　优秀调研人员必备条件

必备条件	具体内容
熟悉房地产专业知识	全面了解房地产行业的专业知识，如容积率、实用率、建筑面积、实用面积、开发流程等
懂调研、精策划	对具体项目的调研有深刻认识，并运用策划思维，有的放矢地制订出行之有效的调研方案
熟悉区域房地产市场	1. 了解区域市场的过去、现状及走势，以及城市的历史和变迁、城市人文、路网结构 2. 熟悉房地产业政策法规及城市各楼盘的分布和大致情况 3. 掌握调研城市居民的购房消费习惯等情况 4. 了解发达国家、先进地区房地产行业的情况
具有全面的个人综合能力	调研培训、实地调研、撰写调研报告、调研报告的陈述等方面要求调研人员具备写、说、听、看等各方面的能力
具备逻辑推断分析思维	对逻辑推断分析具有深厚的兴趣，同时自身具备较强的逻辑推断分析能力
敏锐的市场触觉	基于事实基础上的判断及对结论和建议的创造性发挥，需要调研者不但具备逻辑推断能力，同时也具备跳跃性思维

团队成员学习和培训的主要内容包括熟悉市场调研方案，掌握调研的内容、方法及流程，了解调研数据的相关要求等，具体见表2—3。

表2—3　　房地产项目调研培训课程主要内容

培训项目	具体内容
调研内容培训	1. 各项调研任务的具体内容是什么 2. 各调研内容需要获得什么样的信息和数据 3. 信息和数据的收集有何具体要求，需要什么样的调研深度
调研方法及流程培训	1. 通过何种调研渠道或途径来获得调研数据 2. 获得调研数据应采用什么样的调研方法 3. 调研任务的具体流程如何安排 4. 调研后的数据采用什么样的方式记录 5. 具体调研工作进度如何控制，调研时间及要求如何规定 6. 实际调研中有哪些需要提醒的注意事项

（4）进行初步调研

调研组成员可首先了解调研项目及公司、市场、竞争者、销售等基本情况，初步提出问题，通过访问业内专家、企业高管、典型消费者等收集企业内、外部相关的信息资料，进行初步分析研究，找出问题中相互影响的因素及其相互联系，确定所需的具体信息资料，作为正式调查的基础。

（5）设计调研问卷

根据初步调研的结论，调整调研计划，设计调研问卷及相关应用表格。常用的市场调研问卷类型见表 2—4。

表 2—4　　市场调研问卷类型

类别	具体内容
当地房地产资源统计表	房地产分布、面积、类别、单位价格、单位总价、开发程度、居住密度、交易状况和规模、使用期限、抵押保险、政策限制、竞争程度、发展远景及其他情况等
房地产出售统计表	已售房地产的名称、地区、开发商、数量、结构类型、成交日期、成交条件（预付款额、贷款额和利率、偿还约束、其他附加条款等）、出售时的房龄和状况、客户资料和调研日期等
房地产个案市场调研分析表	案名、区位、投资公司、产品规划、推出日期、入伙日期、面积、建筑密度、土地使用权年限、单位售价、付款方式、产品特色、销售策略、客源分析、媒体广告、调研资料等

2. 调研实施阶段

调研实施阶段即调研的执行阶段，主要任务是组织调研团队成员按照调研方案的要求，通过各种方式全面、系统地收集各种房地产市场信息资料和数据。调研实施阶段开始前的准备工作见表 2—5。

表 2—5　　调研前的准备工作

准备工作	主要内容
明确任务	明确调研目的、性质、内容、范围、形式、时间、质量等要求
团队分工	明确团队人员组成、任务分工及协作关系
资料预热	有关调查城市区位、商圈、项目的书刊、报纸、网站等公开信息与内部资料
配齐工具	准备表格、问卷、访谈提纲、公司资料、相机、摄像机等
考察路线	前往考察区域的交通工具、入口、行走方向、重要节点、出口等的预计、判断及分工协作安排
时间安排	调研时段的安排、考察时间的估算，以及考察项目、地段的顺序等

房地产信息资料包括基础资料、土地使用法规资料、项目现状资料、交通流量资料、人文社会经济资料、公共设施资料、商圈资料、房地产市场资料、销售资料、竞争项目资料和租金资料等。

信息资料根据获得方式的不同，可以分为一手资料和二手资料两类。一手资料（或原始资料）是指需要通过实地调研才能取得的原始资料；二手资料是指企业收集的资料、各种出版文献和电子资料等。

（1）收集一手资料

一手资料的收集主要依靠实地调研，常用的方法有观察法、访谈法（面对面、电话）、问卷法、实验法等，调研结果具有较高的参考价值。

实地调研又称踩盘，分为定期踩盘和专项踩盘两种，主要针对竞争者楼盘。实地调研的主要目的是学习（市场定位、产品特色、促销手段、价格定位等）、借鉴（卖点、价值诉求点等）、发现（专业能力、操盘水平等）和挖掘（销售数据、主要客户等）。

项目的基本情况（占地面积、总体规划、交房时间、物业管理费等）只需查看项目宣传资料或现场咨询销售人员即可得到。而销售均价、楼盘户型配比（户型间隔配比、户型面积配比）、楼盘销售情况等信息则需要通过一定的调研技巧进行综合判断后得到。

实地调研后，需对踩盘资料进行整理汇总，填写《楼盘调查表》，并针对调研数据进行个案分析。《楼盘调查表》着重于对楼盘各项数据信息的收集，而个案分析是基于《楼盘调查表》，结合市场行情、竞争项目及楼盘本身所做的全面综合分析。

（2）收集二手资料

二手资料的获得主要有项目内部和项目外部两种来源。

内部资料主要来源于企业内部的数据库（如企业所收集的竞争者的企业信息、产品信息、价位信息、广告信息、促销信息等）。

外部资料主要来源于公开发布的信息（如报刊、网络、媒体广告和公司内部或外部的专业报告及书籍杂志等）。

1）报刊。通过各种专业性、生活性报刊收集房地产广告类（楼盘平面广告、软文广告、媒体报道和采访等）、土地信息类（土地拍卖公告及相关新闻报道）、市政规划类（市政建设规划、整改、修建等新闻报道）、经济动态类（城市 GDP、人均收入等经济类指标数据和房地产行业投资、开发、销售类统计数字等）、政策法规类（银行利率、金融政策、购房税费等房地产业的政策等）等多种信息。

2）网络。通过网络上的专业地产网站和搜索引擎进行资料收集。

3）媒体广告。广告是房地产产品营销推广的重要内容，通过媒体广告监测和整理统计，会发现房地产市场内在规律。媒体广告监测的主要内容见表 2—6。

表 2—6　**媒体广告监测的主要内容**

监测内容	具体细节
单项楼盘媒体广告投放量	广告投放频率、投放规格、投放版面、投放时间和投放费用统计
各区域广告综合统计	区域广告投放量及推盘数，楼盘广告投放量排名，各月度广告投放量、推盘数走势
楼盘广告卖点监测	发现楼盘的近期动态、主推单位、推广策略等，了解各楼盘当前销售情况
每周或每月媒体广告量统计	各主要媒体每周或每月房地产广告发布量统计，反映各媒体在房地产行业的市场影响力

4）公司内、外部专业报告及书籍杂志。主要包括日常房地产专题研究报告、商业性专题研究报告、市场周刊（月刊、公司内刊等）和其他研究报告、书籍、杂志等。

案例链接 2—1

××房地产广告监测报告（节选）

监测时间：2005 年 1 月 1 日至 2006 年 12 月 31 日

监测机构：重庆××地产中心　　咨询电话：××××××××

本次房地产广告媒体监测对象为《重庆晨报》《重庆晚报》《重庆时报》《重庆商报》《重庆青年报》和《重庆经济报》，监测内容为报媒软、硬广告，统计版面为 1/4 版（含）以上版面。经统计，这几家报纸2005年共发布楼盘广告类信息7 280条，2006年共发布楼盘广告类信息7 394条，较2005年增长114条。

监测结果：

一、各月广告投放频次比较

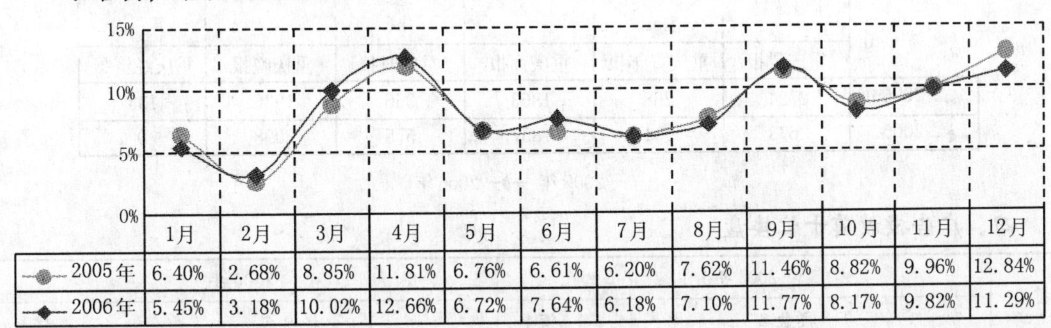

	1月	2月	3月	4月	5月	6月	7月	8月	9月	10月	11月	12月
2005年	6.40%	2.68%	8.85%	11.81%	6.76%	6.61%	6.20%	7.62%	11.46%	8.82%	9.96%	12.84%
2006年	5.45%	3.18%	10.02%	12.66%	6.72%	7.64%	6.18%	7.10%	11.77%	8.17%	9.82%	11.29%

从广告投放时间来看，主要集中在4、9、12月。由于5月和10月分别有春、秋季房交会，大多新盘会此时开盘，或旧盘续推，故4月和9月成为广告“轰炸”的重要时段，投放通常会超过10%。而12月份又是项目进行最后冲刺的时间，导致投放量较其他月份增多。

二、各区域的广告投放频次比较

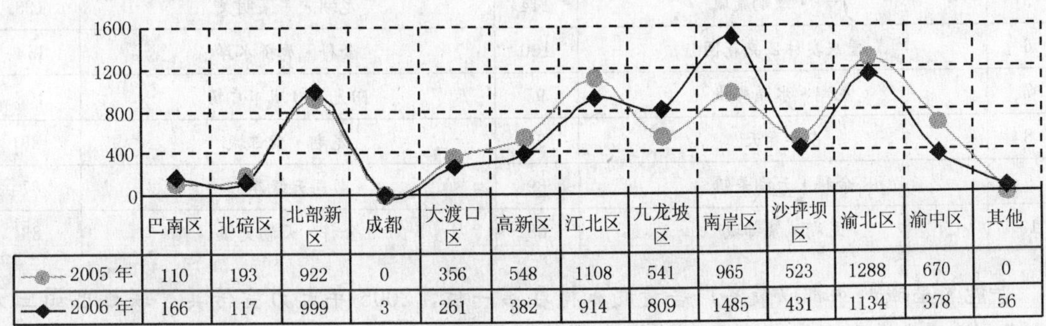

	巴南区	北碚区	北部新区	成都	大渡口区	高新区	江北区	九龙坡区	南岸区	沙坪坝区	渝北区	渝中区	其他
2005年	110	193	922	0	356	548	1108	541	965	523	1288	670	0
2006年	166	117	999	3	261	382	914	809	1485	431	1134	378	56

从各区域两年广告投放来看，三北地区和南岸区的投放量相对较高。2006年南岸区广告投放量达到了1 485次，较2005年增长了520次，增幅为53.9%。主因是几个大盘的续推和新项目的上马，如阳光100国际新城、东海长洲等。巴南区、北碚区的楼盘放量较少，因此广告投放相对较少。

三、各媒体刊登总频次比较

从广告信息量来看，《重庆晨报》《重庆商报》《重庆晚报》较为集中，其中《重庆晨报》刊登的信息量最多，2006年发布2 673条。《重庆商报》及《重庆晚报》相差不大，分别达到了1 857条和2 098条。《重庆晚报》的广告信息量较2005年有小幅增加。2006年《重庆青年报》发布191条，较2005年有所下降。2006年《重庆时报》发布575条，较2005年有所上升。从整体来看，开发商主要选择《重庆晨报》作为主要广告投放媒体，其次是《重庆晚报》和《重庆商报》，《重庆时报》的发展速度也较为迅速，排在了第四位。

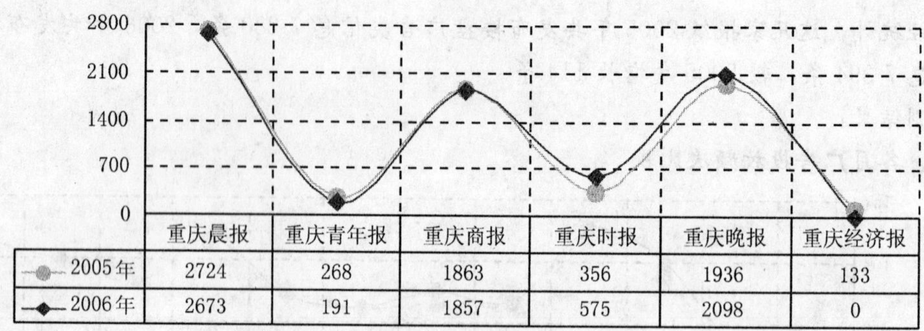

2005年 2006年

四、广告投放前十位楼盘

排名	2005年		2006年	
	楼盘名	频率	楼盘名	频率
1	鲁能·星城	164	鲁能·星城	245
2	海兰云天·盛世华城	129	海兰云天·盛世华城	143
3	建工·未来城	129	阳光100国际新城	143
4	阳光100城市广场	129	东海长洲	128
5	金科·绿韵康城	114	龙湖·弗莱明戈	123
6	重庆奥林匹克花园	100	金科·廊桥水岸	114
7	龙湖·水晶郦城	95	阳光100城市广场	108
8	东和春天	91	龙湖·紫都城	88
9	金科·天湖美镇	89	同天绿岸	87
10	龙湖·紫都城	88	金科·天湖美镇	83

鲁能·星城两年都以最高广告量发布排在第一位，2005年大力宣传其“联姻巴蜀三大名校”，给消费者留下了深刻印象，2006年又以销售“双冠王”的称号大肆宣传，续推的6、7街区以及电梯洋房持续热销。其品质、地段和名校效应赢得无数消费者的青睐，连续两年成为销售冠军楼盘。而阳光100国际新城和阳光100城市广场2006年的广告投放量都超过了100次，但其每个盘仅推出两栋楼，体量不大，实际销售情况并不乐观，其在广告上的大投入值得业内人士深思。

重庆××地产中心

2007年2月10日

（资料来源：重庆康联地产中心《全城媒体房地产广告监测报告》）

3. 分析总结阶段

（1）调研资料的整理分析

首先，进行甄审整理。检查调研资料真实性，剔除那些错误的信息，并对资料进行评定，以确保资料的真实与准确。

其次，进行分类编号。把调研资料按照类别进行编号，以便于查找、归档和使用。

再次，进行统计。将已分类的资料进行统计计算，系统地制成各种计算表、统计表（见表 2—7）和统计图（柱状图、条状图、饼状图、线形图等），如图 2—1 所示。

表 2—7　**某市商品房供求状况统计表**

板块	投资额（万元）	施工面积（平方米）	新开工面积（平方米）	竣工面积（平方米）	销售面积（平方米）	销售额（万元）
住宅	89 988（115%）	1 214 689（76%）	689 116	401 064（132%）	306 488	54 383
办公楼	960	38 000	38 000	—	—	—
商业营业用房	28 938	260 536（72%）	140 440	105 953	82 174	23 966（82%）
其他	1 376	29 311	6 309	1 428	264	21
合计	121 262（126%）	1 542 536（81%）	873 865	508 445（113%）	388 926（43%）	78 370（98%）

注：数据旁的括号内为与上一年度相比的同比增长率。

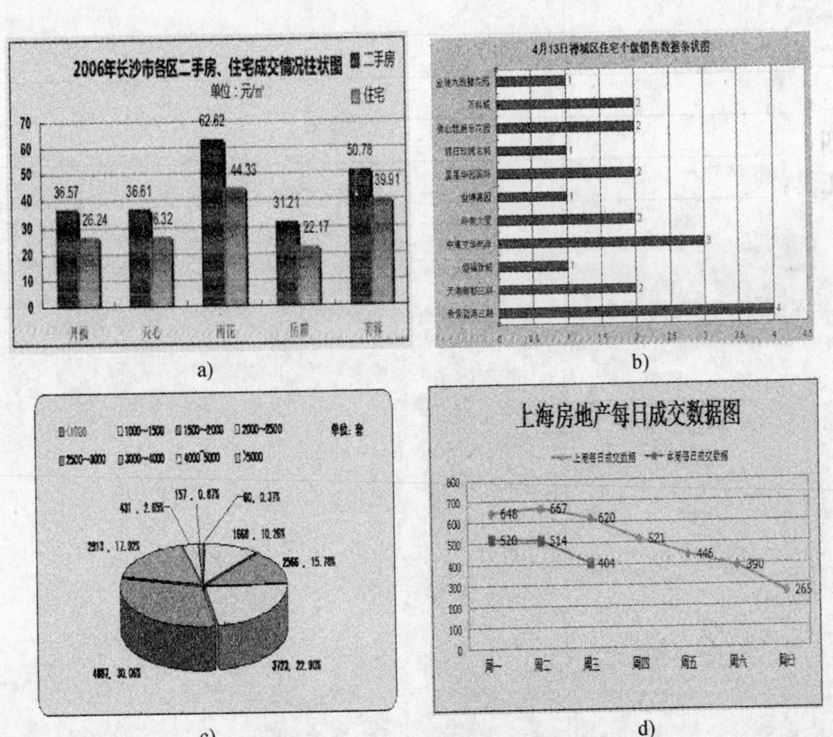

a)　　b)　　c)　　d)

图 2—1　房地产项目调研数据统计图

a）柱状图　b）条状图　c）饼状图　d）线形图

最后，对各项资料中的数据和事实进行比较分析，得出可说明有关问题的统计数据，直至得出必要的结论。

（2）撰写和提交调研报告

撰写和提交调研报告是房地产市场调研工作的最后环节。撰写调研报告，应对调研目标进行清楚和简洁的说明，对采用的调研计划或方法进行全面而简洁的解释，概括介绍发现的主要问题，最后明确提出结论和对决策者的建议。

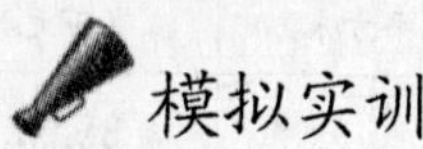

模拟实训

根据本课题学习目标的要求，结合相关理论知识，在教师的指导下，针对以下任务的要求展开实训。

任务一：在教师的帮助下，与某房地产项目市场部的调研人员进行沟通交流，了解房地产调研过程的主要工作任务。

____

____

任务二：以某实际房地产项目为例，列出对该项目进行调研的主要工具。

项目：______________

工具一：______________________________________

工具二：______________________________________

工具三：______________________________________

工具四：______________________________________

其他工具：____________________________________

课题二　房地产项目调研内容分析

学习目标

掌握房地产项目市场环境调研、消费者需求调研、竞争对手调研，以及项目自身调研的主要内容。能够根据不同的调研目标确定调研的主要内容，为制订相应的调研计划做好准备。

一、房地产项目市场环境调研

1. 宏观环境调研

（1）政治与法律环境调研

政治与法律环境调研主要包括国家、地区或城市有关房地产开发经营的方针政策（房地产价格政策、土地制度和土地政策等）和法律法规（《城市房地产开发经营管理条例》和《中华人民共和国城市房地产管理法》等），有关国民经济社会发展规划、土地利用总体规划等，国家有关的经济政策（财政政策、货币政策、房地产税收政策、房地产金融政策、物价政策等），以及城市发展战略（城市建设规划和区域规划）等。

（2）经济环境调研

经济环境调研主要包括国民经济发展总体状况（发展规模、趋势、速度等），产业结构和人口状况，城市总体发展情况及地区内的重点开发区域情况，银行利率、信贷情况和通货膨胀情况，以及居民收入水平、消费结构和消费水平等。

（3）人口环境调研

人口环境调研主要包括项目所在地区的人口数量及增长率、人口结构（性别结构、年龄结构、民族结构、职业结构、受教育程度结构等）、家庭规模及结构、人口流动情况、人口政策、户籍制度，以及居民需求结构和特征等。居民基本生活状态调研分析的主要内容见表2—8。

表2—8　**居民基本生活状态调研内容**

研究内容	内容细分
当地居民基本构成与职业状况	当地居民的从业状况和各个行业的社会差别

续表

研究内容	内容细分
当地居民的基本生活方式 （饮食、衣着、交通工具等）	基本的生活与购买习惯，主要影响区域 基本的交通方式与交通工具选择的倾向 基本的饮食习惯与发展倾向，主要影响区域
当地居民的基本娱乐、休闲方式	基本的娱乐偏好，不同层次的差别，发展倾向 基本的休闲方式，不同层次的差别，发展倾向
当地居民的媒介接触习惯	基本的媒介接触习惯与关注方式 基本的信息来源途径与获取方式
当地居民的思维方式与价值倾向	一般事物的判断标准与习惯接受方式 影响居民价值取向的主要因素

（4）技术和自然环境调研

技术和自然环境调研主要包括与房地产相关的新技术、新方法、新材料、新工艺、新理念在房地产开发中的运用，环境保护的重视程度，开发地区的水土、气候（如温度、日照条件、风向、降雨量及湿度等）、资源分配、配套设施和交通状况等。

（5）社会文化环境调研

社会文化环境调研主要包括消费者的职业构成、受教育程度、文化水平、价值取向、生活习惯等对房地产需求的影响，以及消费者宗教信仰、风俗习惯等对房地产需求的影响。

2. 中观环境调研

中观环境调研又称为区域环境调研，即针对开发项目所处的城市区域环境的调研。中观环境调研的主要内容有以下几个方面：

（1）城市发展规划调研

城市发展规划调研主要调研城市发展的方向，是项目选址需要重点考察的因素，关系到未来项目的潜质和增值的空间。相关资料可查询城市规划主管部门有关文件或请规划专家分析情况而获得。

（2）区域房地产企业情况调研

区域房地产企业情况调研主要包括区域市场房地产企业的数量、类型、企业资质及实力等资料。相关资料可通过房地产企业管理部门文件查询、业内人士介绍、企业网站资料查询、房地产协会名录查询等途径获得。

（3）区域市场产品供需状况调研

1）区域市场产品供给情况调研。区域市场产品供给情况调研主要包括可供开发的土地资源及规划要求状况，各类型土地供应情况（供应量、拍卖价格等），楼面地价或单位地面价情况，新建项目增量情况（开工面积、竣工面积、建筑类别、位置、分布情况等），在建、已建项目存量情况（销售面积、空置面积等），在售项目销售价格水平（单价、总价），以及热销、滞销项目情况等。

区域市场产品供给情况调研分为供给量调研和供给结构调研两个方面。供给量可到城市房管部门查询商品房预售许可登记及竣工面积统计，或通过查询房地产统计年鉴等统计资料和相关网络途径得到。供给结构则可以通过区块调研（行政区块、板块区块、别墅集中区、传统商业区、写字楼分布密集区、工业园区、新开发区、高教园区等）和物业类型调研（居住、商业、写字楼、工业物业等）等途径得到。

2）区域市场产品需求情况调研。区域市场产品需求情况调研主要包括某类房地产的总需求量及其饱和点，市场需求发展趋势，市场需求影响因素，以及消费者的构成、分布和消费需求的层次状况。

区域市场产品需求情况调研分为成交需求调研和潜在需求调研两个方面。成交需求可通过房管部门的登记备案查询得到，主要内容包括成交时间、区域分布、建筑类型、房屋年限、户型面积、单价、总价、交付标准、付款方式等。潜在需求则要通过人口资料（区域人口增长情况、年龄结构、家庭结构、人口地区来源状况、就业状况等）和收入统计资料（城镇居民的工资收入、家庭年收入、人均可支配收入、城镇居民储蓄等）的调研获得。

（4）专业机构及中介机构调研

专业机构及中介机构调研主要包括对策划咨询、规划设计、建筑施工、工程监理、物业管理、销售代理、金融机构等的信誉、资质及业绩等情况的调研，为日后的项目委托与有关业务做好准备。专业机构及中介机构情况调研主要参考业内人士的口碑。

3. 微观环境调研

微观环境调研又称为项目地段调研，主要方法是实地调研，主要内容有以下几点：

（1）项目所处的区域地理位置。

（2）项目用地现状与开发条件（区域规划、用地性质、土地供应量、红线图、地质地貌、“七通一平”现状、建筑限高、使用年限等）。

（3）项目所在地的周边环境，包括市政配套（市政交通设施、通信设施、能源设施，如道路、水、电、气、暖等）、生活配套（公园、学校、医院、邮局、银行、超市、体育场馆、集贸市场、车站等）、生态环境（空气、卫生、水源、景观等）和人文环境（人口数量、人口素质、治安情况等）。

（4）项目地上、地下情况。地上情况包括地势情况、地面现状（水渠、沟壑、池塘、高压线等）、地面现有居民建筑情况等。地下情况包括管线、地下电缆、暗渠、地上建筑物原有桩基及地下建筑、结构等，同时还要注意是否有历史文物古迹等。

（5）项目交通情况及对外联系的便捷程度等。

二、消费者需求调研

1. “6W+ 1H”消费者需求调研

主要调研内容可使用问卷法、访谈法等多种调研方法。前期采取大范围的调研，后期进行有针对性（目标客户）的调研。

（1）Who（何人购买）

主要调研消费者个人基本情况，包括消费者的基本信息（性别、年龄、职业、原居住地、教育程度、社会阶层、家庭结构、宗教信仰等）和消费者的经济状况（经济来源、收入水平、实际支付能力等）。

（2）Why（为何购买）

主要调研消费者的购买动机（置业意向）。由于大部分消费者对其消费动机不愿据实回答或没有充分认识，故多采用深度面谈、集体面谈等调研方法。

1）理性购买动机。理性购买动机是指消费者在购房时所关注的内容主要是价格、户型、质量、售后服务等方面。常见的表现有建立新婚家庭、改善居住条件、获取投资收益、方便子女教育、工作生活便利、度假休闲等。

2）感性购买动机。感性购买动机是指消费者购房时忽略实用性、价格等因素，追求新颖、个性、时尚等因素。感性购买动机在年轻消费者中表现较为突出。

（3）What（购买什么样的房子）

主要调研消费者的需求偏好和购买倾向。主要内容有物业类型、品牌、地段、价位、户型、面积、配套设施、建筑风格、景观环境、装修档次、服务等。

（4）When（何时购买）

主要调研消费者的购房时间和时机，以便选择在最合适时机将楼盘推出。周末、节假日、楼市中的“金九银十”等都是开发商加大广告投放的有利时机。

（5）Where（在何地购买）

主要的调研内容包括购房地点、场所和气氛等。工地现场、现场售楼处、样板房的环境与布置都会对消费者的购买决策产生影响。

（6）Whom（谁参与购买）

主要调研消费者在进行购买决策时，哪些家庭成员参与了购买过程与决策，哪些成员对购买决策影响较大等。

（7）How（如何购买）

主要调研消费者的购买模式和购买习惯等消费行为。主要内容有决策过程、付款方式（一次性、分期、按揭、公积金贷款、首付金额、月供金额等）、购买频率、影响购买行为的因素等。

2. 消费者直接需求调研

（1）置业动机需求

置业动机需求主要有居住（首次置业满足居住、多次置业改善居住、购房给亲人）、度假（纯粹度假、“5＋2”半度假模式）和投资（出租及物业保值、升值）三大类。居住多强调舒适性和品位，度假强调优美的自然环境，而投资则关注未来的升值空间。

（2）生活方式需求

不同的消费者有不同的生活方式，对生活方式的调研有利于开发商找到目标客户，并有针对性地对项目进行定位。

(3) 楼型及户型需求

不同的消费者有不同的楼型和户型的需求。在户型间隔方面，年轻人更喜欢具有个性化的设计，如跃层、错层等；而老年人则多喜欢传统的低层、平层、两室一厅结构，以及卧室朝阳、南北通透的传统户型设计。

(4) 单价和总价需求

在总价格方面，面积越大，总价越高，对客户的经济承受能力要求则越高。高收入者多关注总价，而满足居住需求者则较为关注单价。

(5) 装修标准需求

根据装修标准，商品房可以分为毛坯房、简装修、精装修、豪华装修等。经济能力有限的客户多考虑毛坯房或简装修，前者可以降低房价，后者可以直接入住。高收入的群体则多选择毛坯房，可以自己独立装修，更显个性、品位和格调。

(6) 生活配套设施需求

不同的客户群对生活配套设施的需求有明显的差异。写字楼客户需要商务服务中心等配套设施，高档楼盘的客户需要会所类配套设施，一般住宅客户群则需要超市、医院、学校等配套设施。

(7) 建筑风格需求

不同的房地产项目定位通过不同的建筑风格定位予以体现。年轻客户多喜欢简约、明快、动感的建筑风格，富裕阶层则需要通过建筑风格体现其尊贵身份或独特的品位。

三、竞争对手情况调研

1. 竞争项目调研

(1) 竞争项目的界定

竞争项目可以分为两类：一类是与所在项目处于同一区域的项目，另一类是不同区域但定位相似的项目。是否构成竞争项目，可以通过以下方法进行界定：

1) 目标市场的重叠程度。主要通过项目的位置、档次、产品类型、户型及面积、楼盘形象、宣传渠道等方面结合市场行情和经验进行判断。

2) 开发周期的时间范围。主要是指哪些项目上市的时间范围与本项目重合。

3) 项目的类别、档次的相似性。

4) 客户购房的意向选择。

(2) 竞争项目调研的主要内容

竞争项目调研主要通过实地踩盘的方式进行，主要内容如下：

1) 品牌情况。品牌情况主要包括开发商、规划单位、园林设计单位、施工单位、项目案名及 LOGO、销售代理公司和物业管理公司等的品牌情况。

2) 区位情况。区位情况主要包括地点位置（方位、距离、周边房产特征等）、交通条件（铁路、公路、机场、地铁、高架桥、轻轨、公交、车库、车位等）、区域特征（经济发展水平、产业结构、生活水平、教育文化水平等）、区域发展建设规划和周边环境（生活配套设施、人文环境、生态环境等)。

3）产品情况。产品情况主要包括建筑参数（占地面积、建筑面积、容积率、楼间距、层高、层数等）、面积户型（建筑面积、使用面积、得房率、面积配比、户型配比等）、装修标准（毛坯房、简装修、精装修、豪华装修）、配套设施（水、电、气、安保、车位、超市、学校、医院、会所等）、环境规划（道路规划、活动场地、景观等）、绿化规划（绿化面积、绿化率等）、建设情况（建设团队、施工进度、交房时间等），以及新技术、新产品、新工艺、新材料的应用情况等。

4）价格情况。价格情况主要包括单价（起价、平均价、主力单价、特惠价等）、总价（单套价格）和付款方式情况（一次性付款、分期付款、延期付款、商业贷款、公积金贷款等）。

5）广告与包装情况。广告与包装情况主要包括广告情况（广告媒体、广告强度、发布时间、诉求点、广告预算、广告效果等）、包装情况（售楼处、项目沙盘、样板房、楼书、促销人员仪容仪表等）和公共关系活动情况等。

6）营销渠道情况。营销渠道情况主要包括销售渠道的选择（自建销售队伍、代理商销售、中介公司销售、网络销售等）、控制与调整情况，销售人员配备情况，以及渠道信誉（形象）评价情况等。

7）销售推广情况。销售推广情况主要包括目标客户群分析、市场份额情况、销售率及空置率、销售顺序（不同户型、不同面积、不同总价位等的接纳程度）、促销活动情况、销售推广成本情况、销售绩效情况和已购房者的信息反馈等。

8）物业管理情况。物业管理情况主要包括物业管理公司概况、物业服务的内容、物业管理费用和物业服务的口碑等。

竞争项目调研表见表 2—9。

表 2—9　　竞争项目调研表

物业名称		调研日期	
区域		类型	
地点		售楼电话	
开发商、投资商		开发商电话	
承建商、设计单位		总建筑面积（平方米）	
销售代理		占地面积（平方米）	
物业管理		绿化面积（平方米）	
按揭银行		车位	
最高按揭比例		容积率	
预售许可证号		首次推出时间	
小区规模		装修标准	
配套设施		楼宇设备	
外墙		门窗	

续表

内墙		天花板	
楼地面		厨厕	
本期发售情况			
本期栋名		展销地点	
展销会日期		展销会销售观察	
推出单位数目		参观人流（人/10秒）	
最受欢迎单位		上次展销均价（元/平方米）	
施工进度		本期交房日期	
广告代理商			

本周报纸广告量（万元）	当地日报（万元）	当地晚报（万元）	其他报纸（万元）	电视广告（万元）	电台广告（万元）	示范单位（万元）	专车（万元）

卖点特色	
售价资料	

南向单元		定价（元/平方米）	北向差价（元/平方米）	单元售价（元/平方米）		
					最高	
					最低	
高				展销期优惠（元/平方米）		
中				平均定价（元/平方米）		
低				展销期间按揭均价（元/平方米）		
推出单位数目						

付款方式		一次性付款	银行按揭	分期付款	其他方式
	类别				
	折扣				

定金		手续费		物业管理费（元/平方米·月）	

新推栋名		新推面积		实用率	

	户型	单间	一室一厅	二室一厅	二室二厅	三室两厅	四室以上	合计（套）
新推栋详细数据	面积1（平方米）							
	套数							
	面积2（平方米）							
	套数							
	面积3（平方米）							
	套数							

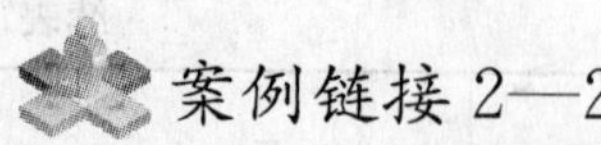

案例链接 2—2

烟台市××广场项目调研表

<table>
<tr><td>案　名</td><td colspan="2">××广场</td><td>工地位置</td><td colspan="4">××区××路26号</td></tr>
<tr><td>投资兴建</td><td colspan="2">烟台××置业</td><td>售楼处地址</td><td colspan="2">××区××路26号</td><td>电话</td><td>×××××××</td></tr>
<tr><td>企划销售</td><td colspan="2">烟台××置业</td><td>建筑设计</td><td colspan="4">××</td></tr>
<tr><td>占地面积</td><td colspan="2">104 000平方米</td><td>总建筑面积</td><td colspan="2">550 000平方米</td><td>容积率</td><td>5.25</td></tr>
<tr><td>首层面积</td><td colspan="2">700平方米</td><td>首层挑高</td><td colspan="2">8.65米</td><td>用途</td><td>辅助</td></tr>
<tr><td>户型</td><td colspan="5">70～170平方米，可以自己做隔间</td><td>裙楼</td><td>5层</td></tr>
<tr><td rowspan="2">装修标准</td><td colspan="5">玻璃幕墙，公共精装，其他毛坯</td><td>物业级别</td><td>写字楼、商铺、公寓</td></tr>
<tr><td>卫生间</td><td colspan="4">精装修</td><td>项目特色</td><td>投资地产</td></tr>
<tr><td>层数</td><td colspan="2">31层</td><td>标准层层高</td><td colspan="2">写字楼3.8米</td><td>标准层面积</td><td>2 200平方米</td></tr>
<tr><td rowspan="3">性质</td><td>可售面积</td><td>仅剩几个小面积单间和高层整层未售</td><td>单价范围</td><td colspan="2">11 000～15 000元/平方米</td><td>平均单价</td><td>13 500元/平方米</td></tr>
<tr><td>租金范围</td><td colspan="6">700元/平方米/年（全包）</td></tr>
<tr><td>销售率</td><td>90%</td><td>入住率</td><td>50%</td><td colspan="2">K值</td><td>65%</td></tr>
<tr><td>物业管理</td><td>××物业</td><td>物业管理费</td><td colspan="3">公寓1.9元/平方米·月，公寓2.9元/平方米·月，写字楼3.9元/平方米·月，商铺4.9元/平方米·月</td><td>工程进度</td><td>竣工</td></tr>
<tr><td>电梯数量</td><td colspan="2">写字楼12部</td><td>中央空调</td><td colspan="2">日立</td><td>开盘时间</td><td>2006年4月25日</td></tr>
<tr><td>付款方式</td><td colspan="5">一次性、按揭</td><td>土地使用年限</td><td>40年</td></tr>
<tr><td rowspan="3">车位数量</td><td colspan="5" rowspan="3">地下两层共565个</td><td>交房时间</td><td>2008年9月30日</td></tr>
<tr><td>调查日期</td><td>2011年3月3日</td></tr>
<tr><td>调查人</td><td></td></tr>
<tr><td>商务配套</td><td colspan="5">××广场向西覆盖繁华的××路，与良友商厦、美食城和三站广场毗邻；北侧距离烟台物流运输中心——烟台港和烟台火车站不足500米；南侧与烟台传统商业中心振华商厦对视，国际商厦以及南大街沿线各大商业建筑举步可及，紧邻即将建成的港口广场</td><td colspan="2">项目位置图</td></tr>
</table>

续表

备注	××广场海景写字楼楼高143米，是目前烟台最高的写字楼，由26层塔楼和5层裙楼组成，总计31层，其中地下1层～地上5层为商业区（层高4.8米），6～12层为商业银行办工区（层高4.8米），13～30层为写字楼层（层高3.8米），14层为避难层，31层是豪华观景餐厅（层高9.5米） 29层西北角和正北向有两套房源连在一起，总面积191.47平方米，报价2 843 557元，目前成交价2 559 201元

2. 竞争企业调研

房地产竞争企业调研的主要内容包括：

（1）对竞争企业及潜在竞争企业的实力（隶属单位、所有制形式、历史背景、开发业绩、市场份额、资金实力等）和经营管理优劣势的调研。

（2）对竞争企业产品设计、室内装饰、建材选择、服务优缺点的调研。

（3）对竞争企业产品价格的制定和调整的调研。

（4）对竞争企业广告的监视和广告费用、广告策略的调研。

（5）对竞争企业销售渠道使用情况的调研。

（6）对整个城市，尤其是同类街区同类型产品的供给量及市场销售量、本企业和竞争企业的市场占有率情况的调研，以及对未来竞争情况的调研与估计。

（7）对竞争性新产品的投入时机、租售绩效及发展动向的调研。

阅读资料2—1

商业地产调研的基本内容

一、商业地产市场调研内容和调查次序

商业地产最常见的市场调研首先是基础普查、全地段重点调查，其次是专项调查（分商业业态、业种、物业类别），再次是定点调查（类似项目、竞争项目、新兴与特色项目）。

市场调研有两个前提：一是实地考察前应对区位的功能有所判别，是商务区还是商业居住混合区，或是商业功能区，后者还可细分为市、区、社区、邻里四级商业区，主要是印证和具体细节了解；二是事先掌握区位、板块、商圈内的面、线、点关系，面是板块、商圈，线是地段、路街沿线，点是重要的大型商家和节点。

二、调研结果

调研过程及内容由实际要求确定，但调研结果均要反映下述内容：

1. 商圈范围、业态业种构成和大致比例关系，商户总量，商品种类、品质、产地、品牌，以及重点商户经营概貌。

2. 商业竞争趋势（同质或互补、同档或错位、过量或缺少、主要竞争手段）。

3. 客流量、购物消费者特征（年龄、性别、职业、来源、目的）、消费欲望与消费水平（瞬间顾客密度、收银台排队长度、结伙人数、客单价、提袋率、关联消费宽度、可停留时间)。

4. 街道数量、长度、宽度，建筑层数、风格、新旧程度，代表性商铺门面宽度、进深、净空，建筑外立面广告牌，霓虹灯、街灯，路面用材、绿化、小品等装饰度，主要节点的功能构成，空间间距，街道步行、购物、休闲的舒适度、安全性、趣味性。

5. 交通干道及出入口，消费者基本交通工具，公交线及快速交通线对外连接区域，停车场数量、泊位数、便利性，机动车辆秩序及对行人的干扰性。

6. 商圈内写字楼、酒店、娱乐场所、医院、文教场所、公园、景点、政府机关、重点住宅楼群等相关机构数量、档次、服务对象、经营状况和与购物消费场所的关联度。

7. 商圈商用物业供求与租售概况（单价水平及走势、租售比例、付款方式、空置率等)。

8. 在建、拟建大型商用物业个案，城建规划重点，街区改造和重点扶持对象，政府管治水平等。

（资料来源：廖志宇《房地产调研执行手册》)

四、房地产项目自身调研

1. 房地产项目自身调研的主要内容

（1）根据调研对象的不同划分

1）开发企业调研。开发企业调研主要从企业基本情况、经营思想与经营目标、资金状况、人力资源状况、管理水平、品牌形象等方面进行。

2）开发项目调研。开发项目调研主要从项目地块状况、开发目标、价格定位、成本收益、融资条件、政策符合性以及审批通过的可能性等方面进行。

（2）根据项目开发的不同阶段划分

1）购地前的可行性市场调研。首先要详细调研地块周边各类房地产的供应情况（如开发量、消化量、现存量、空置率、租金等)，结合各类项目的销售情况，对租售价格走势进行预测。同时对该区域各类房地产项目的需求情况进行调研，确定该地块大体的产品定位(住宅、写字楼、商业地产等)。随后进行更为细致的调查，确定项目档次及主要客户群的范围。最后进行征地、拆迁、设计、市政、建安、销售、财务等费用的估算，与预计收入间进行综合盈亏分析，在合理成本利润条件下，做出是否购买该地块的决策。

2）购地后的前期定位市场调研。购地后，进行详细而有重点的市场调研分析，依据所确定的产品宏观定位，对同一档次的项目市场供给情况及主要客户群进行具体需求调查。主要内容有项目定位研究、消费需求研究、竞争项目研究、产品测试研究等。

3）产品设计前的市场调研。进入设计阶段，选择该地区同档次的明星项目进行重点调研，分析其在设计上的优、劣势，以便在设计时有所依据。主要内容有产品需求研究，产品特征、价值、价格关系研究，以及产品竞争力分析等。

4）产品整合推广阶段的市场调研。主要有以下调研内容：

①销售现场研究。销售现场研究主要包括客户项目信息来源及最主要的影响渠道、客户

所处的购房阶段、客户看房行为与习惯、客户项目评价以及与竞争项目的对比、客户对销售中心以及人员的评价、客户满意度研究等。

②销售监测。随时收集销售现场的潜在客户，以及来电咨询客户的相关信息，并定期回访，同时进行有效的统计分析，准确掌握客户的反馈信息，减少客户的流失。

③媒体渠道选择。通过对目标客户群的调查，选择最有效的媒体渠道。

④广告文案测试。广告文案测试指标主要是传达力和说服力。

⑤广告效果研究。广告效果研究主要是对广告本身效果和广告促销效果的评价。

⑥促销效果研究。促销效果研究主要针对推出的各项促销活动的效果进行研究分析。

2. SWOT 调研分析法

项目自身调研分析通常采用 SWOT 分析法，即从房地产企业和项目的各个方面对本项目以及周边竞争性企业和项目的情况进行比较分析，在比较中明确本项目的竞争优势（即 Strength，简称为 S）与劣势（即 Weakness，简称为 W）、机会（即 Opportunity，简称为 O）与威胁（即 Threat，简称为 T），寻找市场空白点，分析项目核心竞争力，树立差异化竞争优势，并据此制定相应的开发策略。

（1）分析环境因素

利用各种研究方法，分析项目的内部环境因素和外部环境因素。内部环境因素包括优势因素和劣势因素，是项目自身存在的积极和消极因素，属于可控因素。外部环境因素包括机会因素和威胁因素，是影响项目发展的有利和不利因素，属于不可控因素。

（2）构造 SWOT 矩阵

将调查得到的各种因素根据影响程度排序，构造 SWOT 矩阵。其中，将对公司发展有直接的、重要的、大量的、迫切的、久远的影响的因素优先排列，而那些间接的、次要的、少许的、不急的、短暂的影响因素排列在后面。

（3）制定相应对策

发挥优势因素，克服劣势因素；利用机会因素，化解威胁因素；挖掘提升内部资源，整合利用外部资源。将 SWOT 各因素相互匹配组合，制定出以下对策：

1）WT 对策。WT 对策即着重考虑劣势因素和威胁因素，努力使这些因素趋于最小。

2）WO 对策。WO 对策即着重考虑劣势因素与机会因素，努力使劣势因素趋于最小，使机会因素趋于最大。

3）ST 对策。ST 对策即弥补不足，把握机会，着重考虑优势因素和威胁因素，努力使优势因素趋于最大，使威胁因素趋于最小。

4）SO 对策。对于有些项目劣势，在无法补偿的情况下只能采取扬长避短的策略，发挥项目优势，把握市场机会。

由上可见，WT 对策是处于最困难情况下不得不采取的对策，WO 对策和 ST 对策是处于一般情况下的对策，SO 对策是最理想的对策。

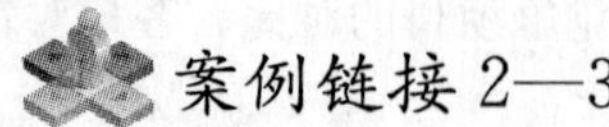

案例链接 2—3

深圳观海台项目SWOT分析

一、项目概况

观海台项目是由深圳中建（蛇口）发展有限公司出资兴建的商品住宅项目，概况如下所示。

项目	内容		
地理位置	南山商业文化中心区28号地块		
占地面积	37 415.2平方米	建筑面积	133 218.27平方米
面积分布	商业面积5 910平方米，住宅面积102 450.3平方米，肉菜市场面积1 500平方米，社区服务中心面积300平方米，托儿所面积600平方米，居委会面积100平方米		
建筑规模	9栋27座	建筑风格	新古典主义
建筑结构	住宅部分钢混剪力墙，裙楼框架结构		
建筑类型	小高层、高层结合，一梯2～4户		
层数	由南向北9、12、18层	户数	913户
车库（位）	花园式车库，共618个车位		
户型及面积	户型：2室2厅～5室2厅，面积：80.61～327.03平方米		
主导户型	2室2厅、3室2厅、4室2厅	主导面积	105～170平方米
园林规划	中式园林风格庭园广场、雕塑、叠水、园林绿化		
工程进度	20××年10月15日开工，现已封顶，20××年竣工入伙		
周边交通	紧邻规划中的后海滨路、创业路、环东路、环南路，交通路网发达 公交建设落后，附近目前尚无公交线路和站点，乘车往返市区非常不便 目前经后海滨路的公交线路较多，但从项目步行至车站约需10～15分钟		
社区配套	周边地区目前配套分布有购物、餐饮、教育、医疗等设施，如海雅百货、北师大附小、海珠城酒楼、南油医院、南油邮电局、南油文体中心等 根据中心区规划，片区还将有展览中心、金融中心、体育中心、信息中心、文化广场等		
周边景观	东面：一览无余的开阔海景 南面：近有小区绿化、水景，远有高尚小区规划景观 西南：有规划中的学校及运动场景观 北面：展览中心景观		
周边环境	小区周边目前为填海空地及建筑工地，但海景资源丰富，永续无遮挡，远眺可见香港、华侨城、世界之窗等		
会所设施	游泳池、健身房、网球场、茶艺廊、棋牌阁、晨跑道、书画廊		

二、项目SWOT分析及相应营销对策

1. 项目SWOT矩阵分析

S（优势）	W（劣势）
1. 新古典主义建筑风格，外观典雅 2. 处于南山文化中心区最优地带 3. 海景优势 4. 中式庭院，主题鲜明，区内仅有 5. 功能性会所，阳光车道，景观车库 6. 网络化管理，家居化服务，以人为本	1. 无口岸、地铁优势 2. 周边社区配套设施尚未完善，未形成居住大社区环境，周边居住氛围不浓，人气不旺 3. 道路未通，公共交通落后，乘车不便 4. 部分单位朝向差 5. 主导户型面积偏大
O（机会）	**T（威胁）**
1. 宏观经济回稳向好，楼市有效需求回升 2. 房改政策影响日益深远，置业投资概念抬头，二次置业人士增加 3. 南山文化中心区不断发展完善 4. 城市西移，特区内开发重心移至南山 5. 西部跨海大桥即将兴建，后海滨路、创业北路开通，交通改善	1. 紧邻部分楼盘为尾盘，有价格竞争压力 2. 周边同期开售楼盘多，竞争激烈 3. 后海滨片区海景概念楼盘多、影响大，瓜分市场份额，争夺有效购买力 4. 当前楼盘空置压力大，新推楼盘供给量上升，整体市场竞争更趋激烈

2. 相应营销对策

（1）针对“S（优势）+W（劣势）组合”的对策

1）针对项目所处位置相对较偏的劣势。对策：加强对周边海景的正面宣传，并适度结合后海湾高尚住宅进行宣传引导，同时提出本项目“市区位置，永久海景”的环境卖点，用有效的宣传引导客户消费意向。

2）针对周边社区配套未成熟、公交落后、人气不旺等方面的不足。对策：一方面，增设有针对性的住户服务项目，如会所、文体娱乐设施、导购专车、家居服务等弥补不足；另一方面，在宣传和推售时，对该片区的未来发展蓝图进行前瞻性描绘和推介，如政府对南山文化中心区的总体规划、城市西移倾向、周边未来商业与人居环境优势等，提出“南山文化中心区，居住前景大社区”概念，以求解除客户的忧虑，转移他们对社区配套现状不完善的负面注意。

3）针对部分单位方向朝西的情况。对策：可考虑对环东路进行同小区园林风格相同的绿化包装，在景观上创造优势，力争消除客户心理障碍；另外对该部分单位可考虑送基本装修，吸引一次置业客户或投资客户购买，促成销售。

4）针对主导户型面积偏大的情况。对策：市场上大面积户型滞销的根本原因是总价高，本项目在定价时将不同户型的单位面积售价定在不同的价格水平上，使其尽量贴近目标客户能承受的总体价格水平；同时采取灵活轻松的付款方式，尽量减轻客户的资金压力，扩大和发掘该类户型的有效需求。

营销推介时，对主导户型进行有针对性的宣传和推介，力争将其包装成身份、品位、舒

适的象征，诱发客户对主导户型的购买欲望，有效激活市场潜在需求，努力扩大购买者的层面，弥补该类户型市场需求不足的缺陷。

(2) 针对“S（优势）＋O（机会）组合”的对策

1）借宏观经济稳定增长刺激楼市有效需求等机会点，多作正面引导的软性广告宣传，引导客户购买。

2）利用客户置业投资比例上升的趋势，制定灵活的定价策略和优惠的付款措施，减轻客户的资金压力，增加成交几率。

3）根据“景观提升楼盘价值”的概念，整合运用有效的媒体组合，对永续无遮挡海景进行渲染和推介，突出项目主要景观优势，锁定项目目标客户群。

4）借南山文化中心区的规划和发展日趋成熟的机会点，对片区未来规划和发展前景作正面宣传，使买家切实感受到本项目规划前景的优越性，刺激购买欲望。

5）根据目前有效需求逐步回升的机会点，有针对性地优化项目的自身素质。如根据当前客户对品质、会所服务、园林规划等方面的需求，宣传相应的物业设施配置，全力增加物业的优点和长处，吸引客户购买。

6）利用西部跨海大桥即将兴建，深港联系加强的利好消息，在物业升值方面做方向性引导，吸引投资客户及外销客户。

(3) 针对“S（优势）＋T（威胁）组合”的对策

1）本项目的主要威胁来自众多楼盘的竞争。对此，需坚持运用独特广告策略进行广告诉求和宣传推介，强调本项目的独有优势和独特风格。在物业包装、市场定位、销售推广的过程中，将本项目与其他竞争对手明显区别开来。

2）针对紧邻楼盘可能降价竞争的威胁，要坚持加强和优化工程管理，控制成本，努力发掘和提高资金的实际使用效率，尽量争取价格回旋空间，为灵活实施定价策略奠定坚实的经济基础。

（资料来源：黄福新《房地产策划师案例报告精选》）

模拟实训

根据本课题学习目标的要求，结合相关理论知识，在教师的指导下，针对以下任务的要求展开实训。

任务一：根据本课题中所学知识，调研分析以下房地产客户群体有何特有的房地产购买需求。

新婚家庭：

---

40 岁家庭：

老年人家庭：

任务二：对你所熟悉的某房地产项目进行调研，并对其进行 SWOT 分析。

项目：____________________

S：____

____

W：____

____

O：____

____

T：____

____

课题三　房地产项目调研类型和方法分析

学习目标

掌握房地产项目调研的主要类型及应用，熟悉并掌握房地产项目调研的主要方法。

一、房地产项目调研的类型

根据不同的分类标准，房地产项目调研可分为不同的类型，见表2—10。

表2—10　　房地产项目调研类别一览

分类标准	调研类别
按照调研范围分类	全面普查、重点调研、随机抽样调研、非随机抽样调研
按照调研对象分类	物业调研、客户调研、全面调研
按照结果性质分类	定性调研、定量调研
按照调研执行者分类	自行调研、委托调研

二、房地产项目调研的方法

1. 访问法

访问法即通过口头交谈等方式直接向被访问者了解房地产需求的调研方法。该方法速度快、范围广、成本低，缺点是信息易失真。访问法是最常用的市场调研方法。

（1）面对面访谈法

面对面访谈法是指市场调研人员与被调研人员进行面对面访谈，可以分为普访（定点拦截、上门访问、约定访问等）和深访（准买家深度访问、已置业买家深度访问）两种。这种方法的最大特点是十分灵活，可以调研许多问题，弥补调研表漏掉的一些重要问题，谈话气氛融洽，不受拘束。

（2）电话调研法

电话调研法是市场调研人员借助电话来了解消费者意见的一种方法（如询问重点住户对房产的设计、功能、环境、质量、服务的感觉如何等）。

2. 问卷调研法

问卷调研法即利用设计好的调研表（问卷），要求被调研者填写回答，然后回收的方法。这种方法的优点是可较为真实地收集被调研者的需求信息，信息量较大；缺点是对调研人员的调研技能要求较高，需花费较大的人力、物力。

（1）入户问卷法

入户问卷法即调研者按照抽样方案的要求，到选中的被调研者家中或单位，按事先拟订的调研问卷或提纲，对被调研者进行直接面对面访问的调研方法。

（2）拦截问卷法

拦截问卷法又称为街头访问法，是在事先选定的若干个地点，如交通路口、购物中心、房交会现场等，按照一定的程序和要求，选取访问对象进行问卷调研的方法。

（3）邮寄问卷法

邮寄问卷法是将设计好的调研问卷制成邮件，附上回邮信封（包括邮资）寄给被调研者，被调研者根据要求填好调研问卷后寄回给调研者的一种调研方法。

（4）留置问卷法

留置问卷法即将调研问卷交给被调研者或者发放到被调研者家中，由被调研者自行填写回答并按约定日期回收的调研方法。

（5）媒体问卷法

媒体问卷法即通过报纸、杂志、网络等媒体将调研问卷公布，约定回收日期，由调研者将调研问卷填好寄回的调研方法。

3. 观察法

观察法即调研人员通过观察被调研者的行为来收集相关信息的调研方法。该方法的优点是较为直观可靠，资料准确率较高；缺点是调研范围较小，时间较长，且某些资料较为表象，因此多与其他方法组合使用。

（1）直接观察法

直接观察法即直接派调研人员到现场对调研对象进行观察（如派人到房地产交易场所或销售现场观察客户选购房地产产品的行为和要求，调研对本公司的信赖程度等）。

（2）实际痕迹测量法

实际痕迹测量法即调研人员不观察客户的行为，而是观察行为发生后的痕迹（如在销售现场，针对上门客户询问本项目的信息来源，比较不同媒体刊登广告的效果）。

（3）行为记录法

行为记录法即在销售现场安装仪器设备，记录客户行为表现的一种调研方法（如通过客户对不同户型结构的沙盘模型的了解频率的记录，了解客户的兴趣集中点）。

4. 文献资料调研法

文献资料调研法又称为二手资料调研法。该方法的优点是资料丰富、价格低廉、节省调研时间。其缺点有：资料可能不是调研者所需要的形式；资料可能过于陈旧；资料可能过于笼统，缺乏针对性；不能保证资料的权威性和质量，尤其是网络资料。

5. 实验法

实验法是指将调研范围缩小到一个较小的规模上，进行实验后取得一定结果，然后再推断出总体可能的结果（如开发商在展销会上推出少量产品、一定范围内的内部认筹、新媒体上的广告宣传等方式，来试探市场的反应，从而调整后期的推广方案）。

6. 网络调研法

网络调研法是指在互联网上针对特定问题进行的调研设计、收集资料和分析等活动。无论是开拓新市场还是研发新产品，互联网作为一种信息沟通渠道，具有成本低、速度快、隐匿性好、互动性强等优点。

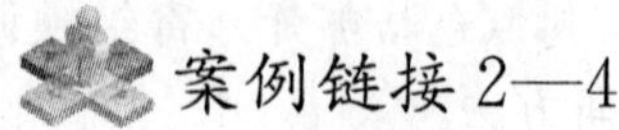

案例链接 2—4

沈阳别墅需求网络调研报告

在国内大环境的影响下，从 1992 年的河畔花园开始，沈阳的别墅市场历经 17 年的风雨，产品越来越丰富和具有特色，满足了居住者的不同需求。可以说，沈阳别墅市场已经开始成熟。

为此搜房网特开设沈阳别墅需求网络调研，希望通过对网友的调研，能做出对沈阳别墅市场需求的客观分析。以下为本次调研的具体分析和总结。

一、沈阳别墅购买意愿与行为的分析

1. 目前有 55.56%的网友有购买别墅的意愿，只有 25%的网友肯定没有购买别墅的打算，19.44%的网友看情况再决定是否购买。由此可以看出沈阳别墅市场的前景较好。

2. 只有 13.89%的网友在第一次置业时就购买别墅，36.11%的网友为第二次置业，剩余 50%购买别墅的网友均为三次以上置业者，后两类人群为多金人士。

3. 参与调查的网友中，62.22%把购买别墅作为自住用，15.56%用作度假，13.33%用途不定，只有 8.89%的人把购买别墅用来投资。可见，目前在沈阳购买别墅的消费者已趋向理性消费。

二、沈阳别墅地理位置与类型的分析

1. 参与调查的网友中，50%看中棋盘山板块的别墅，33.33%看中大浑南板块的别墅，16.67%看中辉山板块的别墅。棋盘山的地理位置、风景、交通、配套设施等均优于另外两板块，因此棋盘山板块的别墅最受消费者青睐。

2. 参与调查的网友中，36.11%喜好联排别墅，独栋次之，为 33.33%，喜好双拼和叠拼的分别为 16.67%和 2.78%，不在乎建筑类型的占 11.11%。好卖程度依次为：联排别墅、独栋别墅、双拼别墅和叠拼别墅。可见，多数要购买别墅的并非富豪，而是收入较高的中产阶级，他们看中别墅的项目位置和较低的价位。购买独栋别墅的消费者是多金人士，他们看中的是别墅的私密性。

3. 参与调查的网友中，50%喜欢欧洲风格别墅，22.22%喜欢北美风格别墅，19.44%喜欢中式风格别墅，选择其他风格的占8.33%。可见，沈阳主流的别墅风格是欧洲风格。

4. 参与调查的网友中，41.67%需要250～300平方米的别墅，36.11%需要250平方米以下的别墅，11.11%需要400～550平方米的别墅，8.33%需要300～400平方米的别墅，2.78%需要550平方米以上的别墅。可见，沈阳最受欢迎的别墅面积是250～300平方米。

三、沈阳别墅价格的分析

参与调查的网友中，41.67%购买别墅能接受的价格区间在100万～150万元，25%在100万元以下，22.22%在150万～300万元，选择500万元以上和300万～500万元的网友均占总人数的5.56%。可见，沈阳以消费低价位的经济型别墅为主。

四、对购买别墅的参考因素的分析

1. 沈阳消费者购买别墅考虑最多的是环境，占16.77%，项目品质、周边配套和园林景观均占11.61%，户型占10.97%，开发商占10.32%，价格占9.68%，地段占9.03%，风水是考虑最少的因素，占8.39%。

2. 在生活配套方面，参与调查的网友选择休闲会所的最多（26.26%），医院排第二（20.02%），商业街排第三（17.17%），网球场排第四（12.12%），高尔夫球场排第五（11.11%），酒店排第六（7.07%），选择其他的为6.06%。可见，休闲会所和医院是购买别墅的消费者首要考虑的配套设施。

综上所述，在沈阳这座城市，购买别墅的绝大多数是二次以上置业、收入较高的人群，并且多数是为了自用居住而购买。棋盘山板块的别墅销售情况要好于其他地理位置的别墅，250～300平方米欧洲风格的联排别墅会是非常热卖的别墅类型，购买主流是经济型别墅，消费者会较看重别墅的环境，并会在意别墅是否具备休闲会所和是否临近医院。

（资料来源：搜房网）

模拟实训

根据本课题学习目标的要求，结合相关理论知识，在教师的指导下，针对以下任务的要求展开实训。

任务一：利用踩盘法对当地某一房地产项目进行实地调研，并根据调研中遇到的问题，撰写调研心得。

项目名称：____________________

调研心得：____

____

任务二：某项目要进行竞争者产品调研，你认为可以使用哪些调研方法？

____

任务三：利用面对面访谈法，对某项目销售经理进行一次项目销售情况调研，再利用电话访谈法对本专业的学哥（学姐）进行一次就业情况调研，写下两次调研的感想。

项目经理访谈：

学哥（学姐）访谈：

课题四　房地产项目调研问卷设计

学习目标

了解房地产项目调研问卷的构成要素，熟悉调研问卷问题的主要形式，掌握调研问卷设计的一般技巧。能够根据调研需要设计调研问卷的基本问题，能设计较为完整的调研问卷并成功应用。

问卷调研是房地产项目调研的一种重要方法，调研问卷的设计是问卷调研中的关键环节，对调研质量有重大的影响。

本课题以消费需求调研问卷为例介绍调研问卷的构成要素、问题设计的形式和技巧。

一、调研问卷的构成要素

1. 开头

调研问卷的开头主要包括问卷编号、问卷标题、问候语及致谢部分和问卷说明。

(1) 问卷编号主要用于识别问卷、调研员、被调研者地址等，可用于检查调研员的工作，便于检查校对和整理统计资料。

(2) 问卷标题用于概括说明调研的主题，要简明扼要，容易识别（如“××区域房地产市场需求调研问卷”）。

(3) 问候语及致谢部分应礼貌、亲切、诚恳。

(4) 问卷说明应包含调研的目的、调研者的身份、保密原则及奖励措施，以消除被调研者的疑虑，激发被调研者的参与意识。问卷说明应语言简练，直接点题。

以下是某房地产项目调研问卷的开头设计：

先生/女士：

您好！

我是××公司的调研员，在进行一项××市居民住房状况及需求的市场研究，想听听您的宝贵意见和建议。完成调研以后，您将收到一份小礼品。我们将对您的回答严格保密。希望您能在百忙之中抽出时间协助我们完成这次调研。

谢谢您的支持与合作！

2. 正文

（1）甄别问卷部分

甄别问卷的主要目的是根据调研目的和调研环境对调研对象进行筛选。

在房地产需求问卷调研中，往往需要排除以下人员：

1）在当地居住时间较短的人员。该类人员对当地房地产市场的了解程度不深，调研结果容易产生偏离。如：

请问您在××市居住时间有多久？

A. 1 年以下 【终止】

B. 1 年以上 【继续】

2）短期内没有购房意向的人员。该类对象的调研结果有存在失真的可能。如：

请问您（家庭）未来 3 年内在××市购买住宅的可能性有多大？

A. 肯定不会买 【终止】

B. 可能性比较小 【终止】

C. 可能性比较大 【继续】

D. 肯定会买 【继续】

3）并非家庭购买决策者或决策的影响者。如家里的年老者或不能自食其力的年幼者。如：

如果您家要购买商品住宅，请问您是不是主要决策者或者重要参与人？

A. 否 【终止】

B. 是 【继续】

4）房地产行业从业人员。该类人员对房地产行业、市场和项目的判断及消费心理有时不能与普通消费者等同。如：

请问您在下列哪一类公司工作？

A. 房地产开发公司、建筑公司、监理公司、物业管理公司 【终止】

B. 广告设计公司、策划公司、调研公司 【终止】

C. 以上都不是 【继续】

5）在较短时间内接受过类似调研或座谈的人员。该类对象的意见会受到前次调查的影响而产生偏离。如：

请问您最近一个月内是否接受过类似的关于房地产市场的调研？

A. 是 【终止】

B. 否 【继续】

（2）主体问卷部分

主体问卷部分又称为资料收集部分，是问卷设计的重点。主体问卷部分主要包括调研所要了解的问题和备选答案。消费需求调研问卷的主要调研内容有消费区域、消费场所、消费频率、消费偏好、消费能力、消费方式以及各种意见或建议等。

（3）背景资料部分

被调研者的背景资料与研究目的密切相关，包括个人情况（如性别、年龄、职业、职务、收入、文化程度及家庭结构等）和单位情况（如单位性质、规模、行业、所在地等）。被调研者对此较敏感，可根据调研需要谨慎设计。

3. 结尾

调研问卷的结尾可设置开放式问题，征询被调研者的意见和感受，记录调研情况，表达感谢及其他补充说明。

调研情况记录又称为作业记载，主要包括两部分内容：一部分是调研人员填写的相关资料，主要包括被调研者姓名、联系电话、住址，以及调研员姓名、调研日期、调研时长、调研地点等基本资料；另一部分是审核和复核记录，由公司审核人员填写，主要对问卷进行质量控制。如：

以下内容在访问结束后填写

被访者姓名：____________ 联系电话：____________

被访者住址：________________________

访问员姓名：____________ 访问日期：____________

访问开始时间：______时______分 访问结束时间______时______分

访问时长：______分钟 访问地点：____________

以下由公司人员填写

一审审卷结果：□合格 □补问 □作废 □作弊 一审签名：________

二审审卷结果：□合格 □作废 □作弊 二审签名：________

质控复核结果：□合格 □作废 □作弊 复核：________

二、调研问卷的问题形式

调查问卷的问题形式可以是封闭式问题、开放式问题和半封闭式问题三种形式结合使用。封闭式问题又可以设计成单选题和多选题形式。

1. 封闭式问题

封闭式问题的答案是标准化选项，回答方便，易于进行各种统计分析，但被调研者只能在规定的范围内被动回答，无法反映其他意见或想法，有可能丢失一些有价值的市场信息。因此，封闭式问题和答案的设置尤为重要。如：

您理想的客厅面积是________（建筑面积）?

A. 10～15 平方米 B. 16～20 平方米 C. 21～25 平方米 D. 26～30 平方米

E. 30 平方米以上 F. 越大越好 G. 无所谓

2. 开放式问题

开放式问题是指仅提出所想了解的问题，但并不列出答案，而是由被调研者自由回答的问题。这种问题可以让被调研者自由陈述自己的真实想法。

开放式问题一般用于询问那些研究者尚不清楚答案、潜在答案太多或答案比较复杂的问题。由于开放式问题的答案不统一，包含信息较为繁杂，因此不利于研究人员的整理和定量分析，还可能由于被调研者的表达能力差异形成结果偏差。如：

您对目前的居住状况最满意的地方是什么？最不满意的地方是什么？

---

3. 半封闭式问题

半封闭式问题列出绝大多数答案，但留有开放性的接口，如果被调研者还有其他答案，可以填入。如：

买房时您最关注的因素有________（多选）。

A. 单价　B. 总价　C. 户型　D. 地段　E. 交通　F. 开发商品牌　G. 物业管理

H. 付款方式　I. 景观环境　J. 配套设施　K. 其他（请注明）__________

三、调研问卷设计的技巧

1. 问题设计技巧

（1）避免专业术语和缩略语造成理解困难，如避免使用“容积率”“建筑密度”“绿地率”等专业词语，若无法避免，则应对其进行简单的注释。

（2）避免含义模糊的用词，如“经常”“普通”“最近”“很久”等词。“您最近是否准备买房”可以改为“您最近半年是否准备买房”。

（3）避免断定性的问题，如“您打算什么时候买房子”，如果被调研者没有买房的打算就无法回答。正确的做法是在该问题前面加一个过滤性的问题，如“您是否有买房子的打算”，回答“有”则继续，否则终止提问。

（4）避免带有导向性的问题，如“大部分人认为目前不是购房的最佳时机，您对此有何看法”，这种问题会导致被调研者跟随倾向回答问题，应该避免。

（5）避免双重否定的问题，如“在物业管理费中不必包括车位管理费，您同意吗”可以改为“在物业管理费中有必要包括车位管理费吗”。

（6）避免一问多答的问题，如“您家人是否会使用公共交通工具出行”，这就使那些家里只有部分成员使用公共交通工具出行的人无法回答。

（7）问题要考虑时间性，如“您去年家庭生活费支出是多少”可以改为“您上个月的生活费支出是多少”。

（8）问题要有明确的界限，如“收入”是仅指工资还是包括奖金、补贴和其他收入。

（9）避免敏感性的问题，如“您的月收入是多少”“您的家庭储蓄有多少”等问题对于某些人来说有一定的敏感性，若非问不可，则应注意提问的方式、方法和措辞。

（10）注意问题设置的顺序：前面的问题应该是简单的、重要的、容易回答的，后面的问题应该是复杂的、专业性强的、敏感的；封闭式问题在前，开放式问题在后；对相关联的问题应该进行系统整理。

2. 答案设计技巧

（1）备选答案要穷尽

要将问题的所有答案尽可能列出，为防止出现列举不全，可将最后一项答案设为“其他”。如：

买房时您最关注的因素是________。

A. 单价　B. 总价　C. 户型　D. 地段　E. 交通　F. 开发商品牌　G. 物业管理　H. 付款方式　I. 景观环境　J. 配套设施　K. 其他（请注明）__________

（2）备选答案要互斥

不同答案之间必须互不重复，否则被调研者可能会做出有重复内容的双重回答。如：

您平均每月支出中花费最多的是________？

A. 食品　B. 服装　C. 书籍　D. 报纸杂志　E. 日用品　F. 娱乐　G. 交际　H. 饮料　I. 其他（请注明）____________________

其中的食品与饮料、书籍和报纸杂志都具有包含关系。

（3）在封闭式问题中，根据不同问题选择不同的答案形式

1）二项选择法。二项选择法也称为真伪法或二分法，是指提出的问题仅有两种答案可以选择，如“是”或“否”“有”或“无”等。两种答案是对立的、互斥的。该方法适用于较简单的事实性问题。

2）多项选择法。多项选择法是指对所提出的问题事先预备好两个以上的答案，被调研者可任选其中的一项或几项。如：

您认为对住宅来说最重要的因素是________。

A. 质量　B. 户型　C. 舒适　D. 安静　E. 美观　F. 便捷　G. 其他（请注明）________

3）排位法。排位法是列出若干选择项目，由被调研者按重要性决定先后顺序。如：

下面列出的5类房地产广告：电视广告（A）、报纸广告（B）、广播广告（C）、户外广告（D）、网络广告（E），对您的影响由大到小排列顺序是（填相应字母）______。

4）回忆法。回忆法是指通过回忆，了解被调研者对产品和营销推广信息印象的强弱。如：

请列出最近一个月在您上班途中见过的户外广告中出现过的楼盘广告。

（4）题目所设答案应一致

同一道题目应从同一角度给出备选答案，如：

您打算购买的房子的面积是________平方米。

A. 30～50　B. 51～80　C. 81～100　D. 大于100　E. 一房一厅　F. 两房一厅

题目中，房间的大小与户型不能同时在答案中出现，应分别进行提问。

（5）对敏感性问题应小心处理

对敏感性问题应尽量采用定距、等比答案，设定收入、年龄的范围等方式小心处理。如：

您的年龄是________？

A. 25岁以下　B. 25～30岁　C. 31～35岁　D. 36～40岁　E. 41～45岁　F. 46～50岁

G. 51～55 岁　H. 56～60 岁　I. 61 岁以上

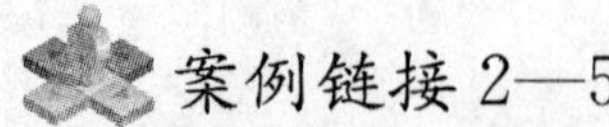

问卷编号：××××

××市房地产市场需求调研问卷

尊敬的先生/女士：

您好！

我是××房地产公司的市场调研员，感谢您在百忙之中接受我们的采访！我们正在开展一项关于××市居民购房消费需求的市场调研，以便了解您的住房需求。您提供的所有意见和资料都将保密，感谢您的合作！

一、甄别部分

S1. 请问您是否在房地产相关行业（开发、设计、施工、监理、营销、策划等）工作？

A. 是　B. 否　（若回答“是”，则中止调研）

S2. 请问您近几年是否打算买房？

A. 是　B. 否　（若回答“否”，则中止调研）

二、主体问卷部分

【住房需求】

1. 您打算________买房子。

A. 1 年内　B. 1～3 年内　C. 3～5 年内　D. 5 年以后

2. 您购房的目的是________。

A. 满足居住要求（第一次购房）　B. 改善住房条件　C. 为父母购房

D. 为子女购房　E. 第二居所　F. 投资　G. 其他（请注明）__________

3. 如果您购房，您会选择________。

A. 越秀区　B. 荔湾区　C. 海珠区　D. 天河区　E. 白云区

F. 黄埔区　G. 萝岗区　H. 南沙区　I. 花都区　J. 番禺区

4. 如果您购房，您能够接受的最高单价是________。

A. 5 000 元以下　B. 5 001～10 000 元　C. 10 001～15 000 元

D. 15 001～20 000 元　E. 20 001～25 000 元　F. 25 001 元以上

5. 如果您购房，您能承受的最高总价款（包括按揭）是________。

A. 50 万元以下　B. 50～75 万元　C. 76～100 万元　D. 101～125 万元

E. 126～150 万元　F. 151～200 万元　G. 201 万元以上

6. 若购房，您将采取的付款方式是________。

A. 一次性付款　B. 分期付款　C. 银行按揭贷款

D. 住房公积金贷款　E. 组合贷款

7. 在首付款交完后，您每个月能够承受的支付能力为________。

A. 2 000 元以下　B. 2 001～3 000 元　C. 3 001～4 000 元

D. 4 001～5 000 元　E. 5 001～6 000 元　F. 6 000 元以上

8. 在选择购房地点时，________对您更重要（按重要程度选三项）。

A. 离父母是否近　B. 孩子入托上学是否方便　C. 家人上下班是否方便

D. 交通是否方便　E. 是否在风景区附近　F. 亲朋好友是否在附近

G. 房屋价格是否便宜　H. 周边的商业设施是否齐全　I. 是否有升值潜力

9. 您认为在房地产项目进行到________购房比较理想。

A. 期房未封顶前的内部认购时期　B. 封顶后公开发售时期

C. 现房时期　D. 其他（请注明）__________

10. 您认可“在房地产项目内部认购时期购买房产时，升值潜力会比较大也比较划算”的说法吗？

A. 非常认可并深有体会　B. 不认可，我不在乎是否会升值

C. 其他（请注明）__________

11. 您在选购住房时，关注________（可多选）。

A. 小区环境　B. 户型　C. 价位　D. 建筑质量　E. 物业管理　F. 邻居素质

G. 交通　H. 建筑风格　I. 开发商信誉与实力　J. 小区规模

12. 您购买住房时，比较倾向的建筑形式是________。

A. 多层（6 层以下）　B. 小高层（7～11 层）　C. 高层（11 层以上）

D. 别墅　E. 低层（4 层以下）

13. 您在选购住房时，对住房建筑面积的要求是________。

A. 80 平方米以下　B. 81～100 平方米　C. 101～130 平方米

D. 131～150 平方米　E. 151～180 平方米　F. 180 平方米以上

14. 您在选购住房时，对户型的要求是________。

A. 一室一厅　B. 二室一厅　C. 二室二厅　D. 三室一厅

E. 三室二厅　F. 四室二厅　G. 可自由分隔的框架房

15. 您在选购住房时，对卫生间的要求是________。

A. 一卫　B. 二卫　C. 三卫

16. 您希望的供暖方式是________。

A. 普通供暖　B. 地热供暖　C. 电热供暖　D. 自行解决

E. 其他（请注明）__________

17. 您对住房下列设计有需求的是________。

A. 书房　B. 衣帽间　C. 储物室　D. 洗衣房　E. 佣人房

F. 其他（请注明）__________

18. 您在购买住房时，对交房装修情况的要求是________。

A. 毛坯房（不装修）　B. 厨卫装修　C. 全部装修

D. 其他（请注明）__________

19. 您希望住房附近具备的生活服务设施有________（选四项）。

A. 便利店　B. 购物中心　C. 商场　D. 银行　E. 干洗店　F. 美容美发店

G. 餐饮店　H. 药房　I. 桑拿、洗浴场所　J. 其他（请注明）__________

【其他信息】

1. 如果您购房，会通过________了解信息（选三项）。

A. 电视　B. 报纸　C. 电台　D. 房交会　E. 宣传单　F. 互联网

G. 中介机构　H. 已购房的亲友　I. 其他（请注明）__________

2. 您认为影响商品房销售的主要因素是________（选三项）。

A. 价格高　B. 开发商信誉差　C. 入住时缴费太多

D. 物业管理费高　E. 物业管理质量差　F. 供暖质量差

G. 房屋质量差　H. 小户型少　I. 银行贷款利率上调

3. 您认为影响我市二手房销售的主要原因是________。

A. 不能贷款购房　B. 中介机构信誉差　C. 无籍房多　D. 信息发布不充分

4. 您认为两年内我市房价的走势是________。

A. 上升　B. 下降　C. 说不清

5. 您认为市内目前最缺少的物业类型是________。

A. 旅馆　B. 住宅　C. 办公楼　D. 饭店　E. 其他（请注明）__________

6. 今后如果有符合以上条件的新项目推出，您考虑购买和接受宣传礼品吗？

A. 不考虑购买　B. 考虑购买　C. 考虑购买并愿意接受宣传礼品

D. 其他（请注明）__________

三、背景资料部分

以下问题可能涉及您的隐私，仅供资料分析使用，请您不要介意。我们郑重承诺：您的个人资料将严格保密！

1. 您的年龄是________岁。

A. 21～25　B. 26～30　C. 31～35　D. 36～40

E. 41～45　F. 46～50　G. 51～55　H. 56～60

2. 您的学历是________。

A. 小学　B. 初中　C. 高中　D. 大专　E. 本科　F. 研究生

3. 您的工作单位属于________。

A. 机关单位　B. 事业单位　C. 国营企业　D. 民营企业　E. 个体户

F. 服务行业　G. 其他（请注明）__________

4. 您的月收入为________。

A. 1 000 元以下　B. 1 001～2 000 元　C. 2 001～3 000 元　D. 3 001～4 000 元

E. 4 001～5 000 元　F. 5 001～6 000 元　G. 6 001～8 000 元

H. 8 001～10 000 元　I. 10 001 元以上

5. 您目前的居住方式为________。

A. 自己租房　B. 单位租房　C. 自有房产　D. 其他（请注明）__________

6. 您现有的住宅性质为________。

A. 商品房　B. 房改房　C. 私房　D. 集资房　E. 房产房（交房费）

F. 其他（请注明）__________

7. 您的居住方式为________。

A. 单身　B. 二人世界　C. 三口之家　D. 三代同堂

8. 您目前的居住区域是________。

A. 越秀区　B. 荔湾区　C. 海珠区　D. 天河区　E. 白云区　F. 黄埔区

G. 萝岗区　H. 南沙区　I. 花都区　J. 番禺区

9. 您现在的住房面积为________（建筑面积）。

A. 50 平方米以下　B. 51～80 平方米　C. 81～110 平方米　D. 111～150 平方米

E. 151～180 平方米　F. 181 平方米以上

访问到此结束，再次感谢您的支持！请向调研员索要礼物。祝您身体健康、生活美满！

以下内容在访问结束后填写

被访者姓名：____________________　联系电话：____________________

被访者住址：____

访问员姓名：____________________　访问日期：____________________

访问开始时间：______时______分　访问结束时间______时______分

访问时长：__________分钟　访问地点：____________________

以下由公司人员填写

一审审卷结果：□合格　□补问　□作废　□作弊　一审签名：__________

二审审卷结果：□合格　□作废　□作弊　二审签名：__________

质控复核结果：□合格　□作废　□作弊　复核：__________

模拟实训

根据本课题学习目标的要求，结合相关理论知识，在教师的指导下，针对以下任务的要求展开实训。

任务一：根据你熟悉的某住宅项目的销售情况需要，试制定一份“××项目消费需求调研问卷”。问卷的主要调研对象是到售楼处的项目客户。

____

____

任务二：在教师的指导和帮助下，参加一次某项目的实地问卷调研，并撰写一份项目调研心得。

____

____

课题五　房地产项目调研报告撰写

学习目标

了解房地产项目调研报告的基本组成，掌握优秀房地产项目调研报告的基本要求。能够根据房地产项目调研报告的基本要求撰写简单的调研报告。

一、房地产项目调研报告的组成

规范的房地产项目调研报告应该由封面、目录、索引、摘要、正文、附录等组成。

1. 封面

封面的版面应根据调研机构的要求进行设计，一般要求严肃、精致。封面主要内容和要求如下：

(1) 调研报告的标题设计应言简意赅，概括调研内容，根据需要可增加副标题。
(2) 应列出所有参与调研机构的名称，必要时可以附上其联络方式。
(3) 应列出该调研项目负责人的姓名。
(4) 应列出调研报告完成的日期。

2. 目录

目录是关于调研报告中各项内容的一览表，应列出正文各部分内容的标题名称及页码，一般要求至少列出二级标题，如果需要还可列出更下一级的标题。

3. 索引

在调研报告中，如果插入的图、表较多，为了阅读方便，可以列出图、表索引。索引的内容与目录相似，即列出图、表的编号、名称及所在的页码。

4. 摘要

摘要是对调研活动所获得的主要结果的概括性说明，是调研报告中极其重要的一环。摘要应该用清晰、简洁、概括的文字说明调研的背景、目的、手段、方法、主要内容，以及主要结果和结论等。

5. 正文

调研报告正文应包括的主要内容有调研背景、调研目的、调研内容、调研方法、调研结果、结论与建议等。

(1) 调研背景

调研人员要以有关的背景资料为依据，分析企业或项目的开发经营、营销推广等方面的资料，对本次调研的由来或受委托情况进行说明。

背景资料可包括项目过去的销售变化情况，与竞争对手的比较资料，已有的广告、促销策略及其实施情况，以及市场对本项目的反应资料等。

(2) 调研目的

调研目的一般根据委托方的要求来确定（如要了解某品牌在市场上的知名度、消费者的信息来源、消费者与媒体的接触情况、消费者对某品牌的忠诚度、消费者的心理价位、消费者的需求偏好、项目的目标客户、影响消费者购买的原因等)。

(3) 调研内容

调研的主要内容包括市场环境、消费者情况及竞争对手情况等，同时说明调研分别在什么地区或项目进行，以及选择这些地区或项目的理由。

(4) 调研方法

需要说明本次调研是采用文献资料调研还是现场调研，是观察调研还是实验调研或问卷调研，是拦截问卷还是入户问卷，是抽样调研还是重点调研，样本抽取的方法，以及调研资料处理与分析的方法和工具等。

(5) 调研结果

该部分内容采用图、表和文字的形式将调研所得到的资料呈现出来。图、表主要用来呈现调研数据。文字部分主要是对调研数据进行解释，即说明数据中所隐含的关系、规律和趋势等，对结果的解释包括说明、推论和讨论 3 个层次。

1) 说明。说明不是对调研数据的简单描述，而是要根据所得数据资料分析事物的现状、各因素之间的关系及事物的发展趋势等。

2) 推论。大部分市场调研都是针对部分调研对象进行的，但报告的使用者往往要了解总体的情况，因此调研人员必须根据调研的数据资料估计总体的情况。

3) 讨论。讨论主要对调研结果产生的原因进行解释，解释的依据可以是理论或事实材料，也可以引用其他研究资料，还可以根据调研人员的经验等。

(6) 结论与建议

调研人员在这一部分要说明调研获得了哪些重要结论，以及应该采取的相应措施。

6. 附录

附录部分主要呈现与正文相关的各种资料，以备读者参考。附录中的资料通常包括调研问卷、原始数据表（正文中的图表只是汇总)、资料来源说明和其他补充说明等。

二、房地产项目调研报告的编写要求

1. 语言简洁、客观平实

委托方阅读调研报告的目的是要从调研报告中快速获取有用的信息，因此调研报告的语言要简洁、客观、平实、准确，不掺杂个人情感色彩，以免影响读者的判断。此外，调研报告尽量采用非专业用语来解释，以免读者无法读懂调研报告或者产生理解问题。

2. 结构严谨、重点突出

调研报告各部分内容要结构严谨、重点突出、简明扼要、逻辑性强，让读者容易明白调研的基本过程与结果。

3. 内容全面、资料翔实

调研报告要将调研活动的整个过程进行详细介绍，充分利用图、表、文字等形式来展示资料，不能遗漏重要的资料。让读者能够了解调研的全过程，对调研质量做出评价，对调研所获得的结果有一个清晰的认识。

4. 结论明确、语言中肯

调研结论和建议应表达明确、要点清晰、语言中肯，不能模棱两可、含糊其辞。

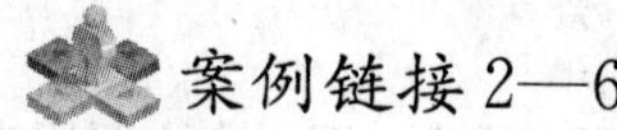
案例链接 2—6

××项目消费者需求调研报告（节选）

一、前言

为了更好地完成本项目的策划工作，按照由近及远的方针，分别在集团内部、项目周边以及全市范围内做了调研，各项调研工作如下：我部门 2008 年 1 月 28 日至 1 月 30 日在本公司对集团内部员工做了调研，获得有效调研问卷 401 份；2 月 21 日至 2 月 27 日对项目周边人员做了调研；聘请营销策划公司在 4 月 4 日至 4 月 7 日对本市不同区域居民做了调研，获得有效调研问卷 431 份。

我们力求从不同的角度对调研数据所蕴藏的信息进行挖掘和归纳，以得出有价值的结论，准确把握消费者的需求，了解消费者的诸多消费习惯与消费心理，体会购房者决策过程中的关键因素，从而在吸引购房者的各种举措上做到有的放矢。现根据调研问卷表做如下分析。

二、调查对象的基本情况

1. 年龄

从被访者的年龄来看，30 岁及以下的比例最高，其次是 31～34 岁，如下图所示：

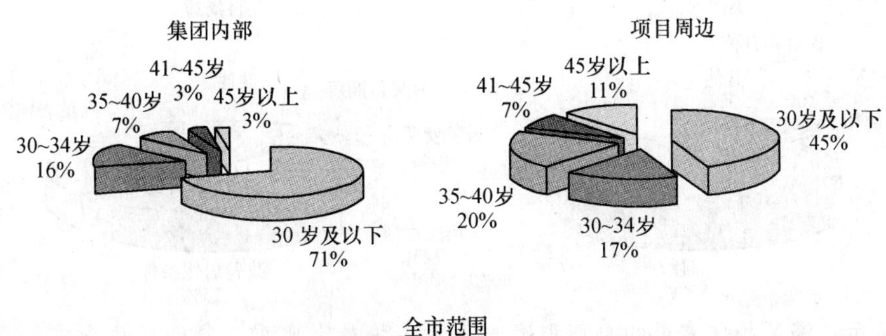

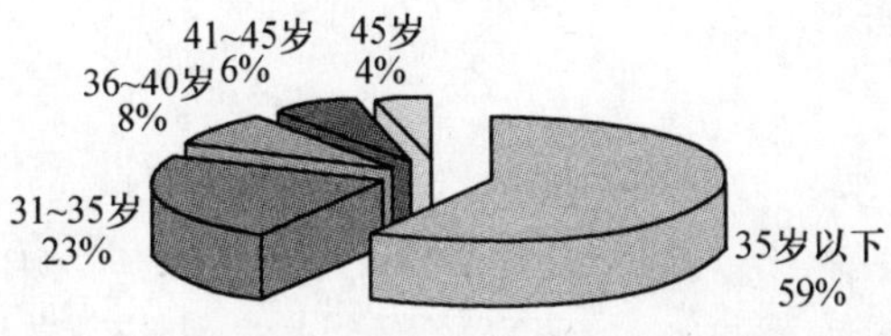

由于本项目定位为小面积、低总价，因此年轻白领是本次调查的主要对象，35 岁以下人群占本次调查样本量的多数，这个年龄段的居住需求对本项目的定位具有重要的参考意义。

2. 家庭收入

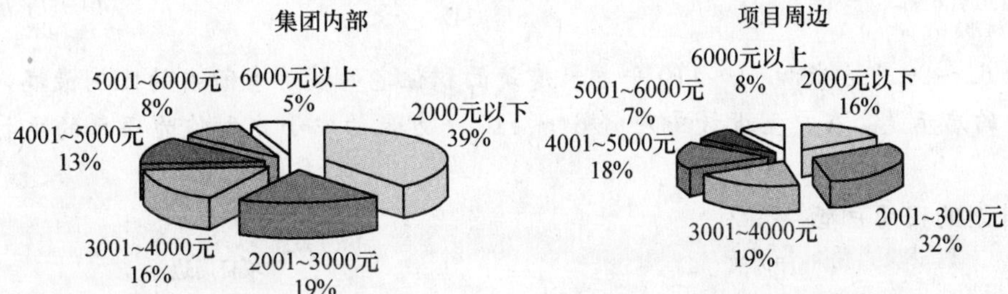

3. 购房时间选择

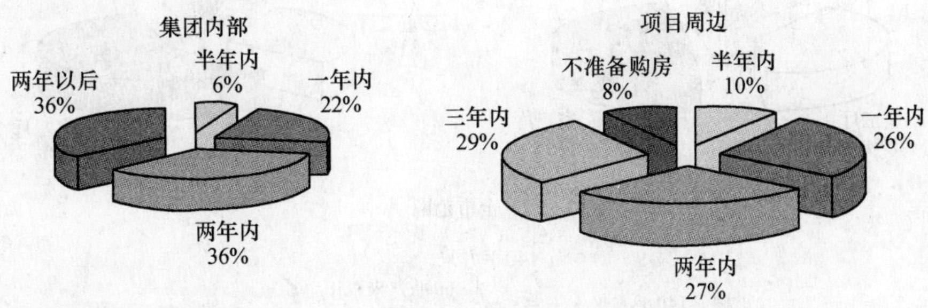

被访者中两年内及三年内购房的比例最大，不准备购房的比例最低。

4. 购房目的选择

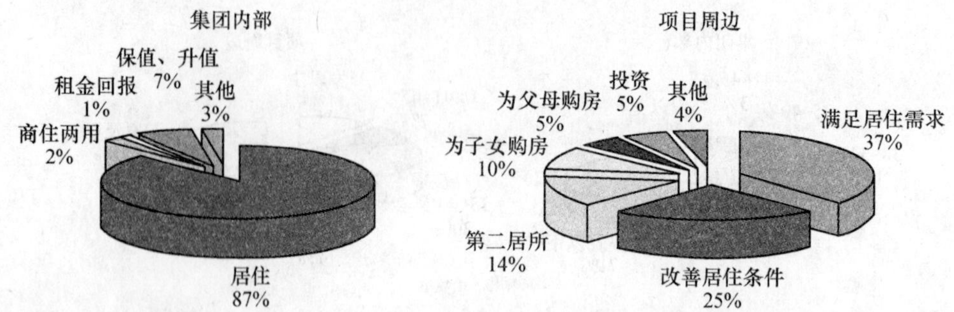

数据显示：满足居住需求的自用型客户数量占据最大比重，侧面反映出市场需求旺盛，市场发展平稳。

三、购房需求分析

1. 住宅的建筑面积需求

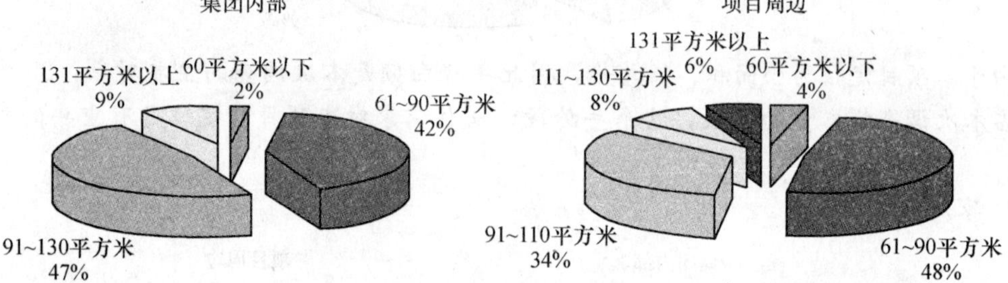

选择61～90平方米和91～110平方米建筑面积住宅的被访者所占的比例最高，此结论对本项目的启示是：在户型设计中应将61～110平方米的中小户型作为项目的主打面积产品。

2. 计划购买的户型

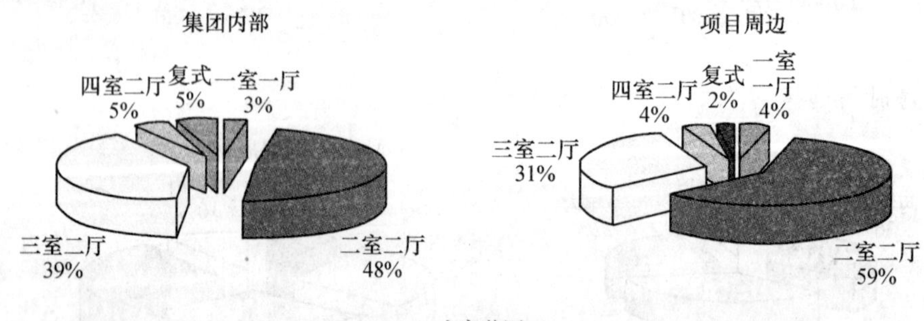

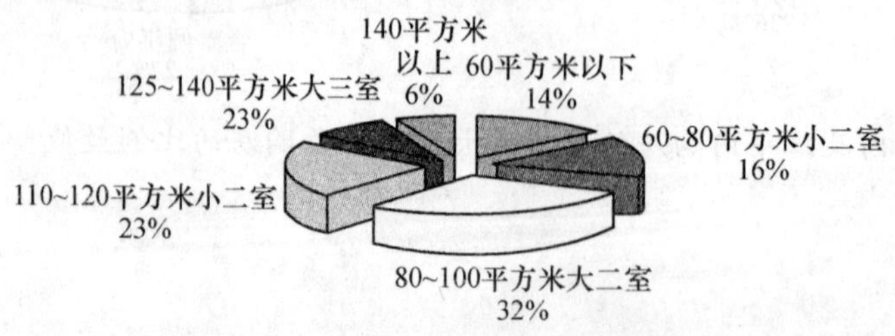

可以看出，三室二厅、二室二厅的户型最受欢迎。其中 80～100 平方米的二室是市场需求量最大的产品，其次是 110～120 平方米的三室，占调研有效人数的 23%。

3. 所能承受的最高总价范围

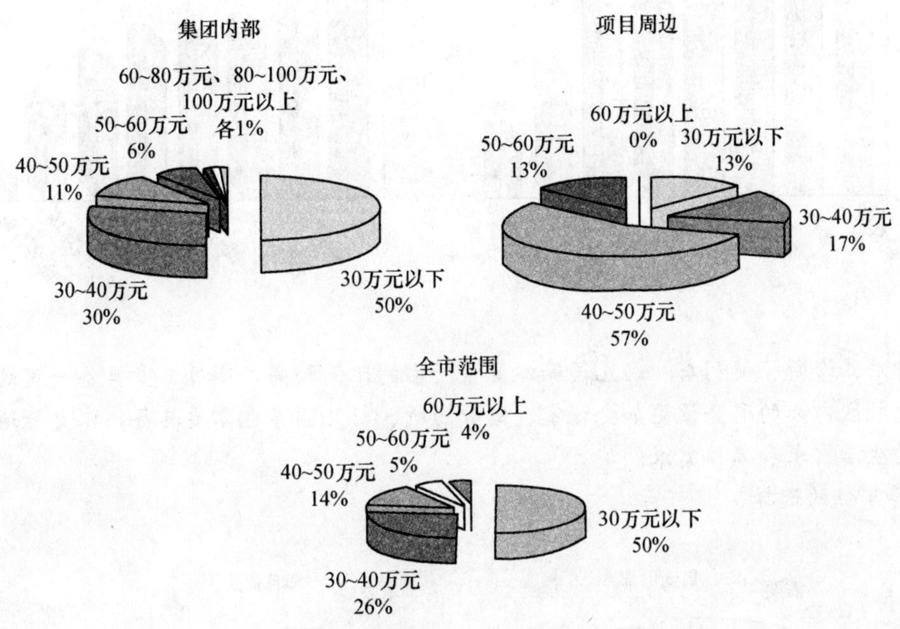

房屋的总价上限不能突破 60 万元，同时 40 万元左右的价格区间是房屋的主力价格区间，因此项目的价格应主要集中在此区间。

4. 所能承受的单价

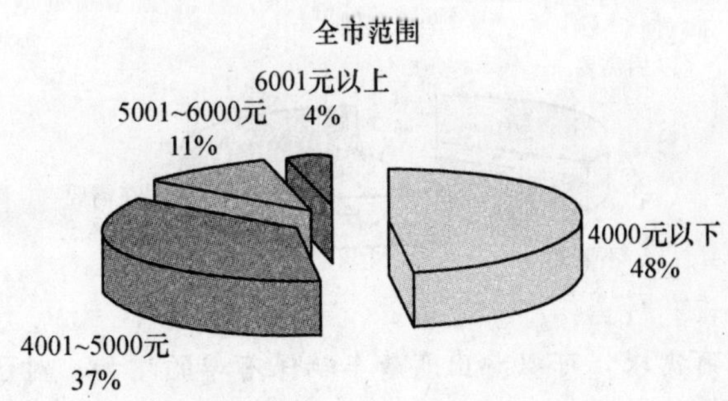

选择 4 001～6 000 元/平方米单价的被访者占了绝大多数，考虑到周边的市场价格，这个价格区间还是比较现实可行的。

5. 希望的配套设施

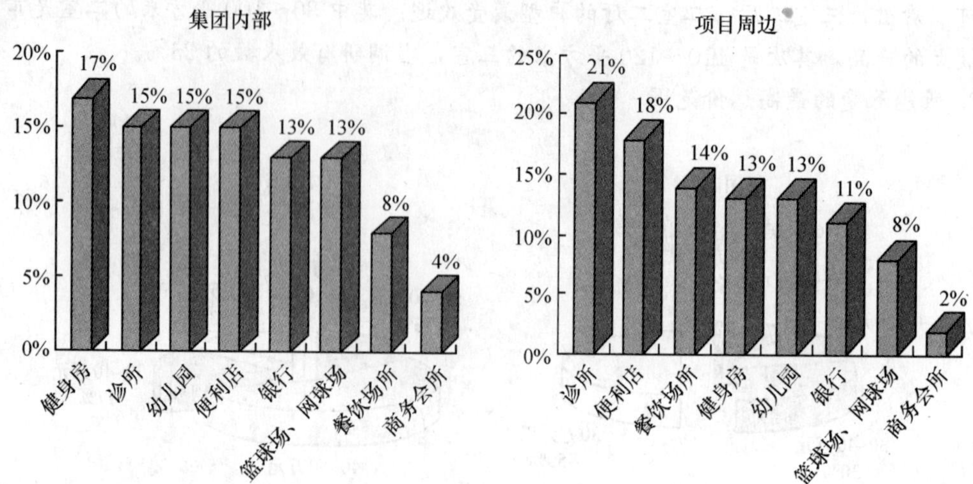

健身房、诊所、便利店、幼儿园等四要素所占的比例较高，项目本身具备一定的商业资源，同时社区内部的配套设施如会议室、健身场所、幼儿园等也需要具备，以更好地满足年轻业主的生活需求和工作需求。

6. 停车位的选择

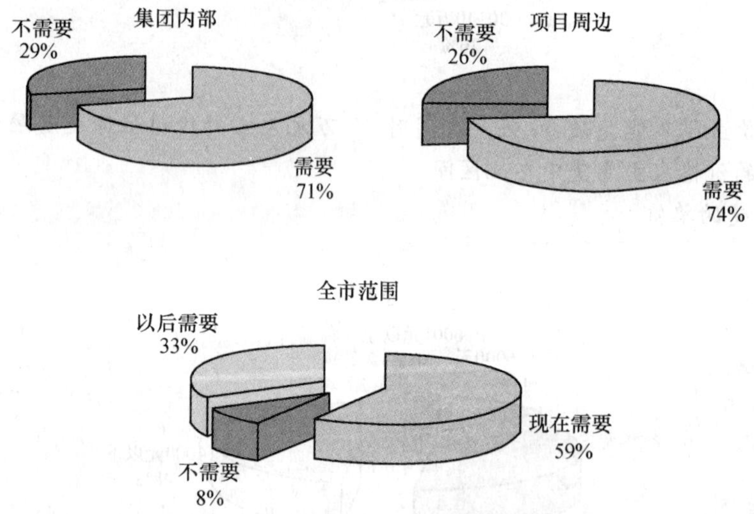

大部分客户对车位有需求，可以看出随着车辆保有率的增加，对于车位的需求有增大的趋势，需要考虑好小区车位的配比。

四、问卷调查总结

1. 客户需求分析

(1) 购房者年龄有年轻化的趋势，越来越多的年轻购房者选择置业作为未来生活的保障，其背后通常有父辈的经济支持。这部分客户具有时尚、接受新兴事物能力强等特点。

(2) 自住型客户占被调查对象的绝大部分，表明市场的刚性需求很大。

(3) 大多数被调查者考虑在2～3年后买房，经济能力是制约被调查者买房最主要的因素，并且目前市场的观望气氛对消费者购买时机具有一定的影响。

2. 购房需求分析

(1) 选择61～90平方米和91～110平方米建筑面积住宅的被访者所占的比例最高，在户型设计中应将61～110平方米的中小户型作为项目的主打面积产品。

(2) 选择4 001～6 000元/平方米单价的被访者占了绝大多数，考虑到周边的市场价格，这个价格区间比较现实可行。总价方面40～60万元最适合目前的市场需求。

(3) 户型方面二室和三室的需求量最大，应该将此种户型作为主力户型。

3. 配套设施需求分析

(1) 潜在客户购房主要考虑健身房、诊所、便利店、幼儿园等四要素。

(2) 在车位的选择上，要以一户一个车位为主。

综上所述，本项目应主推小面积、低总价的户型，在配套设施和物业管理上下工夫，努力开拓区域市场。

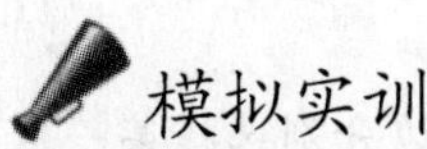

模拟实训

根据本课题学习目标的要求，结合相关理论知识，在教师的指导下，针对以下任务的要求展开实训。

任务一：在房地产营销策划网站中，查找两份房地产市场调研报告，辨析它们的共同点和优缺点。

____

____

任务二：在教师的帮助下，收集一份房地产项目调研报告，对其结构进行简要分析。

____

____

模块理论知识检测

1. 如何理解房地产项目调研的含义？

2. 房地产项目调研的主要程序和步骤有哪些？

3. 房地产项目调研信息资料的收集途径有哪些？

4. 房地产项目市场环境调研、消费者需求调研、项目竞争对手调研和项目自身调研的主要内容有哪些？

5. 房地产项目调研的主要类型和方法有哪些？

6. 房地产项目调研问卷的主要构成要素有哪些？

7. 房地产项目调研报告的基本组成有哪些？

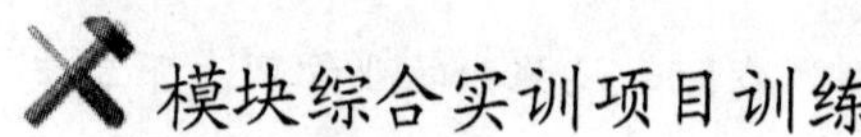

模块综合实训项目训练

房地产调研报告的撰写

任务要求：在教师的指导下，将班级同学分组，各小组在学校周边分别选择某一区域地块，为该地块做房地产开发调研分析，设计调研问卷，进行实地调研，对调研问卷数据进行整理和分析，撰写一份调研报告，设计汇报 PPT，并在班级内进行调研汇报。

任务提示：调研地块的选择，可借助于所在城市预拍卖地块或某房地产开发公司已拍得地块，调研小组模拟对其进行开发前期调研，调研报告主要对该地块的开发进行建议。

评价标准：符合调研的基本要求，调研报告具有科学性、严谨性和可操作性，结构完整，对后期的项目定位和营销策划具有较高的参考价值。

模块三

房地产项目定位分析

全国高等职业技术院校房地产经营与估价专业教材

房地产项目定位是房地产项目开发前期的一项重要工作。房地产项目定位是房地产项目前期策划最形象的展示，是市场调研分析及客户群细分的重要成果。同时，项目定位为房地产项目产品的具体规划和设计提供了设计思路，为房地产项目后期的产品规划设计、整合推广、销售执行等具体工作提供了基本的框架。

随着我国经济的不断发展，居民收入水平的不断提高，消费者购房需求层次也在不断变化，无论是房地产开发商卖房，还是消费者买房，都已不再是单纯的商业行为。卖方市场通过房地产项目的定位和客户群的定位，倡导高品质的生活环境；而买方市场更加看重房地产企业的品牌和产品的形象，看重房地产项目带来的新的"生活"味道。一个房地产项目的成功塑造，则直接与前期房地产项目的定位息息相关。

"房地产项目定位分析"模块可以通过以下课题的学习逐一进行：

课题一 房地产项目定位概述
课题二 房地产项目目标客户群定位
课题三 房地产项目产品定位
课题四 房地产项目形象定位
课题五 房地产项目定位报告撰写

课题一　房地产项目定位概述

学习目标

了解房地产项目定位的含义及影响房地产项目定位的各种内外部因素，熟悉房地产项目定位的基本流程，掌握房地产项目定位的内容和主要方式。能够根据不同的定位因素对相关房地产项目进行定位分析。

一、房地产项目定位的含义

房地产项目定位是指在房地产项目开发过程中，通过对消费者需求的调研，对房地产项目销售的目标群体、心理价位、功能、服务、品牌等进行明确的指向和遴选，并确定其层面、价位、众寡、优劣等。

房地产项目定位是决定项目推广是否成功的关键步骤。房地产项目定位来源于消费者，又通过品牌概念和产品形象反馈给消费者。即通过对消费者需求的研究，构建能满足消费者需求的产品实体，再根据对消费者心理的研究对产品实体进行包装，形成房地产项目品牌形象，最终实现房地产项目价值。

房地产项目定位主要包含需求定位、客户群定位、产品定位、形象定位和价格定位。本模块着重在客户群定位、产品定位和形象定位三个方面进行阐述。

二、房地产项目定位的目的

房地产项目定位是在市场调研和细分的基础上研究和分析潜在消费者的客户群定位，是对消费者使用方式和使用心理进行分析研究基础上的产品定位，是将产品按消费者的理解和偏好方式传达出去的形象定位。

1. 确定生产什么样的房地产产品。
2. 确定房地产产品的目标群体。
3. 显示房地产产品与竞争产品的不同之处。
4. 确定房地产产品在消费者心目中与众不同的位置。
5. 获得房地产产品更大的竞争优势。

三、影响房地产项目定位的企业内、外部因素

1. 影响房地产项目定位的企业内部因素

（1）经济上的可行性及掌控性

开发企业根据自身现金流及融资情况，确定项目定位方向。开发普通住宅与开发别墅同样可行，后者利润空间较大，但风险也较大。资金相对薄弱的企业，项目的定位无疑更应该考虑资金的快速回笼，而不是最大的利润空间。同样，投资普通住宅比投资商业地产容易，商业地产的开发资金需求量大，承受风险也较大，资金周转速度较慢。

（2）拥有项目土地的自身条件

土地自身条件是项目定位的基础，地块自然条件的综合利用是项目物业增值的前提。认清土地的客观状况，采用 SWOT 分析法，充分挖掘开发土地的优势，并借时、借势将劣势成功转为优势，是土地自身价值提升的关键。

2. 影响房地产项目定位的企业外部因素

（1）经济和政策环境因素

1）经济环境因素。房地产项目的购买力取决于房地产的价格、消费者的现有收入、储蓄及贷款情况。不同的收入水平对项目的定位有直接的影响。而房地产消费支出则受储蓄和借贷的直接影响。

2）政策环境因素。政策对产业的偏向和优惠措施是房地产项目定位决策的重要依据（如政府的土地政策、城市和区域规划中的意向等）。

（2）竞争环境因素

竞争环境因素是指同类房地产项目的开发结构、市场供给量、潜在需求量、开发规模、城市及区域价格分布规律、产品级别指数、客户来源和客户资源等。竞争环境因素分析的主要目的是明确项目的直接竞争市场，进行项目定位。

（3）客户群体因素

客户群体的明确决定着后续的产品开发策略和营销推广策略。客户定位不明确，会让后续开发失去目标，最终导致销售策略、上市时机及推销节奏出现偏差。

四、房地产项目定位的内容和方式

1. 房地产项目定位的主要内容

（1）客户群定位

客户群定位主要解决产品卖给谁、目标客户有哪些消费习惯和需求习惯的问题。由于客户对象在年龄、收入、职业、教育程度及个人兴趣等方面差异很大，其消费需求也复杂多变。因此，必须依照项目自身品质及特点，正确分析项目的客户群体组成及其消费特征，才能有针对性地开展后期的产品设计和推广。

(2) 产品定位

产品定位即要开发什么样式的产品，并根据房地产项目所确定的目标客户定位，分析目标客户的准确需求，制定具体的产品定位方案和定位策略。产品定位主要包括功能与类型定位、档次定位、规划配套定位等内容。

(3) 形象定位

形象定位即要找到该房地产项目所特有、不同于竞争对手、能进行概念化描述、能通过广告表达并能为目标客户所接受而产生共鸣的特征。

2. 房地产项目定位的主要方式

(1) 根据产品特色定位

以产品特色进行定位时，写字楼多强调所处区域的地段交通配套和优良的物业管理，住宅小区则突出结构合理、配套齐全、功能完善、环境幽雅等特点。如：

北京的远洋万和城项目将世界领先的城市平台理念引入项目整体规划，将项目所属地块整体地平面抬高两米，铸造全新40万平方米国际人居生活殿堂；用源于欧洲宫廷的皇家造园手法，勾勒出22个欧洲皇家台地花园，构筑高度不同的新古典主义景观；超豪华景观空间融入经典和自然，尽享华贵和典雅；建筑的错落排布使得阳光充分渗透进社区内各个角落，宽大的楼间距给予阳光充足的预留地；周边生活、休闲、医疗配套齐全，数万亩园林提供了健康的含氧区，三大高尔夫球场环绕四周，双语幼儿园、芳草地国际学校近在咫尺。远洋万和城项目如图3—1所示。

图3—1 远洋万和城项目实例

(2) 根据利益定位

这种定位方法注重强调消费者的利益。有的房地产项目定位侧重于“经济实惠、价廉物美”，有的侧重于“快速增值、坐拥厚利”，有的侧重于“名流气派、高档享受”，有的侧重于“小资情调、温馨浪漫”。如：

位于深圳南山填海区西南的红树西岸，凭借海景资源及高智能化、生态化科技，打造深圳最具现代感的高端城市住宅。该项目的成功，源于多项配置的成功组合。建筑规划上，3栋高层板式住宅呈风车状排列，围绕一个椭圆形“珊瑚”旋转，每个面都能让阳光和清风以90度直角切入，欣赏到南部海湾壮丽景观和西面高尔夫球场美景。同时，园林散布在三栋折板型高层住宅中，呈现热带海滨主题，让业主充分享受阳光、海滩、海浪。此外，智能化设施大大提升了该项目的价值，为业主创造了一种便捷舒适的居住环境。

(3) 根据使用者定位

房地产企业的经营者通常试图把产品指引给适当的使用者或是某个细分市场，以便根据该细分市场的需求创建适当的项目定位形象。如：

远洋地产在分析整体中央别墅区项目时，与很多国内外行业领袖人物交流发现，这些对社会有影响力的人士非常渴望在中央别墅区找寻更大、更具金融价值的顶级别墅，以匹配他们的身份和生活，但真正能满足他们需求的别墅并不多。为此，远洋地产根据目标客户的实际需求，在北京东五环外机场路附近购置了130公顷土地，开发了高舒适度的顶级纯独栋别墅社区，取名远洋LAVIE。该项目拥有得天独厚的土地资源和地理条件，交通便捷，由美国BLA公司和WFA公司共同规划设计，创造独属远洋LAVIE的“EVERLAND”独栋生活方式，不仅以先进的科技提供完美的室内、外环境体验，更提供一种人与自然和谐共存，人与建筑相扶相立，健康养生、生态绿色、高贵优雅、充满诗意的高尚生活方式。该项目售价每栋从4 000万元到1亿元不等，入市后市场反响热烈，实际购买者基本为国内外上市公司主席、行业领袖等高端人群。本项目如图3—2所示。

图3—2 远洋LAVIE项目实例

(4) 根据竞争需要定位

如果企业所选择的目标市场已有强劲有力的竞争对手，则可以根据竞争需要进行定位，一般有以下两种策略：

1) 与现有竞争者并存。与现有竞争者并存是指将自己的项目定位成与现有竞争项目相同，以取得相对应或是相类似的宣传效应。该方法多被实力薄弱的中小型房地产企业所采用。选用该方法应具备以下条件：目标市场区域内有一定量还未得到满足的需求；企业开发的项目有一定的竞争实力，能在价廉、产品局部相对优质的前提下与竞争对手形成抗衡。如：

上海浦东黄浦江边先后出现了高档外销楼盘仁恒滨江园和世茂滨江花园，世茂滨江花园在后期开发中以仁恒滨江园为标杆，力图在项目定位、规划设计、工程建设、景观营造和营销推广方面超过仁恒滨江园，以使同一目标市场的客户群体在购房时先想到世茂滨江花园。

2）逐步取代现有竞争者。逐步取代现有竞争者是指新项目通过不同策略的产品定位和销售定位占有竞争者的市场份额，形成良好的口碑和品牌形象，取代竞争者的市场地位。该方法主要为实力雄厚的大型房地产企业所选用。选用该方法需具备以下条件：新开发的项目明显优于现有项目；企业必须开展大量的营销推广活动，以冲淡消费者对原有项目的印象和好感。

五、房地产项目定位的基本流程

房地产项目定位是以市场调研的结论为基础，同时结合土地的自身条件和企业的战略目标寻求价值最大化的过程，基本流程如图 3—3 所示。

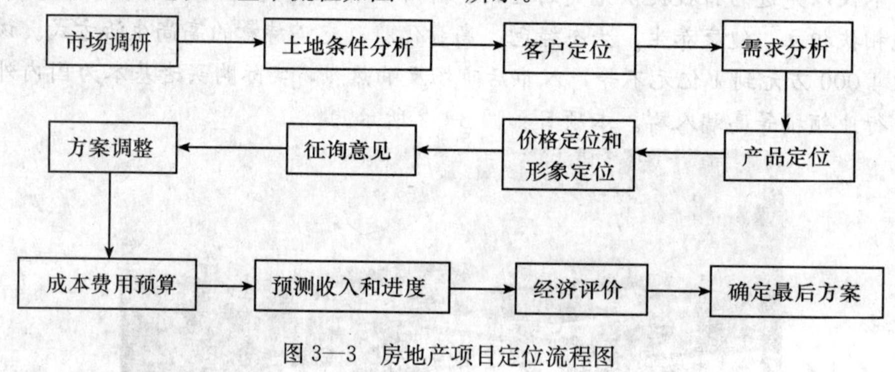

图 3—3　房地产项目定位流程图

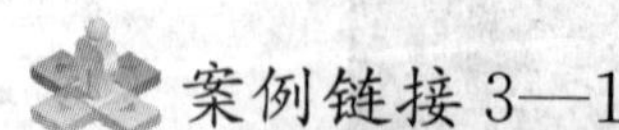

案例链接 3—1

北京首个半山别墅入市 领跑京西高端市场

2011 年，润西山项目以开盘当天热销 4 亿元的业绩成为北京西山高端别墅的销量冠军。润西山是华润置地在西山打造的顶级别墅项目，也是北京首个真正意义的半山别墅。每套最低 900 万元起，最高的已达 2 000 多万元。

一、逆市热销

润西山首期开盘 48 套房源一经推出便遭哄抢，仅 3 小时便几尽售罄，热销金额高达 4 亿元。首期开盘推出的主要产品是联排、双拼和叠拼别墅。鉴于销售的火爆，该项目不得不加推数套联排别墅房源。

如此业绩使润西山成为当时京西高端别墅当之无愧的销售冠军。在 2011 年楼市普遍萧条的情况下，润西山的表现无疑让人惊异。

二、京西楼市的主场优势

从 2001 年一炮打响的翡翠城项目开始，华润置地便与京西楼市结下了不解之缘。此后，华润置地继续在京西开疆拓土，十年深耕，对于京西客户群以及京西的土地、环境、产品等特点，已了然于胸。

京西云集着众多的部委机关大院、军事机关、高校等，其背后是含蓄、不张扬的客户群，他们受过良好的高等教育，甚至拥有在国外读书或从业的经历，见多识广，并且随着事业的成功，他们已将理想居所从繁华核心区转移到依山傍水的宁静祥和之地，追求较高的生活舒适度，重视产品的品质和档次。与此同时，他们对京西还抱有浓厚的地缘情结。这正是润西山要打造成京西顶级半山别墅的出发点之一。

润西山是地中海风情的半山别墅，不仅是京西高端楼盘的标杆，同时也是华润置地在北京打造的第一座山地别墅作品，是汇集了华润置地 10 年开发与建筑经验的顶级产品。

西山别墅区的自然人文景观是不可复制的，也因此成为北京各大别墅区中资源最优越、售价最昂贵的区域。近年来，西山区域土地已开发殆尽，西山别墅区的别墅基本以消化存量为主。润西山半山别墅项目真正占据了西山的稀缺山势，成为了区域里独一无二的产品，满足了西部的高端居住需求。

三、苛刻的产品观

华润置地早在 2006 年便已拿下该地块，为了打造使西部客户群满意的产品，华润置地花了五年的时间对其进行深度调研和产品设计。

为了让房子的设计最大限度地满足每一位家庭成员的行为习惯，为居住者的功能化需求提供全面的人性化解决方案，润西山实行了最高级别的增值服务，在项目设计前期便对 200 余位有高端置业经历的成功人士作了专业的居住需求调研。考虑到一般的别墅项目楼梯多，老人爬起来费力，润西山特意安装了私家电梯；而了解到大多数客户反应住在别墅里晚上下楼喝水非常不方便，润西山还特意设计了卧室水吧；润西山还在社区里全部安装可回翻式的监控，并预留端口，考虑到未来科技的发展，只要业主能用手机上网，就可以随时看到家里老人或孩子的情况。这些细节设计暗藏在润西山的每一处，厨房里的感应照明、消毒柜、多功能柜，以及卫生间马桶周围的收纳柜等，每一项设计都体现出人性关怀。用客户的话说，“润西山的房子是让人越住越舒服的房子”。

为了打破常规别墅项目同一视野的隐私弊端，润西山进行了 60 米坡度的高低错位，这对于客户来说，不仅可以最大限度地保证私密性，同时也能增加视野。这种“每一步都以兑现高品质战略为出发点与归宿，不断超越自我，无论景气指数好坏，都以高性价比的产品和增值服务持续带给居者的体验”也正是华润置地品牌永葆活力、赢得业主青睐的关键所在。

（资料来源：中国别墅网）

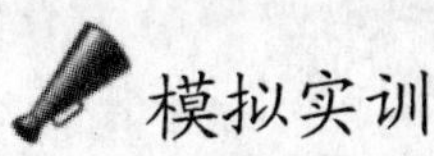

模拟实训

根据本课题学习目标的要求，结合相关理论知识，在教师的指导下，针对以下任务的要求展开实训。

任务一：现场参观某房地产开发商所销售的楼盘，并根据销售楼盘的产品设计、包装、广告等内容，对房地产开发商对该项目的定位进行归纳和阐述，分小组完成。

任务二：根据房地产项目定位的内容和主要方法等知识，以某区域内两个同类房地产项目为例，通过资料搜集和现场调查，对两者的定位进行分析和比较。

项目一：

项目二：

课题二　房地产项目目标客户群定位

学习目标

了解目标客户群定位的含义及主要内容，熟悉目标客户群的定位方法，掌握目标客户群选择的流程。能够根据目标客户群定位的不同内容，分析潜在客户不同层次的需求情况，完成目标客户群的定位。

一、目标客户群定位的含义

目标客户群定位又称为市场需求定位，旨在研究消费者的消费行为、消费动机及消费方式，同时研究消费者自身的人格、观念，所处的阶层、环境、文化背景，喜好偏向和生活方式，最终确定房地产项目的目标消费群体及其特征。

目标客户群一般分为核心客户、重要客户、辅助客户和其他客户。其中，核心客户是项目最重要、所占比例最大的目标客户，通常项目相关决策的制定以其为主要依据；重要客户仅次于核心客户，在项目客户构成中占有较大比重；辅助客户所占比重一般较少；其他客户主要是指那些不可预计的客户。

根据客户对项目的影响程度，还可以将目标客户群细化为显性客户、隐性客户、偶然客户和争取客户四大类。不同的客户可采取不同的应对措施，见表3—1。

目标客户群定位之前，首先需要研究和解决以下问题：不同类型的房地产项目针对哪类消费群体？产品的差异对消费行为的影响程度和影响方式是什么？消费者对房地产项目的消费习惯是什么？通过以上问题的研究和回答，寻找项目打动潜在客户的兴奋点和共鸣点。

表3—1　　目标客户群分类及应对措施

目标客户群	具体指向	应对措施
显性客户	有明确购买本项目意向的客户	明确
隐性客户	购买本项目意向不够强烈的客户，也包含那些消费行为受心理因素影响较大的冲动型客户	说服
偶然客户	具备一定经济实力，对本项目的吸引点不抱任何态度的客户，这类客户购买本项目的愿望不明显，但也不排除其购买行为	留住
争取客户	没有特别明确的住房消费倾向，或仅倾向于地段等表层因素的客户。这类客户需要一定的争夺成本，但一旦投入成本，这类客户转而购买本项目的几率会增大很多	争取

二、目标客户群定位的主要内容

1. 客户职业定位

《中华人民共和国职业分类大典》将全国范围内的职业划分为八大类：国家机关、党群组织、企业、事业单位的负责人，专业技术人员，办事人员和有关人员，商业、服务业人员，农、林、牧、渔、水利业生产人员，生产、运输设备操作人员及有关人员，军人，不便分类的其他从业人员等。

不同职业类别的客户群由于受教育水平、工作环境和收入水平的不同，形成了各自的房地产产品需求特征。

2. 客户家庭特征定位

（1）家庭类型特征

按生活态度和需求类型的不同，可把家庭分为五种类型，见表3—2。

表3—2　不同家庭类型的居住需求特征

家庭类型	居住需求特征
彰显地位的成功家庭	房屋是其社会地位的标签，有完善的健身娱乐场所、良好的硬件设施、高水平的物业管理；面积要求大而舒适
注重自我的社会精锐家庭	房屋是其社会地位的标签，注重心理享受；注重个性特征，既是生活区域，又是社交场合；强调户型结构，方便其聚会活动；较注重社区的娱乐类、会所类配套设施的建设
注重家庭的望子成龙家庭	对房屋有心理上的依赖，既是子女成长的地方，也在精神上给予其安定感；倾向于高素质小区，充满文化氛围的周边环境；对房屋的通风、采光有较高要求；房屋最好与父母相隔不远，既有利于父母照顾孙子女，也有利于对父母的关照，有利于家庭和睦
关心健康的老龄化家庭	买房有两种情况：老人为自己买房；子女为孝敬父母给老人买房。大型娱乐、锻炼场所对此类家庭具有吸引力；同时要求周边交通状况良好，可以步行及外出散步；要求周边有较好的医疗条件
价格敏感的务实家庭	房屋对其有重要的投资意义；购房过程着重关注房屋的物理特性，看重房屋的质量

（2）家庭生命周期特征

按照家庭生命周期，可以将家庭分为七个阶段，每个阶段有着不同的购买行为表现，见表3—3。

表3—3　不同家庭生命周期阶段房地产消费行为分析

家庭生命周期阶段	房地产消费行为表现
1. 单身阶段：年轻、单身	独立意识强，是租赁市场的主力；随着收入的提高与稳定，倾向于房贷置业；以小户型公寓（一室一厅）为主；选购时易受工作地点影响；单身女性比男性购买的可能性大

续表

家庭生命周期阶段	房地产消费行为表现
2. 新婚阶段：年轻夫妻、无子女	对购房的需求欲望强烈；以精致两室两厅为主；选购时易受楼盘广告影响，较关注小区未来发展及环境；一部分购买力源自父母的资助
3. 满巢Ⅰ期：年轻夫妻，子女不到6岁	子女消费增加，储蓄意识逐渐增强；置业较为保守、谨慎；选购时较关注小区周边的教育配套设施（幼儿园和小学），对房屋售价敏感度最强，以实用为置业首选
4. 满巢Ⅱ期：年长夫妻，子女6岁以上	家庭经济状况好转，并趋向于稳定；“量入而出”是这一阶段的置业准则；选购时较关注小区周边的教育配套设施（小学和初、高中）；购买行为趋向于理性和成熟；开始关注投资置业
5. 满巢Ⅲ期：年长夫妇与尚未独立的子女同住	家庭经济状况随子女的工作而改善；住房储蓄购买力不断提升；以改善生活环境为置业首选；较为关注户型的间隔设计及合理性；投资置业的需求较为强烈
6. 满巢Ⅳ期：三代同堂	家庭购买力达到高峰，更趋向于选择大户型单位；较关注小区的规模、档次及商业配套设施，追求舒适、和谐的居住环境；同时开始关注子女住房的购置
7. 空巢阶段：年长夫妇，无子女同住	置业时较关注居住环境是否幽静、安全，是否有较好的景观和健身场地；对医院等配套设施的依赖性较强；购买力一部分来源于子女；户型面积趋向于小型化（两室一厅）和低层化

（3）家庭生活、工作区域特征

本地居民，尤其是老年人，多倾向于在原居住区域置业，具有极强的置业地域情结。而工作稳定的工薪阶层，则大部分以其工作区域为中心，按其可接受的距离为半径考虑置业区域。

工作地点对于客户的购房半径存在较大的影响，尤其是当项目潜在客户对于目前这份工作的依赖程度较高，且工作单位近几年搬迁的可能性较小时，消费者的购房半径往往围绕目前工作地点而展开。

（4）家庭通勤能力特征

通勤能力主要是指客户从居住地点往返工作地点的能力。通勤能力取决于两个方面：宏观上，某个城市的总体通勤能力取决于该城市交通网络的发达程度；微观上，取决于消费者采用何种交通方式（与收入水平以及交通成本的承受能力有关）。拥有私家车群体的购房半径明显大于没有私家车的群体。

3. 客户收入定位

根据目标客户的不同收入水平，可以将其分为富豪阶层、富裕阶层、中产阶层和工薪阶层等四类社会阶层，他们各自有不同的特征及置业偏好，见表3—4。

目标客户群体的收入水平是最重要的定位因素。不同收入水平群体的购房需求存在很大的差异。相对而言，客户收入水平越高，购房半径越大。

表 3—4 客户社会阶层划分及置业偏好

社会阶层	特征	置业偏好
富豪阶层	拥有雄厚的资产，地位显赫，超级商贾；通常拥有多处物业；送子女就读最好的学校，或去国外就读；日常较为保守，不喜欢炫耀	置业时较讲究，对物业要求极高（居住环境、规划设计、物业管理等），高度关注物业的品牌，以确保入住后有高品位、高素质的生活
富裕阶层	在职业和业务方面能力非凡，拥有高薪和大量财产；常来自中产阶层；喜欢安排子女的未来	较偏好于购买能显示其身份、地位的物业，并希望借此能得到上层社会的认同与接纳
中产阶层	无显赫出身，经济收入稳定；多为小企业主、高级白领；注重教育；喜欢接触“高级文化”，积极参加社会组织，有高度的公德心	置业时除较注重生活环境和社区文化外，更关注房屋的间隔布局、建筑质量，以及周边配套设施，且更偏重于追求时尚的建筑风格
工薪阶层	主要为蓝领阶层和一般的白领；具有认真工作的习惯，并恪守社会文化所赋予的规范标准，家族对他们极为重要	置业时追求间隔实用、价位合理，且对房屋的售价极为敏感；以自住为主，故多希望能一步到位

4. 客户需求定位

不同的客户对房地产项目的需求不同，关注的因素有置业动机、房屋质量、价格（单价和总价）、位置、户型、装修标准、交通、物业管理、社区环境、配套设施、小区规划及发展趋势等。开发商可根据目标客户群对需求的关注程度进行定位。

案例链接 3—2

远洋傲北项目目标客户定位分析

一、显著特征

1. 有文化，正值事业成长期，工作稳定。
2. 随着财富的不断积累，被社会认同的渴望逐步增强。
3. 有改善居住条件的需求，更加注重产品的生活使用感受。
4. 在考虑产品舒适性的同时，是否迎合其精神追求亦在考虑之列。
5. 品牌保障是其选择产品的一个关键因素。

二、人群概述

1. 客户定位

30～45 岁，以优雅、知性、成功的女性为主。

2. 职业概述

（1）有一定经济基础的企业高层领导。

（2）演艺界人士。

（3）家庭条件优越的富裕阶层人士。

(4) 辐射区的500强外企中层领导。

(5) 房地产业内人士或房地产相关产业人士。

三、基本特征

1. 购买用途

(1) 以改善居住条件为目的，以自用为主。

(2) 同时考虑到资产保值、升值的需求。

(3) 多为多次置业。

(4) 以第一居所为主，少部分购买人将其作为第二居所使用。

2. 家庭状态

追求理想、自由的生活状态和私属空间。以大家庭为主流，一般三代同堂，相当一部分家庭有两个孩子。

3. 生活习惯

(1) 工作区位

以周边几条主要交通干线辐射地为主，如以燕莎商圈、奥运商圈为主流、其次是中关村软件园、北清路一带，然后是CBD及内城区。

(2) 生活区间

上班时间不固定，可以自主支配时间，在工作的同时注重自我形象，会定期美容、健身，对穿着、饮食的投入相对较多。

4. 生活态度

(1) “享受多一些，享受好一些”是他们的人生信条。

(2) 他们对细节和品质有强烈的感应能力。

(3) 他们相信自身的感受更甚于别人的看法。

(4) 他们是缔造新观念和新生活的人，具有引领性的作用。

5. 消费方式

(1) 理智消费

消费经验积累、受教育程度相对较高决定了理智消费，表现在对自己的需要、个人享受的内容和层次有比较实际的认识，一定档次的名牌产品或进口产品是他们的选择对象。

(2) 速食风行

生活节奏的加快以及生活压力的加大，购物的时间在缩短，消费的方式力求简化。速食的风行、计算机的不断升级、信用卡在这个群体中的普及、电话订货的流行都构成了他们消费模式的特点。

(3) 注重自身形象

对于美的追求是女人一生的功课，对于一个成功的女性更是如此，定期美容、购买服装是他们的重要关注点。

(4) 国外、国内旅游

往返于各地，或想方设法于都市化生活之外体验一种更原始、更本能、更单纯的生活。

(5) 升级汽车

对于工作繁忙的人来说，每天在车里的时间或许要比家里更多，作为交通工具，车既可以体现个人身份，又使个性化得到更好的发挥。

(6) 有氧健身运动

在人们日益注重个人健康的今天，健身房成为越来越多的人的一项生活内容，保龄球、网球、高尔夫球等深受喜爱。

三、目标客户群的定位流程

1. 客户特征细分

客户特征细分的变量包括地理因素、社会因素、心理因素和消费行为因素等。通过不同的细分变量来进行典型的或有代表性的细目分类，从而将客户细分为不同细目的客户，进行精确定位，见表 3—5。

表 3—5　　目标客户群市场细分变量应用

地理因素	地区	城市行政区域、居民自然形成街区、城区、郊区
		旧城区、新区、城乡结合部、郊区、城镇
	房间朝向	除东、西、南、北外，还有景观
	楼面层次	不同类型的物业客户对楼层的选择不同
	室外环境配套	道路交通、楼盘景观、生活娱乐、教育卫生、社区管理服务
社会因素	性别	男、女
	年龄	25 岁以下、26～30 岁、31～40 岁、41～55 岁、56 岁以上
	家庭规模	1～2 人、3～4 人、5～7 人、8 人以上
	家庭生命周期	单身期、新婚期、满巢期（Ⅰ、Ⅱ、Ⅲ、Ⅳ）、空巢期、鳏寡期
	家庭结构	单身家庭、丁克家庭、普通家庭、双核心家庭
		一代家庭、二代家庭、多代家庭
	家庭收入	低收入、中等收入、高收入
		生存型、发展型、享受型
	职业	专业及人员、经理、公务员、医生、个体业主、自由职业者、农民
	受教育程度	大专及以下、本科、研究生、研究生以上
	社会阶层	富豪阶层、富裕阶层、中产阶层、工薪阶层
心理因素	生活方式	变化型、参与型、自由型、稳定型
	个性	冲动型、进攻型、交际型、权力型、自负型
	购买动机	婚房型、改善型、投资型、度假型、养老型、炫耀型
	购买偏好	中心区、东区、西区、南区、北区、郊区
		物业管理、绿化、建筑风格、建筑类别等
		运动、艺术、文学、园艺、便利等

续表

消费行为因素	购买类型	住宅	低档住宅、中档住宅、高档住宅、别墅等
			一室一厅、二室一厅、三室两厅等
			低层建筑、多层建筑、小高层建筑、高层建筑
		商业用房	商店、餐馆、购物中心、超市
		写字楼	A级、B级、C级
		厂房	标准厂房、专用厂房
		其他	商住楼、城市综合体等
	购买时机	一般时机、特殊时机	
	追求的利益	便利、经济、身份、品位	
	购买前阶段	不知道、感兴趣、想购买	
	使用者地位	首次置业、二次置业、多次置业	
	销售方式	出售（预售、现房销售）、租赁（长期、短期）	
	付款方式	一次性付款优惠折扣、分期付款、按揭贷款	

2. 客户价值判定

选择以上几个重要的细分变量对客户进行细分后，需要对细分后的客户群进行价值判定，分辨出高价值和低价值的客户细分区域，根据“20%的客户为项目带来80%的利润”的原理重点锁定高价值客户。客户价值判定的要素包括客户响应力、客户销售收入、客户利润贡献、忠诚度、推荐成交量等。

3. 共同需求确定

围绕客户细分和客户价值判定，选定最有价值的客户群作为目标客户，提炼其共同需求，以客户需求为导向，精确定义企业后期的运营流程，为每个目标细分市场提供差异化的产品设计、营销推广和销售执行方案。

四、目标客户群的定位方法

1. 目标客户群的定位原则

（1）可达到原则

不同类型的房地产开发项目应针对不同的客户群体，项目定位与客户细分市场的选择必须可达到。

（2）差异性原则

产品定位的差异性应针对不同的细分客户，不同的细分市场应该对产品、产品组合、营销组合策略都有不同程度的反应。

（3）稳定性原则

在项目调研和项目定位中，所确定的细分市场应具有一定程度的稳定性，同时，有优势的细分市场还应具有增长性。

2. 目标客户群的定位标准

（1）考虑项目对客户的核心功能和投资价值的影响程度，从大范围上规划和确定目标客户。

（2）从环境调研和竞争对手调研中，分析其客户的主要来源和特征表现，将此作为本项目目标客户的参考标准。

（3）从项目周边区域及局部区域经济环境特征、经济结构及消费层次出发定位目标客户。

3. 目标客户群的定位模式

市场细分后，房地产开发商要对选择进入哪些目标市场或为多少个目标市场服务做出决策。可供房地产开发商选择的目标客户群模式有 5 种。

（1）单一市场模式

此模式是指房地产开发企业选择一个目标市场集中营销。如：

远洋地产在 1993 年成立之初，将目标市场锁定在建立中高端规模社区，成立至今，其业务范围已遍布全国各地，尤其是北京市场，远洋一方（见图 3—4）、远洋天地、远洋万和城等都成为远洋地产标志性的项目工程。

图 3—4　远洋一方夜景图

（2）有选择的专业化模式

此模式是房地产开发企业选择若干个目标市场，其中每个目标市场在客观上都有吸引力，而且符合开发商的目标和资源。如：

SOHO 中国有限公司自创建以来，成功开发了一系列项目，分别为 SOHO 现代城（高端公寓和商业项目)、博鳌蓝色海岸(豪华别墅)、建外SOHO(北京心脏地带规模最大项目之一,引领北京时尚的现代化商业社区)、长城脚下的公社(当代私人住宅建筑艺术收藏馆)等。

(3) 复合产品模式

此模式是房地产开发企业集中开发一种类型的物业产品,并向多个目标市场的客户群体销售。但该模式忽略了目标群体的个性化需求,选用时应慎重。如:

北京市天创房地产开发公司精心打造天缘公寓(高层住宅项目),项目总建筑面积7万平方米,户型面积从75平方米到193平方米,涵盖了二室二厅、三室二厅、四室二厅等多种规格,开发商力图通过该物业的开发建设来满足不同目标市场(小康型、富裕型和豪华享受型)的需求。

(4) 复合市场模式

此模式是房地产开发企业专门为了满足某个目标客户群体的各种主要需求而开发物业。如:

恒大金碧天下项目充分体现了国际先进的复合地产理念,处于国家级AAAA级风景区,主要针对高端客户群,建筑形态涵盖独栋、双拼、联排,以及双景小高层、高层,以西部超大配套的国际山水城,开辟出一个集高档住宅、会务、运动、健康、美食、娱乐、商业等综合功能于一体的世界级生活对话空间。

(5) 完全市场覆盖模式

此模式是房地产开发企业通过投资开发各种类型的物业来满足各种目标市场的需求。只有大型的房地产公司才能采用完全市场覆盖模式。如:

深圳万科企业股份有限公司、南京栖霞建设股份公司等大型房地产开发企业借助自身核心竞争能力开发各种物业来满足各种客户群体的需求。

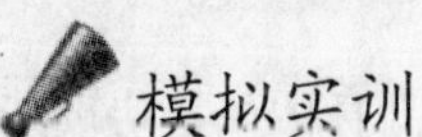

模拟实训

根据本课题学习目标的要求,结合相关理论知识,在教师的指导下,针对以下任务的要求展开实训。

任务一:以本学校教师为目标客户群,设计一份房地产需求调研问卷,并对其进行需求调研。

____

____

任务二:在上一任务进行的调研基础上,完成一份完整的“教师客户群购房消费需求”调研报告。其中要包含教师住房需求的影响因素分析。

____

____

课题三　房地产项目产品定位

学习目标

了解房地产项目产品、产品组合和产品定位的含义，熟悉房地产项目产品定位的内容和依据，掌握定位的方法。能够运用相应的定位方法，完成一份简单的房地产项目产品定位报告。

一、房地产产品及产品组合

1. 房地产产品的含义

凡是能够满足消费者某种需求或欲望的任何有形建筑物、土地和各种无形服务均为房地产产品。有形建筑物、土地包括物业实体及其质量、特色、类型、品牌等；各种无形服务则包括可以给消费者带来附加利益和心理上的满足感及信任感的服务、保证、物业形象、房地产开发商和房地产销售声誉等。

一个完整的房地产产品整体概念应包括三个层次：核心产品、形式产品以及延伸产品。

（1）核心产品

核心产品是指满足客户的房地产产品的基本效用或利益。核心产品具体包括房屋所能提供的安全、舒适的居住条件，给客户带来的家庭温暖感、亲情感、成就感等心理需求，以及房地产产品所具有的保值、增值功能等。

（2）形式产品

形式产品是房地产产品需求的物质表现形式，是房地产核心价值的载体，是消费者可直接观察和感觉到的内容。形式产品具体包含项目的区位、楼宇的设计、建筑风格、房屋户型、楼层、朝向、质量、材料、建筑设备、配套设施、品牌等。

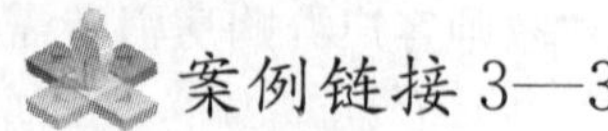

广州奥林匹克花园的“体育”产品定位

广州奥林匹克花园是一个将体育概念融入住宅项目开发的经典案例。为充分展示其体育内涵，该项目在规划时设计了一个较大规模的体育馆和游泳池，如图 3—5 所示，并在住宅楼的前后左右布置了许多体育活动设施，如单双杠、儿童滑梯等；在室内设计上，率先采用了跃式户型设计，给室内空间增加了层次和动感；在景观设计上，小区将许多奥运会冠军的脚印、手印打制在墙壁上，形成小区一道别致的景观；在物业管理上，小区专门聘请优秀的教练指导业主进行攀岩、乒乓球等体育活动，并且定期安排业主进行健康检查、举办小区运动会，倡导健康、向上的文化生活；在销售推广上，通过聘请奥运会冠军出任奥林匹克花园园长、举办明星足球赛等形式开展促销；在小区冠名上，选择了奥林匹克这个世人皆知的响亮名字。

图 3—5　广州奥林匹克花园项目实例

(3) 延伸产品

延伸产品是房地产产品需求的外延部分，即客户购买房地产产品过程可以得到的各种附加服务或利益的总和。具体包含小区的配套设施、文化氛围、人口素质、周边社区环境、物业管理水平、升值潜力、公司品牌、价格政策、销售人员素质和服务质量等。

阅读资料 3—1

物业产品价值要素一览表——住宅物业

物业价值	价值体现	产品特征
区域	区域位置	市区、近郊区、远郊区
		城市的东、西、南、北、中等方向
		传统居住区、文化教育旅游区、体育健身区、金融商业区等

续表

物业价值	价值体现	产品特征
经济	价位	能够承受的住房单价、总价水平，以及竞争者的价位
		信贷能力、偿还能力等；一次性付款、分期付款、按揭
产品	建筑本身	建筑风格、朝向、色彩、层数、结构形式、室内总面积、各功能区面积、采光、通风、装修程度、装修档次等
	户型	平层、错层、复式、跃层等；一室一厅、二室一厅、三室二厅等；户型的可调整性
	服务设施	文化、娱乐、购物场所
	小区规划	建筑风格、外立面、绿化、建筑小品、休闲空间
	科技含量	节能、环保等新技术、新材料
便利	出入方便	与交通干道距离合适，人车分流，有公交站点、出租站点、地铁、轻轨等
	生活方便	购物、医疗、餐饮、娱乐、健身方便且满足身份要求
	就学方便	幼儿园、小学、中学距离适中
物业管理	安全	防火、防盗、交通安全，各项安防监控措施周密
	提供服务	电话维护、抢修、环卫、送餐、送奶、送书报等
	营造文化	形成有特色的小区活动，使小区成为温暖的大家庭
环境	内景	建筑物、广场、小品、雕塑、绿地、私家花园、空中花园等
	外景	山景、公园、绿地、海景、江景
	卫生	无有害气体、烟尘、噪声污染，日照充分，通风良好
配套设施	公建	完善的道路、给排水、供气、供电、供暖、通信、智能化系统
	配套及设备	休闲会所、游泳池、文化娱乐设施、电梯、车库及优质建筑材料

2. 房地产产品组合的含义

所谓房地产产品组合是指一个房地产项目开发建设的全部产品线、产品项目的组合方式。房地产产品组合包括四个变数：宽度、长度、深度和一致性。

房地产产品线是指房地产产品组合中的某一产品大类，是一组密切相关的产品，按照不同的标准，房地产产品大类的含义不同（如根据用途不同，可分为住宅、商铺、写字楼等大类；根据户型不同，可分为一室一厅、二室一厅、三室一厅等大类）。

房地产产品项目是指房地产产品线中不同品牌与细类的特定产品。产品线含义不同，项目含义也不同（如同一户型大类，按照不同的面积、朝向、格局等，又可分为不同的项目类型）。

房地产产品组合宽度是指房地产产品组合中产品线的数量，产品线的数目越多，产品组合就越宽。

房地产产品组合长度是指房地产产品组合中具体户型的总和。户型大类多，各户型大类下的户型种类多（如两居室又可以分为大、中、小等几种），产品组合长度就长。

房地产产品组合深度是指房地产产品组合中某一产品线的项目数量多少。

房地产产品组合一致性是指各房地产产品线在最终用途、开发条件、销售渠道或者其他方面相互关联的程度。

二、房地产项目产品定位的含义

房地产项目产品定位是在市场细分、客户需求分析、客户群定位的基础上，对房地产项目产品的效用、产品主题、产品形式、产品功能与设计、产品档次等的定位，最终目的是反映房地产项目产品的独特形象和优势。房地产项目产品定位包括类别定位、质量定位、功能定位、价格定位、外形定位等。

房地产项目产品定位建立在客户需求的基础上，是以客户为先导，以需求为导向的定位，是房地产开发企业针对一个或几个目标市场的需求并结合企业因素和竞争对手情况进行定位工作，从而在目标客户群中占有特定位置的过程。

三、房地产项目产品定位的内容及方法

1. 房地产项目开发主题定位

房地产项目开发主题定位是指开发商对拟建房地产项目提出的一种概念和意图，一种贯穿于整个项目的精神和思想，是一种可以为人们切实感知到的生活方式和居住理念，体现了项目开发的总体指导思想。

根据主题不同，可以把住宅项目分为健康住宅、创新住宅、生态住宅、家园住宅、花园住宅、智能住宅、体育住宅、文化住宅、历史住宅等。主题定位可以为房地产项目带来它所倡导的生活态度，形成特有的房地产项目形象。在实际策划中，主题概念多通过项目案名或广告语表现出来，见表3—6。

表3—6　　国内房地产项目开发主题示例

项目案名	广告标语	项目主题
广州奥林匹克花园	运动就在家门口	科学运动、健康生活
广东顺德碧桂园	给你一个五星级的家	高质量的社区生活
广州雅居乐	体验国际化的生活	国际化社区
广州华南新城	江山湖泊共同拥有	天然景观、优美环境
广州中海名都	都市生态园，岭南新加坡	都市、生态、家园
杭州中大吴庄	曾经是帝王的家	历史文脉、积淀深厚
杭州阳明谷	一山，一水，一世家	景观环境优越的豪宅别墅

开发主题定位能体现出房地产项目产品的价值、属性和利益，使房地产项目具有独特的个性。开发主题定位可围绕如下方面展开：

（1）结合文化内涵挖掘项目主题

巧妙运用区域特有的文化概念，把房地产项目提升为一个系统的文化工程，可以取得较好的效果。如：

北京湾·国院项目定位于帝脉上的独栋院墅的独特中国文化视角，使其在众多房地产项目中脱颖而出。在建筑细节方面，它萃取中式建筑精髓，以石为基础，以木为架构，以陶为形体，石之基础，木之架构，陶之砖瓦，三材齐聚之后，用巧夺天工之法合为一体，成就中式传世宅邸。北京湾·国院项目如图 3—6 所示。

图 3—6 北京湾·国院项目实例

(2) 结合科技进步挖掘项目主题

将科技概念引入项目主题定位中，是目前很多房地产开发商的常用手段，主要体现在建筑设计技术的创新和新材料的使用上。如：

无锡朗诗·未来之家是一个以“恒温、恒湿、恒氧、低噪、适光”为特色的高科技住宅项目。它整合欧洲成熟科技和国际一线技术，采用地源热泵系统，使室温常年保持在 18～28℃；通过新风系统，使室内的湿度保持在 30%～70%，满足呼吸舒适需求与皮肤供水需求；窗、墙、楼板全面消声设计；可调控式铝合金卷窗，自由调节室内光线，并可遮挡 80%太阳辐射。朗诗·未来之家科技含量的五个核心点：恒温、恒湿、恒氧、低噪、适光，为业主带来了舒适健康的生活品质。

(3) 结合自然环境优势挖掘项目主题

以项目自身最具代表性的环境优势挖掘和创造项目主题，可以巧妙地凸显房地产项目优势，有利于项目市场推广。如：

如图 3—7 所示，云南大理感通别墅项目将临近的莫残溪溪水引入项目内，围绕自然流淌的莫残溪，具有白族民居风格的建筑群陆续涌现，最终形成背靠苍山、俯揽洱海、青草遍地、溪流穿行的宜居城市建筑部落群——感通别墅。凭借大理的独特气候、自然风光、民族风情、文化底蕴等优势，以及项目当时的性价比，项目吸引了众多外省客户前来选购。

(4) 结合顾客需求挖掘项目主题

项目主题定位时，可以根据市场调查中发现的客户需求特征来进行。如：

广州光大花园项目把“大榕树下，健康人家”的健康和生态住宅理念作为项目的主题，

图 3—7　云南大理感通别墅项目实例

满足了人们对健康生活的环境、设施、配套等的具体要求。将大榕树下的一幅健康人家的风景画呈现在人们面前，使人想到了在榕树下纳凉，清新的空气、寂静的环境，激起人们强烈的购买欲望。

(5) 通过营造新观念挖掘项目主题

通过主动营造某种主题氛围，激发客户对特定生活意向的联想，使居住环境更加人性化、亲情化。如：

碧桂园凤凰城项目以别墅为主打产品，其定位既不是郊外的度假型别墅，也不是市区中心“只显身份却无法得享优美环境”的住家别墅，而是“度假环境里的常驻别墅”，结合了现代都市生活的时尚便利与郊区生活的恬然惬意。凤凰城作为一个现代化的“生活新城市”，营造了一种积极健康、催人向上的社区环境。

阅读资料 3—2

房地产项目开发主题定位类型分析

定位角度	定位类型	经典项目
复合地产角度	旅游地产主题	杭州千岛湖度假村、海南陵水清水湾综合度假区
	体育地产主题	广州奥林匹克花园、杭州南都西湖高尔夫别墅
	商住两用主题	北京 SOHO 现代城等
	教育地产主题	广东顺德碧桂园、广州星河湾
人文历史角度	文化主题	北京耕天下（京华名邸、朱雀门）、杭州翰林花苑等
	历史主题	杭州中大吴庄、杭州宋城

续表

定位角度	定位类型	经典项目
人居角度	康居工程主题	杭州金都景苑、广州保利花园、广州光大花园
	建筑节能主题	北京锋尚国际公寓
	绿色环保主题	浙江金都房产的系列项目
	住宅科技主题	杭州朗诗国际街区
景观角度	山景主题	南京香山别墅、杭州富春山居、广州林语山庄
	江景主题	上海世茂滨江花园、杭州金色海岸、杭州东方润园
	湖景主题	杭州西湖名珏公寓、扬州水岸泓庭
	海景主题	深圳海景花园、海南文昌白金海岸
建筑风格角度	传统民居主题	北京宣颐家园、杭州白荡海人家
	传统园林主题	北京观唐、北京易郡、杭州颐景山庄
	现代建筑主题	杭州天寓
	异域风情主题	广州中海名都（新加坡风格）、杭州德加公寓（法国风格）、杭州天都城（法国风格）、杭州星洲花园（新加坡风格）
社区配套角度	豪华会所主题	广州碧桂园系列项目
	星级物管主题	广州碧桂园系列项目、杭州东方润园
生活方式角度	体育运动主题	广州奥林匹克花园
	单身公寓主题	杭州双牛大厦
	商住两用主题	北京SOHO现代城
	白领生活主题	杭州戈雅公寓、北京炫特区
	富豪生活主题	上海紫园别墅、上海汤臣一品公寓、上海世贸滨江花园
	老龄生活主题	杭州金色年华

（资料来源：王直民、黄卫华《房地产策划》）

2. 房地产项目开发功能类型定位

功能类型定位是住宅项目产品定位中的首要环节，它通过对目标市场消费者的功能需求的研究，对住宅项目产品功能进行创新或强化，并通过不同的产品类型加以体现，使项目产品与竞争产品得以区分，最终给目标市场消费者提供不同的产品价值。

住宅项目产品的功能主要有：基本功能，即住宅为消费者提供的可居住的空间，包括居住单元、花园、会所等主要部分，体现为居住功能和休闲功能；辅助功能，即为了更好地实现居住功能而附加的功能，如住宅产品的健康功能、社交功能、发展功能、享受功能、商务功能等。

在综合分析、评估消费者功能需求、竞争产品功能及企业自身资源基础上，确定房地产项目产品的功能定位，同时对项目类型进行定位，包括商业（购物、休闲、娱乐、餐饮、文化、展示六大业态）、住宅、写字楼、酒店和城市综合体。如：

深圳锦绣中华的苏州街是一个较典型的多功能组合的房地产项目。该项目不仅具备居住功能和商业功能，还增加了旅游休闲功能，将商业步行街变成社区的亮点。该项目的功能定位为：以满足居住为主，同时兼容商业配套、观光休闲和教育功能。

3. 房地产项目开发档次定位

房地产项目开发档次定位主要与房地产项目销售价格和销售对象有关。目前，房地产产品档次有以下几种：

（1）高端目标市场——豪宅类

高端目标市场主要针对于成功人士，他们较关注区域地块的稀缺性，以及房地产项目的品牌和品质，对项目的景观环境、会所配套和高端物业服务要求极高。

（2）中端目标市场——高档住宅类

中端目标市场主要针对于具有稳定工作、收入较高的白领人士和创业者，他们较关注区域地块的品牌和品质、项目的高品质定位，以及客户群的高素质定位，对项目交通的便利性，以及生活配套设施和教育配套设施的要求较高。

（3）低端目标市场——大众化住宅类

低端目标市场主要针对于收入较低的一般工薪家庭，他们主要关注项目的生活便利性，对购物、医疗、教育等基本配套设施有较高的要求。

4. 房地产项目开发经营方式定位

房地产项目开发经营方式主要是指房地产项目产品的销售方式，即出售或出租的方式。

（1）房地产项目产品出售的经营方式

出售是商品经营的最普遍方式。房地产项目产品作为一种特殊商品，其价值也要通过这种方式体现。

（2）房地产项目产品出租的经营方式

出租是房地产项目产品经营的另一种基本方式，具有四重经济特性：

1）只出让一定期限的使用权而不出让所有权。

2）要通过许多次交换，价值才能得到完全实现。

3）购买者虽未得到房地产的所有权，但却只需用较少的租金，即可在规定的期限内获得房地产产品全部的使用价值。

4）出租使房地产项目产品具有了流通和消费双重属性。

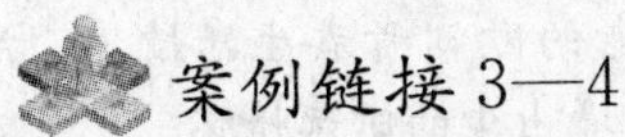

案例链接 3—4

中国最高的全江景豪宅——上海世茂滨江花园

如图 3—8 所示，世茂滨江花园是由世茂集团投资建设的超大型水岸豪宅区，位于陆家嘴金融贸易区，是上海中央商务区中的财富精英聚居地。世贸滨江花园由 7 栋 49～55 层超高层高档公寓组成，项目紧倚黄浦江东岸，对望百年外滩，沿江恢弘展开近 1 千米，成为黄浦江东岸富有时代色彩的标志性建筑群落。

图 3—8　上海世贸滨江花园项目实例

该项目建筑吸取了国外优秀水岸住宅的设计精华，豪华落地窗提供宽阔的观景视野，黄浦江美景一览无余。主体建筑沿江呈弧形排列，前后错落布置，视线互不遮挡，板式结构设计使户户都能实现"前观江景，后拥园景"。公寓外檐以亮丽通透的淡绿色玻璃幕墙与色彩淡雅的暖色系墙体相配合，现代中不失典雅，简洁中不入尘俗。项目具有罕见的超低容积率和高达 70%的绿化率，拥有 16 万平方米集中绿地，其间荟萃 6 大世界主题社区园林和 4 大豪华会所（美式休闲会所、欧式服务会所、中式园林会所和奥林匹克运动会所）。

中式园林：中式水景园林运用中国传统园林写意、象征的造园手法，清淡的色彩，工巧流丽的造型，叠山理水、满目盈翠、悠然见亭，颇具苏州拙政园的意境。"鸿宾阁"内小南国餐厅提供美味中餐，"集中书斋"内可读书赏画，"艺文馆"中可赏古玩、览古书，"雅韵茶苑"中可听琴品茗，"闲趣馆"中可切磋棋艺牌技，尽享雍容舒适的生活空间。

夏威夷冲浪沙滩：以浓郁热烈的夏威夷热带风情点染整个区域。明丽活泼的建筑色调、鲜艳的太阳伞、晶莹的白色沙滩，以及婀娜的棕榈树，更有令人兴奋的人造海浪可以体验冒险的感觉，无论动、静都是纯粹彻底的放松。

德式绿荫天鹅湖：小区内生态、水景建筑风格皆引自古老的欧洲贵族生活情境，湖面上，优雅的白天鹅与云影共游，或垂钓，或放舟，皆可体味心境出尘的旷远情怀。

英式大草坪：以开阔大草坪及多层次背景林为主景，配以景象分明、姿态优雅的植物，营造一片令人心仪的英国田园风情。

法式迷宫花园：典型的法国规整园林风格，修剪整齐的矮树篱和多彩鲜艳的花卉构成了精美的图案，体现了人类运用自然的造园精神，尤具凡尔赛宫皇家大园林的超然气派。

奥运公园：奥运公园是儿童与年轻人享受运动与健康的理想场所，丰富的运动项目设施以奥运五环的理念设计构思，兼具园林景观的可观赏性，娱情健体在这里皆可尽兴。

世贸滨江花园拥有先进的智能化社区网络系统，从物业管理、公共安防、家居智能、信息服务等方面创造国际化的居家环境，全权委托第一太平戴维斯进行物业管理。在项目销售时即介入运作，推出上海首家“一对一私人助理”服务；诸多训练有素的“私人秘书”提供24小时无微不至的物业管理服务；中、英双语交流，与国际充分接轨。

模拟实训

根据本课题学习目标的要求，结合相关理论知识，在教师的指导下，针对以下子任务的要求展开实训。

任务一：通过网络或实地调查等方法，查找区域内新开盘房地产项目的销售情况，包括项目产品的组合情况、项目主题（即卖点）、产品档次等内容。

任务二：以区域内某地段、某地块、某项目为例，分小组通过资料搜集和现场调查，完成一份简单的房地产项目产品定位报告。

课题四　房地产项目形象定位

学习目标

了解房地产项目形象定位的含义及原则，掌握房地产项目形象定位的方法。能够运用房地产项目形象定位方法进行相关项目的形象定位分析。

一、房地产项目形象定位的含义

房地产项目形象定位是通过高度的提炼和概括，找到房地产项目所特有，不同于竞争对手，能通过概念化描述和广告表达，为目标客户所接受而产生共鸣的特征。

房地产项目形象定位即项目的品牌形象定位，是在广告宣传中反复出现的，开发商极力强调和渲染的，消费者接受广告宣传后在心目中留下的项目形象。房地产项目形象定位的主要目的是引起客户的兴趣和好感，激发和创造客户的需求，促发客户的购买动机。如：

"都市精英的阳光家园——广州中海康城"，针对广州天河区东部集中大批IT精英的客户特点，中海地产原汁原味地引入了法国康城那种阳光、休闲、自由、浪漫的人文气息，项目形象体现了人文关怀，一句简单的广告词触动了目标消费群，使中海康城受到了天河区白领阶层的追捧，一周实现了500套的销售佳绩。

二、房地产项目形象定位的原则

1. 项目形象定位应易于展示和传播

如：南山印象——采菊东篱下，悠然见南山；褐石——清华北·圆明园东·褐石。

2. 项目形象定位应与项目产品特征符合

如：桃花岛（锦绣江南二期）——江南·低密·庭台建筑；云景花苑——悠闲轨道生活·水岸风情社区。

3. 项目形象定位应与目标客户群的需求特征符合

如：咖啡公寓——咖啡主题青年格调居所；湖畔尚城——都市上流领域·意式贵胄境界。

4. 项目形象定位应与项目产品品位档次符合

如：广汇·广安门——侯门·贵府·将相汇；月湖美墅——瓜渚湖壹号别墅·绍兴别墅之最。

5. 项目形象定位应具备充分的竞争性，有明显的差异性

如：帝景——建筑·高尔夫·享受·全智能；艾瑟顿国际公寓——私人社交圈·行政小官邸·中关村·70年产权·独立式公寓。

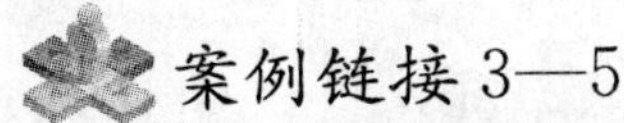
案例链接 3—5

广州东方夏湾拿花园的形象定位

东方夏湾拿花园是位于广州以北从化市的一处度假社区，它将温暖的拉丁风格融入流溪河的天然风景。东方夏湾拿花园的首期将拥有在105国道上的平台式正门，以及集购物、餐饮和社交诸功能于一体的社区广场。将广场与附近沿河区域和住宅区域连通的是夏湾拿街，此主街有商店和公共设施，两旁红花绽放的梧桐树也是一景。

社区广场的东北与东南分别为夏湾拿区和竹园区，紧邻流溪河为河岸区，中央山丘上为山顶区。在每个街区，由于精心设计建筑物的位置以及采用短而直的开放式街道并种植行道树，街道和开放空间形成独特格局，并取得最广阔的景观。

东方夏湾拿花园案名的解释为：

东方：太阳升起的地方，辽阔神奇的热土，珠江地产在从化市开发建设的一个大型项目，将在这片热土中崛起，她犹如东方的太阳，破晓而升，朝气蓬勃，充满火热的生命力，我们寄望于该项目前景辉煌，影响力如同阳光，光芒四射，造福大众。

夏：表示广东地处亚热带地区，夏季较长，具有热带风情。

湾：流溪河水系曲折蜿蜒，水为生命之源。

拿：从字形上看，是“合”和“手”的组合，意为此项目是珠江地产与从化市人民政府精诚合作的结晶，视为各方众手之合，是智慧和力量的聚合。

东方夏湾拿花园项目将围绕夏日河湾的热带风情而设计，集世界各地旅游度假风景区之精华，既能体现从化市旅游度假的战略地位，又隐含着对环保的重视，此项目将成为人居环境建设的典范。

三、房地产项目形象定位的方法

1. 以地段的特征定位

地段是消费者衡量房地产项目的关键因素，房地产项目所处地段如果拥有山、湖、林、海、河、著名建筑物，或位于城市中心、特定片区，则通常以地段特征作为形象定位语的重要组成部分，并将其突出和强化。以地段特征定位是较常用的形象定位方式。如：

珠江·一千栋项目的定位是“中国·北京·湿地湾区大别墅”，直接将中国、北京、湿地湾等地段作为组合定位。

2. 通过产品特征或顾客利益点定位

该方式直接以鲜明的产品特征或顾客利益点对房地产项目进行形象定位，简单明了，有利于吸引客户的注意力，从而形成有益记忆。如：

加州地带项目的定位是“中心西区·高尔夫景观·跃式小户型”。原乡美利坚项目的定位则直接是“纯美·精装· 度假小独栋”。

3. 以规划或产品的创新点定位

规划或引领产品的创新点目前成为很多开发商提高项目性价比的形象定位点，从而吸引市场的关注，提升项目形象。如：

如图 3—9 所示，观澜湖翡翠湾别墅项目以大幅的路牌广告宣传项目“单线性规划、双首层别墅”的创新别墅形象。同时，观澜湖翡翠湾拥有 0.048 的超低容积率，山、湖、球道三重景观，以及 12 万平方米业主休闲园林，其“世界级生活气质”毋庸置疑。

图 3—9　观澜湖翡翠湾别墅项目实例

4. 以项目的目标客户定位

以项目的目标客户定位是指将房地产项目产品与某一类目标客户相联系，充分挖掘该类客户的真正需求，通过他们的需求特征和群体形象特征影响产品的形象设计，并最终利用广告传递给客户。如：

原深圳市丰泽湖山庄被星河地产收购后改名为星河丹堤，产品以 TOWNHOUSE 为主，其形象定位语为“银湖山·城市别墅·CEO 官邸”，直接界定其目标客户为 CEO 阶层。凭借其得天独厚的原生态湖山资源和优越的地理位置，星河丹堤受到地产界和各界人士的密切关注，如图 3—10 所示。

图 3—10　深圳星河丹堤项目实例

5. 以文化象征定位

房地产项目用文化象征进行定位，主要是要树立全新的生活方式和独特的、难以替代的情调和价值，从而形成差别化的项目形象。较常见的有欧式风格、北美风格、地中海风格、中式风格等。如：

上海紫园秉承国际居住理念，在依山傍水的 1 389 亩土地上缔造世界级居住生活品质。项目由护城河围绕，体现了尊贵性及私密性。300 亩水域蜿蜒贯穿，组成 13 个岛和 1 个半岛，岛与岛之间由欧式彩色钢桥相连，临水别墅均配有私家码头，皇家大宅风范极致显现。项目力邀国际名家打造 268 栋不同风格的国际化别墅建筑，浓缩世界建筑精华的同时因地制宜，充分体现每户景观的均好性及私密性。

6. 以生活方式定位

以生活方式进行项目形象定位主要在于营造、提升一种高品质的生活方式和人生境界，以情感打动客户，捕捉客户内心深处对家庭、对生活、对父母、对子女等的一种深层次的生活体验，同时也是一种基于现实生活，又高于现实生活的美好期望，诠释了人们情感、精神、个性的寄托和张扬。如：

图 3—11　花样年·花郡项目实例

如图 3—11 所示，花样年·花郡是深圳第一个鲜明地提出为“80 后”打造的纯粹青年部落群，主要针对追求生活品质和适度享受的深圳“80 后”，注重其对小户型的需求，强调了“生活就要有风格”的生活理念。

7. 以行业或片区的引领者定位

如果房地产项目在规模、品质、技术、设施配套、开发时间等方面在项目所在区域，甚至行业内部，有第一、引领或综合优势领先的特质，可以突出其“引领者”的形象定位，迅速吸引高层次客户的注意力。如：

长沙恒大华府项目户型空间秉承“奢华以舒适为本”的创新豪宅设计理念，集空间感、艺术感、尊崇感、浪漫感为一体，以220平方米以上的平层大宅为主，采用最优规划、最佳设计、最好施工标准、最优质装修标准、最佳园林、最佳配套等全系列最高标准规划建设，王者空间、豪华配置、恢弘气度完美诠释长沙豪宅标准，开启长沙豪宅建筑史上的全新篇章。

8. 优势组合定位

房地产项目具有众多优势时，可选取2～3个强势卖点进行优势组合定位，利用各种广告媒体反复宣传，以使项目的优势深入人心。如：

中茵·皇冠国际项目的形象定位是“城市中心公园湖畔·世界顶级湾岸生活”。

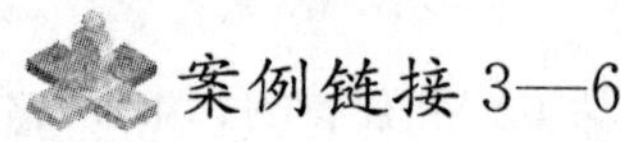
案例链接 3—6

成都某住宅项目优势组合定位分析

定位点	理　由	定位应用
领先一步的国际化精装豪宅	政策导向：清水房将淡出市场	与政策发展的步调一致，可推出装修房质量保证书，应用于5—10月
	标准：可提供区别于当前市场的具有国际标准的装修	
	质量：提供的装修质量经得起时间考验	
	经验：开发商具有提供精装房的丰富经验，可提供引领潮流并能被本地市民接受的装修	
城市中不可取代的绝版地段	景观资源丰富：府南河景、望江公园、川大校园均可成为项目的外部景观	突出地段的不可复制性，以及其在城市中的地位，应用于项目亮相期间（4—6月），可形成一个区域包装的概念，并可与片区内高档项目联合进行区域宣传推广
	人文资源丰富：九眼桥、合江亭、水井坊等人文景点；众多教育资源；川大悠久的历史	
	规划前景光明：香格里拉酒店、新外滩的规划启动中	
	高尚生活片区：万达河滨印象、中海项目、希威项目、华润翡翠城共同打造高尚的大社区	
南洋风情的跨国际社区配套	园林：成都市独一无二的南洋假日风情园林	建议结合本地的实际情况修建样板园林，使该卖点有较好的支撑，应用于9—12月
	休闲：沙滩泳池、旱冰场、高尔夫挥杆场等特色配套设施	
	会所：提供国际化豪华享受的顶级会所	
	物管：皇家管家式服务	

续表

定位点	理　　由	定位应用
新加坡唯美的建筑品质	外立面：现代雄伟、气势宏大	与项目工程进度或样板房配合使用，应用时间视工程进度而定
	户型：全采光、全观景创新户型	
	配置：配置先进的智能化系统和安防系统	
	设计公司背景：新加坡建筑风格的最好诠释者	
假日心情的国际生活方式	由以上优势带来的区别于本地其他项目的生活体验是独一无二的	贯穿于项目推广始终，重点在节假日与活动配合使用

模拟实训

根据本课题学习目标的要求，结合相关理论知识，在教师的指导下，针对以下任务的要求展开实训。

任务一：以区域内某房地产销售项目为例，通过资料搜集和现场调查等方式，完成一份简单的房地产项目形象定位报告。本任务分小组进行。

任务二：以区域内某房地产销售项目为例，通过分析项目特点和区域消费群体的消费惯性，撰写一份房地产项目广告词，要求突出卖点和吸引力。

课题五　房地产项目定位报告撰写

学习目标

熟悉房地产项目定位报告的结构和基本内容。能够运用相应的知识点，分析房地产项目定位报告，并能够模仿撰写简单的房地产项目定位报告。

房地产项目定位报告为房地产项目制订总体战略目标，并尽量详细地论证立项的可行性。下面以某房地产项目定位报告为例，对其基本框架进行简要分析。

一、项目定位的原则、战略与蓝图

1. 基本原则

（1）从消费者的心理谋求定位，而不是从生产者或销售者的立场定位。

（2）针对特定目标市场，而非整个市场。

（3）充分考虑市场风险和市场潜力。

（4）结合本项目区位特点，充分发挥区位环境优势。

（5）寻求差异化的产品，创造出项目所在地的样板品牌。

2. 战略构想

（1）建立精品小区。

（2）服务城市居民。

（3）树立品牌效应。

3. 小区蓝图

用文字、图片等对小区的档次、景观、生活和娱乐配套设施，以及物业服务进行描述。

二、项目自身分析

1. 项目概况

2. 项目 SWOT 分析

（1）项目优势分析。

（2）项目劣势分析。

（3）项目机会点分析。

（4）项目威胁点分析。

三、项目整体定位

1. 市场定位

该部分主要是结合调研及 SWOT 分析结果而定，市场定位概括了项目的档次及卖点。

（1）市场最终定位

如：嘉铭园——亚运村 60 万平方米板式小高层绿色生态大型社区；东海花园——全国首个 3A 级高档豪宅小区。

（2）市场定位的支撑点

列出以上定位的原因、支撑点并对定位的各部分作出阐述。

2. 客户群定位

针对的客户类型，主次客户群的比例，客户的年龄段、职业、家庭状况、学历、收入、置业次数、置业目的等。

（1）客户需求特征

从物业管理、户型、面积、配套功能、承受价格、装修状况、交通、环境及购买心态等方面对客户需求作出详细解释。

（2）客户群消费心理及行为分析

如：××项目——针对讲求快节奏、高效率，生活或工作快速往来于亚奥、中关村、CBD 的公司或人群；××花园——针对全国及海外的顶尖投资客户及与上海有工作关系的高档客户群。

3. 产品定位

说明该社区要开发什么样的房地产项目（板楼、塔楼、全小户型公寓、酒店式公寓）。

如：××项目——集合写字楼、商务公寓和居住型公寓的综合物业；××花园——中国最高的全江景豪宅。

4. 价格定位

针对上述定位建议，确定整个项目和各期开售部分的均价，并作出说明，分析其最终大约的总价及月供款，以及是否符合客户群的经济能力。

5. 形象定位

说明项目以什么形象面向市场。形象定位将会主导宣传推广的方式及主题。

(1) 形象包装定位

如：××项目——享受时间与空间的完美组合，拥有工作与生活双重乐趣的商务投资型社区。

(2) 形象定位支撑点

列出以上形象定位的原因、支撑点并对定位原因作出解释。

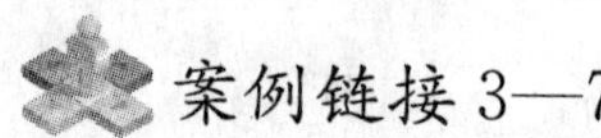
案例链接 3—7

某住宅项目市场定位及产品建议（节选）

一、市场调研结论

1. 区域市场是以“小产权”住宅产品为主体的特定市场，尽管与商品房产品在性质上存在差异，但产品本身相差不大。

2. 住宅产品的需求仍以满足居住升级需要为主，舒适型产品占据市场供应主流。

3. 相比市区商品房项目产品，该区域的产品明显具有性价比优势，物业升值空间较大。

4. 相比开发区楼盘，该区域产品在地理区位及生活配套上的优势较明显，发展潜力巨大。

二、本案自身可凭借点

1. 外部

(1) 北海公园的独有区位优势。

(2) 三面环水的生态布局。

(3) 道路贯通后，便捷的空间优势，借势城市配套。

(4) 区域板块已经形成，板块优势初具规模。

小结：本项目是整个板块中地理区位最为理想的项目。

2. 内部

(1) 目前仅能看到价格上的优势。

(2) 突破点应在产品内部。

小结：价格不应成为本案去化的唯一动力，需寻找新的“推动力”来确保项目的成功和收益最大化，即建立在打造符合自身条件的产品特质上。

三、区域市场项目产品的突破点

经过几年的市场发展，大部分项目产品已成熟，变数有限，故将产品突破的重点放到市场和特色两个方面。

1. 市场方面

目前市场上以舒适型产品为主流，考虑到本案优势是在价格层面，故建议将其优势发挥到极致，即除了“单价”具备优势外，更要重视“总价”上的压倒性优势。

2. 特色方面

受项目条件制约，本案的产品特色主要针对户型而言，要做到紧跟潮流的同时，有适度的超前和特点，如“全明、大窗、动静分区、干湿分离”等受到认可，要全面保留。同时户型要有自己的特色，可重点打造“错层、薄板式（大面宽、短进深）、外飘窗”等造型。

四、市场定位

1. 项目形象定位——“滨城生态社区、色彩点亮生活”

形象定位说明：

(1) 将项目所在区域内的北海、新立河等水系作为项目生态卖点；将高校等教育配套作为项目的人文补充卖点。考虑到北方城市的立面多为灰暗（受多风气候制约），整个区域缺乏动人的色系，而丰富的色彩是最能触动人内心的诱因之一，故本案在产品和社区硬件不具优势的前提下，最可行的方法即找到有别于整个区域市场的形象气质，这是差异竞争中最有效、最经济的手段。

(2) 在这一系列手段中，效果最好的不是文字和概念，而是看得见的色彩。故本案在形象定位上要在保持文字概念冲击的同时，加大力度实现视觉差别，以达到最短时间内用最经济有效的方式引起受众的关注。

(3) 色彩本身可与产品进行深层次的联动，如“蓝色代表水系生态，红色代表家的温暖，金色代表高品质形象”等。

2. 项目产品定位

(1) 产品形态

依照目前宗地条件及市场支撑，建议在产品形态上主要考虑多层结构，小高层产品可适度添加，但要视开发、推案节奏而定，至少在1年内不宜考虑该类型产品进入市场参与竞争。主要考虑村民住宅的市场风险、电梯房接受度较差等因素。

(2) 立面风格

相比北方城市建筑立面较为保守、灰暗的特点，建议本案在立面色彩上重点表达，将“红、黄、蓝”海洋色系进行色彩展现，并在建筑立面造型上有所突破，可以添加屋顶飘板、百叶窗空调位、局部落地窗等。

(3) 套型比例

根据目前市场调研和需求研判得出，项目所在区域市场的主流需求还是三室功能产品，故本案套型配比中要强调三室的比重。而本案相比其他项目要更加重视两室功能产品的补充，尤其是在未来市场形势下，两室产品将会出现明显热销的局面。随着本市房价水平的整体提高，置业者对住宅产品的需求更加理性，对功能的需求明显超过对舒适的需求，盲目攀比大面积的行为大幅减少，取而代之的是精致户型产品。所以功能齐备、面积适中的三室产品和面积使用效率更高的两室产品将成为本案的主打产品。

具体到户型配比及面积落点为：

户型名称	面积落点	配比比重
两室	80～90 平方米	30%
三室	110～130 平方米	60%
四室或小复式	150～180 平方米	10%

说明：适当添加少量大户型产品可以明显提升整个社区的品质感，可以酌情补充 10% 以内的体量，相比四室产品，小复式更具有市场空间和需求支撑。

(4) 户型设计

本案的户型特色主要表现在“全明、大窗、动静分区、干湿分离”，及市场稀有的“错层、薄板式（大面宽、短进深）、外飘窗”等造型。尤其是“错层”设计，呈现出明显的空间层次感；而“薄板”则强调了户型的通透性，十分有利于人体健康和心理调节。

(5) 社区配套（略）

(6) 建材标准（略）

(7) 物业管理（略）

3. 项目价格定位

结合本案市场定位及产品定位，并参照目前周边项目的价格水平，建议本案的运行均价范围在 3 200～3 300 元/平方米比较适宜，最终实现收盘均价在 3 260 元/平方米，销售周期为 12～18 个月，若全部是多层则为 1 年左右，考虑到分期开发或者小高层部分，则 18 个月比较合理。

4. 项目客户定位

相对于市区楼盘的客户组成，该区域住宅项目客户群主要有公职人员、工厂职工、附近学校教师、学生家长和附近常住居民等，其中能成为本案主要客户的群体应为附近居民、附近学校客户、市区置业需求客户以及单位团购客户四大类。公职人员客户群则被其他单位集资自建蚕食，流入本案的体量应很少，应将客户工作的重点放在散客的吸引上，主要是“附近居民、附近学校客户和市区置业需求客户”三类，而团购客户则作为项目启动时的首批进入客户来争取。

五、小结

1. 形象定位——“滨城生态社区、色彩点亮生活”。

2. 产品定位——建议本案在立面色彩上重点表达“红、黄、蓝”海洋色系，主力户型为每套 110～130 平方米的三室户型。

3. 价格定位——均价范围在 3 200～3 300 元/平方米较适宜，最终实现收盘均价在 3 260 元/平方米，销售周期 12～18 个月，

4. 客户定位——客户工作的重点放在散客的吸引上，主要是“附近居民、附近学校客户和市区置业需求客户”三类，并将团购客户作为项目启动时的首批客户来争取。

（资料来源：郑秋浩《滨州郑家项目市场策划报告》）

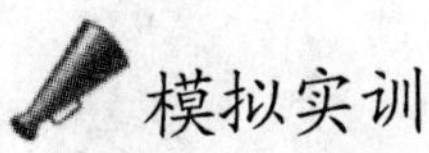

模拟实训

根据本课题学习目标的要求，结合相关理论知识，在教师的指导下，针对以下任务的要求展开实训。

任务一：通过网络或实地调查等方法，查找区域内相关楼盘的房地产项目定位报告，归纳搜集回来的报告的要点并加以阐述。

___

___

任务二：以区域内某地段、某地块或某项目为例，通过资料搜集和现场调查，完成一份简单但相对完整的房地产项目定位报告。

___

___

? 模块理论知识检测

1. 房地产项目定位的含义是什么？
2. 房地产项目定位的主要内容和方式有哪些？
3. 目标客户群定位的主要内容有哪些？
4. 目标客户群定位的模式和流程如何划分？
5. 结合房地产市场消费状况，如何更好地理解房地产“产品”的整体概念？
6. 房地产项目产品定位的内容和方法有哪些？
7. 如何理解房地产项目形象定位？
8. 房地产项目形象定位的主要方法有哪些？

模块综合实训项目训练

区域内某房地产项目定位报告的撰写

任务要求：利用专业课程学习的知识，在教师的指导下，以区域内某地段、某地块或某项目为例，通过资料搜集和现场调查，根据所学房地产项目定位报告的结构框架，模拟撰写一份简单的房地产项目定位报告。

任务提示：利用“百度”和“谷歌”等搜索工具，先从网上下载1～2篇较为完整的房地产项目定位报告，对该报告的结构和具体内容进行分析。在熟悉具体的项目定位报告后，结合各任务所学的知识和学习过程中完成的各项调查及部分报告，最终将其归纳、修改到已有的下载报告中。

评价标准：符合国家的法律法规，定位建议具有较强科学性、合理性和可操作性，结构完整。

模块四

房地产项目产品策划建议

全国高等职业技术院校房地产经营与估价专业教材

房地产项目产品策划是房地产开发过程中项目定位后的一项重要工作。房地产项目产品策划是房地产项目定位的直观体现和落实，是目标客户群体作出购买决策的主要依据，同时也是房地产营销策划是否成功的关键性阶段的开始。

产品是房地产开发活动不变的主题，房地产项目产品策划阶段主要是对项目产品的规划设计、建筑空间组合与建筑艺术风格、环境与景观设计、生活配套与交通组织等提出建议，同时根据市场调研的结果对户型、面积及配比作出详细的建议。

房地产项目产品策划是决定项目成败的最主要因素。因此，优秀的房地产营销策划人员需要具备基本的产品设计基础知识、建筑美感的理解能力和市场需求的解读能力，能够在对产品定位的基础上，对产品的设计提出科学、合理的建议。

“房地产项目产品策划建议”模块可以通过以下课题的学习逐一进行：

课题一　房地产项目产品策划概述
课题二　房地产项目总体规划建议
课题三　房地产项目居住区道路交通规划设计建议
课题四　房地产项目建筑类别及风格建议
课题五　房地产项目户型设计建议
课题六　房地产项目建筑景观设计建议
课题七　房地产项目配套设施建议
课题八　房地产项目产品规划建议报告撰写

课题一　房地产项目产品策划概述

学习目标

了解房地产项目产品策划的含义，熟悉房地产项目产品的类型，掌握房地产项目产品策划的流程。能够根据房地产项目产品策划流程对房地产项目产品策划报告进行分析。

一、房地产项目产品策划的含义

房地产项目产品策划是指为满足购房者对房地产项目产品的特定需求，而对房地产项目产品进行的策划和设计建议。

房地产项目产品策划包含以下两个方面的内容：

1. 核心产品策划

核心产品策划是指对房地产项目产品单一空间的房型设计、室内的功能规划、整个大楼或小区的面积（格局）配比、外观造型、社区环境和总体功能规划等各方面进行的策划和设计建议。

2. 附属产品策划

附属产品策划是指对整个房地产项目产品能够满足目标客户日常生活或工作需要的各项附属功能设施的全面配置所进行的策划和设计建议，主要包括水、电、燃气、通信、装潢、物业管理等方面的功能配置。

二、房地产项目产品的类型

按照不同的分类标准，房地产项目产品可划分为不同的类型，见表4—1。

表4—1　　房地产项目产品类型

分类标准	类别	类别及内容
按使用用途分类	居住物业	普通住宅、经济适用住宅、廉租房、高档住宅、公寓式住宅、TOWNHOUSE、别墅等

续表

分类标准	类别	类别及内容
按使用用途分类	写字楼物业	商住两用写字楼（有固定的办公区域、盥洗室、厨房等设施，具备单独生活的基本条件）、纯商业写字楼（各层楼面可根据实际需要任意分割组合，按实际需要或使用面积购买或租赁）
	商业物业	专卖店铺、商场、百货大楼、超级市场、购物中心、商品交易中心、地下商业街等
	工业物业	厂房、仓库、堆场等
	旅馆酒店	旅游度假酒店、产权式酒店、酒店式公寓等
	高层建筑综合体	由商业、餐饮、娱乐、办公、酒店等多个不同功能的建筑形式组成的高层建筑
	特殊物业	娱乐中心、赛马场、高尔夫球场、加油站、停车场、机场、车站、码头等
按楼体高度分类	低层建筑	1至3层的住宅建筑。主要有（一户）独立式住宅、（二户）联立式住宅和（多户）联排式住宅
	多层建筑	4至6层的住宅建筑。垂直交通主要借助公共楼梯，是最具代表性的城市集合住宅
	小（中）高层建筑	7至10层的住宅建筑。需设置电梯，以保证居住者上下楼
	高层建筑	11至30层的住宅建筑，或高度超过24米的公共建筑及综合性建筑（不含高度超过24米的单层主体建筑）
	超高层建筑	高度超过100米或层数超过30层的公共建筑
按结构形式分类	砖混结构	建筑物中竖向承重结构的墙、柱等采用砖或砌块砌筑，柱、梁、楼板等采用钢筋混凝土结构
	砖木结构	建筑物中竖向承重结构的墙、柱采用砖砌筑或砖块砌筑，楼板结构、屋架用木结构共同构筑
	钢筋混凝土结构	建筑的主要承重结构如柱、梁、板、楼梯，屋盖用钢筋混凝土制作，墙用砖或其他材料填充
	钢结构	以钢材制作为主的结构，主要用于建造大跨度和超高、超重的建筑物

三、房地产项目产品策划的流程

1. 房地产项目产品总体规划建议

房地产项目产品的总体规划需要进行项目规划选址、项目平面布局以及竖向设计等前期设计工作，是项目是否成功的关键。

2. 房地产项目居住区道路交通规划设计建议

房地产项目以住宅项目为主，住宅项目内部居住区的道路交通将直接影响项目整体的居住环境。因此，对道路交通的规划设计是房地产项目产品策划的重要任务。

3. 房地产项目建筑类别及风格建议

随着人们生活水平的提高，消费者对房地产项目建筑风格和类别也产生了较高的精神需求。因此，需要针对消费者需求调研、产品定位以及项目环境等因素给出建筑类别及风格设计建议。

4. 房地产项目户型设计建议

消费者不同的年龄阶段、职业、家庭人口、购买目的等，都将形成不同的项目户型需求。因此，需要对户型类型、数量、面积、空间功能、配比等进行科学的设计和配置。

5. 房地产项目建筑景观设计建议

房地产项目不仅仅要满足消费者居住、工作的核心需求，同时还需具备相应的休闲、锻炼、人际交流等功能。因此，房地产项目建筑景观设计越来越多地受到了消费者的关注。

6. 房地产项目配套设施建议

针对房地产项目总体需要，进行配套设施功能分布设计，实现住宅的基本使用功能，丰富社区文化生活，改善社区生活环境。

四、房地产项目产品策划的原则

1. 因地制宜

应根据房地产项目宗地的实际情况，充分利用当地的各种优势资源，因地制宜地进行房地产项目产品的策划。

2. 就地取材

房地产项目的地段各有优势和劣势，不仅要考虑地段现在的价值，更要考虑未来的价值。因此，需要充分挖掘地段的价值。

3. 先整体后局部

（1）先进行整体布局（行列式、组团式、周边式、点群式等），再进行单体设计。

（2）先确定建筑类型（塔式住宅、单元式住宅、通廊式住宅等），再选择建筑风格（新古典主义、新中式主义、现代主义等），最后进行户型等的设计。

（3）先进行整体交通规划，明确人车交通组织，再考虑各楼或各单元空间的联系。

（4）先进行整体环境景观规划（包括景观风格与景观布局），再进行中心庭院、各组团景观和宅间景观的设计。

4. 先外后内

在产品规划设计过程中，应先进行外观设计（整体规划、建筑风格、外立面、颜色等），后进行内部设计（户型、景观、配套设施等）。

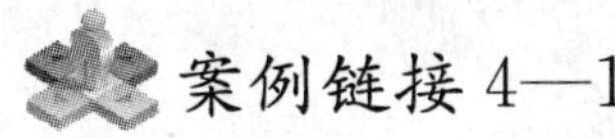案例链接 4—1

杭州东方润园项目产品规划设计

钱江新城作为杭州人从“西湖时代”进入“钱塘江时代”的标志性工程，是杭州未来政治、文化新中心。东方润园项目正位于钱江新城 CBD 核心区域，紧邻钱塘江，交通便捷，地理位置优越，景观环境稀缺。如图 4—1 所示，东方润园项目的主题是“核心地段、江景豪宅”，为体现和支撑这一主题，该项目产品在以下几个方面进行了策划。

图 4—1　杭州东方润园项目实例

1. 调整建筑物朝向（从正南向东南偏转 30 度），保证江景视线的最大开阔度与每户景观的均好性（80%的住户均能将江景尽收眼底），使“江景”主题概念得以充分体现。

2. 整个项目仅设置 700 余户住宅单元，全部为 200 平方米以上的大户型单元，主力户型为 210～360 平方米，户型面宽最宽达 21 米，主卧开间最宽近 7.2 米，采用大开间、短进深平面设计，充分体现“豪宅”主题。

3. 采用多套间设计，每套均有 3 个以上的卧室设有独立卫生间，形成功能完备的独立套房，其中主人房近 50 平方米，弧形圆角采光区宽敞气派。

4. 将传统住宅功能区进行了细分，保姆间、厨房间为服务区，客厅、餐厅、家庭厅（首创）为公共区，卧室为私属区。各区块户型独立、互不干扰，避免接待来宾时给家人造成不便。

5. 设计中西组合厨房，最大限度地满足住户的饮食需求。

6. 所有门窗均可通风采光，保证室内通风和采光。

7. 在项目四周设置三条绿化带，形成社区的绿色氧吧。

8. 打破传统的“一梯多户”格局，引入了“多梯一户”的概念和“三梯两户”的设计，专设独立的保姆工作电梯直达阳台、厨房，使得高层公寓也像别墅一样拥有私密性。

9. 投入巨额成本为业主配置四大中央系统（户式中央新风系统、单元式中央吸尘系统、户式中央空调系统、户式中央燃气热水系统）及双层钢化玻璃、铝板幕墙。

10. 全力建造杭州首个数字化家居智能高档社区，可实现远程家居控制、电梯身份认证、数字门锁控制等功能，住户可以通过电话或网络远程控制空调等网络家电。

11. 引入顶级私人会所，为业主提供一个专享的交际空间。

12. 提出了管家式服务，选送高级物业管理人员到荷兰接受专业英式管家培训。

13. 邀请名人主持开盘仪式，引起新闻媒介的关注。

由于东方润园项目在产品开发上处处体现“江景豪宅”的策划主题，使得主题概念名副其实，因此得到了高端房地产市场的广泛认可。

（资料来源：王直民、黄卫华《房地产策划》）

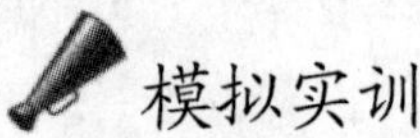

模拟实训

根据本课题学习目标的要求，结合相关理论知识，在教师的指导下，针对以下任务的要求展开实训。

任务一：现场参观区域内某房地产开发商所开发完工的房地产项目，对项目产品设计进行归纳和阐述，分小组完成。

____

____

任务二：根据以上现场参观情况，运用收集的文字、图片、影像资料，对本项目产品策划进行分析，设计汇报 PPT 并进行汇报。

____

____

课题二　房地产项目总体规划建议

学习目标

了解房地产项目总体规划的相关概念，熟悉房地产项目概念设计的常见类型，掌握居住型物业和商业物业选址的影响因素，掌握建筑平面布局的主要类型及特点，了解房地产项目竖向设计的相关问题。能够运用相应知识对房地产项目的总体规划进行分析和提出建议。

一、房地产项目总体规划的基础知识

房地产项目的总体规划需要进行项目概念设计、规划选址、平面布局、竖向设计等工作。

1. 有关概念

（1）城市居住区

城市居住区一般称为居住区，泛指不同居住人口规模的居住生活聚居地和特指被城市干道或自然分界线所围合，并与居住人口规模（30 000～50 000 人）相对应，配建有一整套较完善的、能满足该区居民物质与文化生活所需的公共服务设施的居住生活聚居地。

（2）居住小区

居住小区一般称为小区，是指被居住区道路或自然分界线所围合，并与居住人口规模（10 000～15 000 人）相对应，配建有一整套能满足该区居民基本的物质与文化生活所需的公共服务设施的居住生活聚居地。

（3）居住组团

居住组团一般称为组团，是指被小区道路分隔，并与居住人口规模（1 000～3 000 人）相对应，配建有居民所需的基层公共服务设施的居住生活聚居地。

（4）道路红线

道路红线是指城市道路（含居住区级道路）用地的规划控制线。道路红线内包括机动车道、非机动车道、人行道、绿化带等。

（5）建筑控制线

建筑控制线是指有关法规或详细规划确定的建筑物、构筑物的基底位置不得超出的界线。如“道路红线”“用地红线”和“城市绿线”等。

（6）日照间距

日照间距是指前后两列房屋之间为保证后排房屋在规定的时间获得所需日照量而保持的最小间距。日照量的标准包括日照时间和日照质量。日照时间是以该建筑物在规定的某一日内能受到的日照时数为计算标准，常以冬至日或大寒日作规定。

（7）容积率

容积率是每公顷居住区用地上拥有的各类建筑的建筑面积（万平方米或公顷），或以居住区总建筑面积（平方米）与居住区用地面积（平方米）的比值表示。

（8）建筑密度

建筑密度是指居住区用地中各类建筑的基底总面积与居住区用地面积的比值（%）。

（9）绿地率

绿地率是指居住区用地范围内的各类绿地面积的总和占居住区用地面积的比值（%）。绿地应包括公共绿地、宅旁绿地、公共服务设施所属绿地和道路绿地，其中包括满足当地植树绿化要求、方便居民出入的地下或半地下建筑的屋顶绿地，不包括屋顶、晒台的绿地。

2. 居住区用地构成

（1）住宅用地

住宅用地是指住宅建筑基底占地及周围有必要留出的空地，包括宅间绿地和宅间小路等。

（2）公共服务设施用地

公共服务设施用地是与居住人口规模相对应的配套公共建筑、公用设施建筑物的用地，包括基底占地及其所属的道路、绿地、场地等。

（3）道路用地

道路用地是指用于居住区道路、小区道路、组团道路和停车场等的用地。

（4）公共绿地

公共绿地是指适合于安排游憩活动设施的、供居民共享的集中绿地，包括居住区公园、小游园、运动场、林荫道等。

3. 居住区分级控制规模

居住区按照居住的户数和人口规模可分为居住区（1～1.6 万户、3～5 万人）、居住小区（3 000～5 000 户、1～1.5 万人）和居住组团（300～1 000 户、1 000～3 000 人）三级。

二、房地产项目产品规划布局的原则

根据《城市居住区规划设计规范》（GB 50180—1993），房地产项目产品应遵循以下原则进行规划设计。

1. 符合城市总体规划的要求。
2. 符合统一规划、合理布局、因地制宜、综合开发、配套建设的原则。
3. 综合考虑所在城市的性质、社会经济、气候、民族、习俗和传统风貌等地方特点和规划用地周围的环境条件，充分利用规划用地内有保留价值的河湖水域、地形地物、植被、道路、建筑物与构筑物等，并将其纳入规划。

4. 适应居民的活动规律，综合考虑日照、采光、通风、防灾、配建设施及管理要求，创造安全、卫生、方便、舒适和优美的居住生活环境。

5. 为老年人、残疾人的生活和社会活动提供条件。

6. 为工业化生产、机械化生产和建筑群体、空间环境多样化创造条件。

7. 为商品化经营、社会化管理及分期实施创造条件。

8. 充分考虑社会、经济和环境三方面的综合因素。

三、房地产项目概念设计建议

房地产项目概念设计是指在房地产开发过程中引入的开发商的开发理念、消费者的消费理念，以及项目的开发主题。

目前，房地产行业概念设计过程中较常使用的概念有以下几种：

1. 生态概念

生态住宅是运用生态学原理和遵循生态平衡及可持续发展的原则，设计、组织建筑内外空间中的各种物质因素，使物质、能源在建筑系统内有序地循环转换，获得一种高效、低能、无废、无污染和生态平衡的人居环境。如：

在房地产开发项目中，拥有生态资源的楼盘，不仅具有秀丽迷人的自然风光，而且还是花卉、园林的观赏之处，形成了都市独具魅力的生态居住环境。

2. “绿色”概念

“绿色”的房地产住宅项目应具备以下基本要求：

（1）绿色的居住环境不仅是种树种草，还应体现绿化的四季分明和绿化品种的层次性，尤其是要在“春花、夏荫、秋果、冬绿”上做文章。

（2）要利用项目中难得的天然或人工湖泊，为绿色住宅创造可贵的自然景观，要尽可能巧借自然水面，在依山傍水的区位布局高档住宅小区和别墅群落。

（3）利用自然资源，节约水资源，小区垃圾要分类处理。在充分利用自然净化能力的同时，特别要防止人的居住对环境造成的污染和破坏。

（4）利用产出率低的坡地和台地进行房地产开发，采用新型、环保、节能的建筑和装饰材料，尽可能就地取材。

（5）构建具有充分环保意识和人文关怀的有效管理机制，让绿色住宅具有独特的文化内涵。

3. 健康住宅概念

健康住宅主要体现在住宅室内和社区的居住环境方式上，不仅包括与居住相关的物理参数（如温度、湿度、通风换气效率、噪声、光和空气的品质等），还包括主观性心理因素

（如平面空间布局、私密保护、视野景观、感官色彩、材料选择等），而且，居住小区及其附近地区要有文体活动场所和人际交往空间，要有医疗保健服务设施等。

健康住宅不仅强调居住环境的优化，而且更强调居住活动本身有益于保证居住者的健康，使居所满足居住者生理和心理的需求，让人们在健康、安全、舒适和环保的室内外环境中居住，杜绝因住宅和居住活动而引起的生理和心理疾病。

4. 可持续发展概念

可持续发展概念即在“以人为本”的基础上，利用自然条件和人工手段来创造一个保证人们舒适、健康的生活环境，同时又要保护和控制对自然资源的利用，经济合理地利用土地和其他自然资源，以实现适度索取与最优回报之间的均衡。如：

严格控制在风景旅游区开发房地产项目，以防止较大程度地毁坏植被和森林。要尽可能在都市市郊植被稀疏的坡地、台地、河滩上开发房地产，在其上大面积种树种草，保护生态环境。

5. 山水人居概念

“山水”泛指自然环境，“人居”泛指人工环境，山水人居是人工环境和自然环境协调发展的结果，最终目的在于建立两者相融合的人类居住空间。山水人居使消费者回归到崇尚现代文明和自然生态相结合的居住理念。应用了山水人居概念的某项目如图 4—2 所示。

图 4—2 某山水景观别墅项目实例

6. 休闲人居概念

现代都市人在紧张工作之余更加追求轻松与安逸，都市城郊的休闲人居由此诞生。主要有以下几种表现形式：

(1)“5+2”居住模式（5 天在都市中心区上班，双休日回城郊休闲度假）

该模式立足于都市城郊所具有的自然生态环境的先天优势，可以为现代繁忙的都市人营造闲适的田园生活，彻底消除5天工作所带来的疲惫。

(2)“白+黑”居住模式（白天在都市中心上班，晚上回城郊居住）

对于崇尚走进城市又回归自然的都市人来说，在都市城郊居家是追求时尚居住方式的一种满意选择。

(3)“1+1”居住模式（子女在都市中心居住，父母住在都市城郊）

城郊特有的自然生态环境为老年人提供了安享晚年的美好空间；同时，都市城郊便捷的交通，便于子女“常回家看看”。

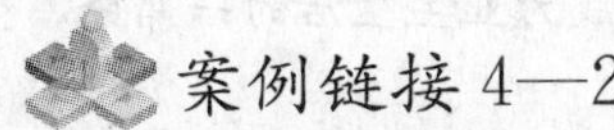

案例链接4—2

新北京四合院挑战西式别墅

尽管以欧美风格为代表的豪华别墅一度成为“先进、时尚”的代名词，但中国的财富精英们始终对传统而神秘的四合院保持着一种天然的敬畏感，他们希望自己能从容优雅地从神秘的四合院大宅门进出，青砖灰瓦、人字顶、马头墙、大露台、大花园……以大宅门式院落为特征的中式别墅满足了喜欢传统文化的富豪们的居住需求。

2006年10月23日，位于顺义新生别墅区，紧邻待建机场高速路，南为潮白河交汇河口，北望青山蓝天，正对面为7 000亩森林的新北京四合院——易郡向市场正式推出。毗邻绿色顺鑫度假村的易郡地势北高南低，整个社区呈曲线式自然设计，南部入口处为一个大面积的人工湖，一条旱水溪贯通社区南北。易郡规划用地近30万平方米，总建筑面积10万平方米，包括平层四合院别墅、双拼院落别墅和独栋院落别墅，如图4—3所示。其中，平层四合院别墅84套，建筑面积为245平方米左右，赠送前、后、侧、内4个私家院落；双拼院落别墅152栋，建筑面积210平方米左右，赠送前、后、侧3个私家院落；独栋院落别墅94栋，建筑面积300平方米左右，赠送前、后、侧3个私家院落。为了合理控制产品总价，双拼别墅与独栋别墅均为地上二层建筑，不设地下室。

图4—3　易郡项目实例

谈到为什么在西式别墅大行其道的情况下开发具有四合院形态的中式住宅，开发商解释说，尽管欧美风格的西式别墅依然是高端住宅市场的主流产品，但部分项目并不适合北京的自然气候和生活习惯，中国的财富精英们从心理上有一种回归本土建筑的需求，毕竟“越是民族的和传统的东西才越可能是国际的”。

实际生活中，北京很多西式别墅的间距非常近，必须挂上窗帘才觉得安全。由于西方建筑不重朝向重景观，只要外面的环境好就会设置很大的观景窗或观景平台，这种地道的西式别墅搬到北京后的确有点水土不服。

作为新北京新四合院的代表之作，易郡不仅注重南北朝向，更注重围合的院落，注重私密性，注重保温和节能。建筑全部采用传统的黏土砖，可以唤醒北京人对过去生活的回忆，找到一种回家的感觉。此外，增加外院也是传统四合院所没有的。内院可以是私人生活空间，外院可以是一个展示空间，造园、耕种、做游泳池或儿童游乐园都不成问题。西式别墅的院子与新四合院的院子是有区别的，西式别墅的院子是开放式的，总有一种被别人观赏的味道，新四合院的院子是由房子围起来的，这个院子顺理成章成为业主生活的一部分，生活空间被引入院子里。

新北京四合院的出现不仅丰富了别墅市场的产品类型，同时也会对以“原汁原味”欧美设计风格为卖点的西式别墅造成竞争压力。

四、房地产项目产品规划选址建议

不同类型的房地产项目对区位、环境、交通、消费者群体等有着不同的要求，项目的选址对项目开发至关重要。居住物业和商业物业的选址有以下影响因素。

1. 居住物业项目选址

（1）市场状况

对考察地块区域的房地产市场需求量和供应量、未来市场的变化趋势进行科学分析和预测，并进一步分析需求市场的层次结构，如对高、中档住宅的需求比例、自住和投资的需求比例等的分析。

（2）地块背景及区域规划方向

在选择居住物业项目开发地块时，需了解地块背景，了解地块有无历史和人文积淀，认真研究区域规划政策，分析地块的开发建设条件和规划限制条件、区域未来可能的物业类型和潜在客户群等，为开发商提供较为详细的决策依据。

（3）自然环境

优良的自然环境（如山水、湖畔、绿地等自然生态景观以及清新的空气）是购房者选择居所和开发商选址时考虑的重要因素。开发商要注重用地自身和周边环境的污染影响，避免城市里其他方面的干扰（如污染、噪声等）。

（4）交通条件

居住物业项目应具有较好的交通条件，以方便出行。市区需要便捷的公交系统，满足居民日常出行；市郊则要求有能够便捷到达城市中心或商业、休闲区的交通条件（如地铁、轻轨、公交线路等）。

（5）生活配套设施

居住物业项目所在地应具有较好的生活配套设施，如超市、菜市场、社区医院、中小学校和银行等。如目前缺乏配套设施，则应具有未来进行建设的条件和资源。

(6) 市政基础设施

居住物业项目应尽量依托共享主城区的市政配套设施（如电、水、气、道路、通信线路等），完善的市政配套设施可为项目提供便利的建设条件和资源。

(7) 房地产相关政策

居住物业项目选址时应充分考虑相关政策的影响，重视国家鼓励的项目投资方向，结合企业自身的资源优势对地块取舍进行权衡。

(8) 用地成本

结合地块规划限制条件估算项目投资成本和收益，以此衡量地块的经济效益，从而对该地块做出选择。

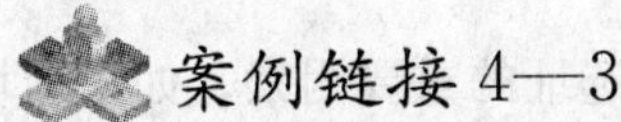

案例链接 4—3

楼面单价 1.5 万元　富力 10.22 亿元夺广渠门外 10 号地

2009 年 5 月 21 日，备受关注的广渠门外 10 号地最终被富力地产以 10.22 亿元的价格竞得，楼面地价为 15 141 元/平方米。

该地块位于朝阳区广渠门外大街附近，三环以内。东至广和东二路，西至广和东一路，南至光华中街，北至光华北一街。地块挂牌起始价为 2.992 5 亿元，土地面积 42 549.943 平方米（建设用地面积 32 299.953 平方米），建筑控制规模 72 500 平方米，同时将配建 5 000 平方米的廉租房。

拍卖现场，多家开发商参加了举牌竞拍环节，争夺十分激烈，竞价一路飚升到 9 亿元。志在必得的富力地产最终豪掷 10.22 亿元拿下该地块，高出挂牌起始价 7.227 5 亿元。

此前，一位业内人士表示："目前很多企业都有拿地的打算，尤其是那些总价低、位置好的中小型住宅用地是最抢手的，如广渠门外 10 号地和顺义牛栏山地块就在多家开发商争夺之列。"事实证明，广渠门外 10 号地先后收到 33 份竞买报价单，报价也从 2.9 亿元一直飚升到 5.4 亿元、6 亿元、6.18 亿元、6.67 亿元。小地块、好位置成为广渠门外 10 号地吸引多家房地产商关注的主要原因。

2. 商业物业项目选址

(1) 零售商业物业项目选址

零售商业物业项目包括各类商场、购物中心、超级市场、店铺等类型。零售商业物业项目除了考虑市政配套设施、交通条件、房地产相关政策及用地成本等因素外，还应着重考虑以下影响因素。

1) 消费市场。主要是对区域人口的密度、职业分布、收入状况、年龄、购买能力和消费偏好等进行调查和分析，为商业规模和商业内容决策提供参考依据。

2) 商业环境。主要是对该区域商业类型、商业规模、数量和商圈吸引力等进行调查和分析，了解区域商业竞争物业的特征，研究市场饱和程度，以便更好地细分市场，寻找最佳市场机会。

3）商业辐射范围。主要是对商圈辐射到的次要区域和边界区域的消费者进行调查和分析，包括可能的顾客流量、消费者行为、消费偏好及购买能力。

4）潜在商业价值。主要是对地块未来的商业发展潜力进行分析与评价。随着城市建设的发展，某些不受关注的地段的商业价值将得到提升。

5）规划设计条件。零售商业项目的开发受城市规划的影响较大，选址时要重点考虑城市规划的限制（如对城市中心项目的建筑高度、容积率、体量、色彩等的限制要求）。

（2）写字楼物业项目选址

写字楼物业项目在选址时，除了考虑城市规划的影响、市政基础设施条件、房地产相关政策及用地成本等因素外，还应着重考虑以下影响因素。

1）周边环境状况。地块周边环境状况是影响写字楼项目选址的重要因素。如果地块所在区域聚集各种企事业单位（政府、大型公司或金融机构），则项目建成后能够吸引大量的租客，有良好的市场前景；如果地块周边环境恶劣，缺乏商业配套设施，且短期不能改善，则应考虑放弃。

2）交通便捷程度。写字楼项目选址应重视其交通便捷程度。是否有快捷有效的交通系统和足够的停车场地都会极大影响写字楼物业的吸引力，从而影响其市场价值。

五、房地产项目平面布局建议

在房地产项目的平面规划设计中，应充分注意采光、通风，以及项目所在地的地形、位置等多种因素，合理规划项目平面布局。房地产项目平面布局包含建筑单体平面布局和建筑群体平面布局。

1. 建筑单体平面布局

根据《住宅设计规范》和《高层民用建筑设计防火规范》等国家标准规定，住宅建筑可以分为塔式住宅、单元式住宅和通廊式住宅。

（1）塔式住宅

塔式住宅又称为高层独立单元式住宅，它以共享楼梯或楼梯与电梯组成的交通中心为核心，将多套住宅组织成一个单元式平面。塔式住宅通常属于“一梯多户”的布局形式，平面形状接近于正方形，建筑面宽与进深的比例一般小于2。塔式住宅如图4—4所示，一般适用于宗地面积紧张的繁华地带的高端建筑。

塔式住宅的优点：形体修长，外立面丰富；户型种类比单元式住宅丰富；大堂、电梯厅等公共部分由于基座进深较大而更为宽大、气派；比单元式住宅在居住区整体布局上更加灵活，对建设场地面积的要求较低；对整个居住区的通风、采光有利；一梯多户增加了服务的经济性，节约了管理成本。

塔式住宅的缺点：进深过大，住宅内部通风、采光较差，部分住宅全天无光照；部分住宅为解决通风和采光而进行深槽设计，相邻户型私密性较差；个别户型结构不合理、不规则；部分户型的朝向较差；垂直交通在高峰期容易拥堵；对消防安全条件要求较高。

图 4—4　塔式住宅实例

(2) 单元式住宅

单元式住宅又称为板式住宅，由多个住宅单元组合而成，每单元均设有楼梯或电梯。单元式住宅通常属于“一梯 2～4 户”的布局形式，平面形状接近于长方形，建筑面宽与进深比例一般大于 2，如图 4—5 所示。单元式住宅适用于多种建筑高度的建筑。

单元式住宅的优点：建筑面宽大，进深相对短，南北或东西通透，通风效果较好；户型较为规整、方正，朝向较好，采光充足；户型之间独立性强，私密性好；一梯 2～4 户，垂直交通较便捷。

单元式住宅的缺点：户型类型变化不大，整体布局较为单调，外立面较呆板，视野容易受遮挡而不够开阔；体型较大，对建设场地要求较高；容易造成整个居住区的通风、采光较差；公摊面积较大。

图 4—5　单元式住宅实例

(3) 通廊式住宅

通廊式住宅是指由共享楼梯或电梯通过内、外廊进入各套住宅的住宅布局形式。该形式住宅均设置较大面积的通廊，所有住户均需通过长廊到达各户，如图 4—6 所示。通廊式住宅较适合于单身公寓、酒店式公寓等过渡性质的小户型住宅。

通廊式住宅的优点：结构设计简单，建筑成本低；户型结构较为合理；便于物业、安全防范等管理；适合于经济收入较低的年轻人购买居住，也适合于经济条件较好的购房者购买用于投资或出租。

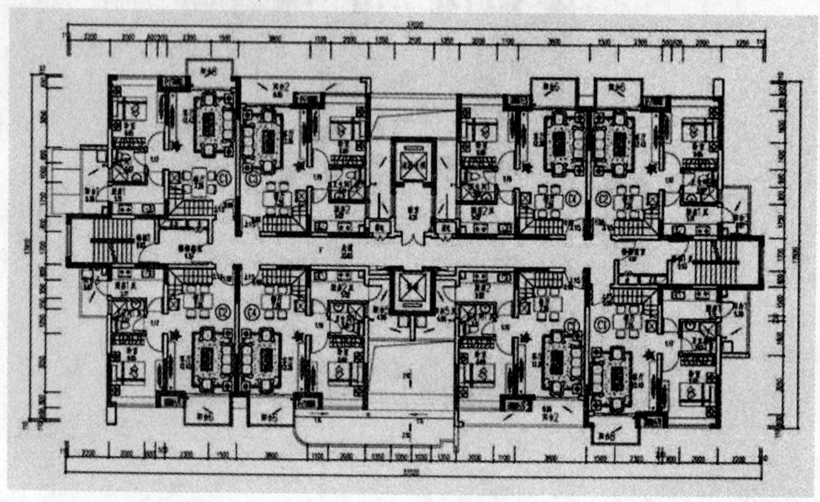

图 4—6　通廊式住宅实例

通廊式住宅的缺点：除了走廊尽头的户型外，各户均有一面面临走廊，通风条件较差；东西向走廊的设计，造成北向房间常年无南向日照；门窗需在走廊上设计，易互相干扰和影响，私密性较差；楼层太高时，一梯多户造成电梯易拥堵。

为避免通廊式住宅在采光方面的缺点，可采取通廊北侧设计，即走廊设计在建筑体的最北侧，使所有户型均在阳面。或者整座楼体南北向设计，走廊在中间，使东西侧户型在上午、下午各有半天的日照时间。

2. 建筑群体平面布局

建筑群体平面布局的形式主要有以下几种：

（1）行列式布局

行列式布局是指建筑体按一定朝向和合理间距成排布置的形式，如图 4—7 所示。行列式布局大部分是南北向重复排列，是较为广泛采用的一种布局形式。

行列式布局的优点是朝向好，可以获得良好的日照和通风条件，便于项目配套设施的规划和施工。其缺点是空间景观较为单调、呆板，前排建筑容易影响后排建筑的视野、光线和通风。

（2）周边式布局

周边式布局又称为围合式布局，是指建筑沿街坊或院落周边布置的形式，如图 4—8 所示。

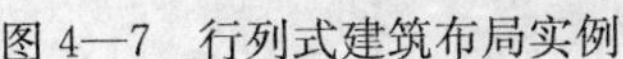
图 4—7　行列式建筑布局实例

图 4—8　周边式建筑布局实例

周边式布局的优点是形成近乎封闭或半封闭的空间，具有一定的空地面积，便于组织公共绿地和小型休息场地，组成的院落较完整、安静和安全。另外，周边式布局的土地利用率高，提高了居住建筑面积密度。其缺点是有相当一部分居室的朝向和通风较差，采光不好。

(3) 组团式布局

组团式布局主要针对于体量较大的房地产项目，用于大面积建筑用地，若干栋楼构成一个观景主题、生活主题等。组团可以由若干同一类型、同一层数或不同类型、不同层数的住宅围合而成，之间用绿地、道路或自然地形进行分割。组团式布局规模可大可小，如图 4—9 所示。

图 4—9　组团式建筑布局实例

组团式布局的优点是住宅布置灵活，空间景观丰富，功能分区明确，便于利用地形，便于物业封闭管理和项目分期开发。其缺点是不利于组团内部的通风。

（4）点群式布局

点群式布局包括低层独院式住宅、多层点式住宅、高层塔式住宅布局，点式住宅自成组团或围绕居住区绿地、景观、公共建筑有规律地布局或自由布置，如图 4—10 所示。

点群式布局的优点是建筑形式丰富，空间布置方式多样，富于变化，景观效果丰富，较有利于通风，能够合理利用土地。其缺点是如规划过于散乱则缺乏庭院感，不利于小区的安静与安全。

（5）自由式布局

自由式布局又称为开放式布局，是指建筑结合地形、地貌、周围条件，在照顾日照、通风等要求的前提下，成组自由灵活地布局，而不拘泥于某种固定的形式，如图 4—11 所示。其优点是视野开阔，景观效果丰富，立面效果生动活泼，缺点是不利于后期物业管理服务。

图 4—10　点群式建筑布局实例

图 4—11　自由式建筑布局实例

（6）混合式布局

混合式布局是以上几种建筑布局形式的结合。最常见的是以行列式为主，少量住宅或公共建筑沿道路或院落周边布置，以形成半开敞式院落。

六、房地产项目竖向设计建议

房地产项目的竖向设计是指为了满足居住区道路交通、地面排水、建筑布置和城市景观等方面的综合要求，对自然地形进行利用与改造，确定坡度、控制高度和平衡土（石）方等。房地产项目竖向设计主要包括道路竖向设计和场地竖向设计。

1. 分析规划用地的地形、坡度，为各项建设用地提供参考，包括坡度、坡向、高程及纵、横剖面分析等。

2. 制定利用与改造地形的方案，合理利用地形，满足各项建设用地的使用要求。

3. 确定道路控制点的坐标、标高，以及道路的坡度、曲线半径等。

4. 确定建筑的定位、正负零标高及室外地坪的规划控制标高。

5. 结合建筑布置、道路规划与工程管线铺设，确定居住区内其他用地的标高与坡度。

6. 确定挡土墙、护坡等室外防护工程的类型、位置和规模。

7. 估算土（石）方及防护工程量，进行土（石）方平衡。

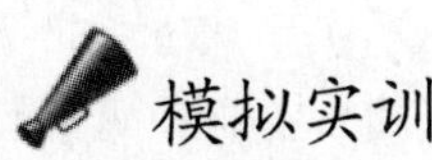

模拟实训

根据本课题学习目标的要求，结合相关理论知识，在教师的指导下，针对以下任务的要求展开实训。

任务一：结合本课题中“项目选址”的内容，现场参观某正在开发的商业项目，对项目选址进行调研分析，并撰写分析报告。

____

____

任务二：选择所在城市 3 处大型房地产开发项目，对其建筑群体平面布局情况进行简要分析。

项目一：______________________________________

项目二：______________________________________

项目三：______________________________________

课题三　房地产项目居住区道路交通规划设计建议

学习目标

了解居住区交通系统的常见分类及特点，熟悉居住区道路交通规划的基本要求。能够利用居住区道路交通规划的基本要求，对房地产开发项目的道路系统设计进行分析和建议。

一、居住区道路交通规划的含义

居住区的道路交通简称通路，是指以住宅建筑为主体的区域内的道路。道路交通是居民日常生活活动的基本通道，是住宅区的空间形态骨架，不仅具有组织车行与人行交通的功能，同时也是居住区功能布局的基础。

居住区的道路交通规划设计包括地块周边交通环境示意及项目道路设置，主要用于明确周边基本路网建设、项目所属区域道路建设及未来发展状况，也包括主要出入口设置、主干道设置、车辆分流情况说明和项目停车场布置等。居住区道路交通规划考虑的因素包括合理处理人与车、机动车与非机动车、快车与慢车、内部交通与外部交通、静态交通与动态交通之间的关系，应使居民日常出行安全、便捷，日常生活安静、舒适。

二、居住区交通系统的分类

1. 按照道路的等级划分

（1）居住区级道路

居住区级道路是居住区的主要道路，用以解决居住区内外交通的联系，道路红线宽度一般为 20～30 米。车行道宽度不应小于 9 米，如需通行公共交通时，应增至 10～14 米，人行道宽度为 2～4 米不等。居住区级道路不仅要满足进出居住区的人行与车行交通需要，还要保证各种基础设施（市政管线、照明灯柱）和绿化的合理布置。居住区内主要道路至少应有两个方向与市政道路相连。

（2）小区级道路

小区级道路是居住区的次要道路，用以解决居住区内部的交通联系，道路红线宽度一般为 10～14 米，车行道宽度为 6～8 米，人行道宽度为 1.5～2 米。小区级道路至少有两个出入口，具有沟通小区内外关系、划分居住组团的功能，主要供人和车辆（住户车辆、内部管理车辆、非机动车辆、应急车辆等）通行。

（3）组团级道路

组团级道路是居住区内的支路，用以解决住宅组群的内外交通联系，车行道宽度一般为4～6米。组团级道路主要供内部管理用车、非机动车和行人通行，同时满足地上、地下管线铺设的要求。

（4）宅间道路

宅间道路是通向各户或各单元门前的小路，宽度一般不小于2.6米。宅间道路应满足住户清理垃圾、救护、消防和搬运家具的需要。

2. 按照交通方式划分

（1）动态车辆通行系统

1）人车混行系统。人车混行系统是指居住区道路供人和车辆同时通行。该方式可增强居住区道路的交通流量，提高使用率，缓解居住区内的人车矛盾。该方式的缺点是有一定的安全隐患，增加了噪声和空气污染。可人工设置一定的障碍对车行速度和流量进行限制。

2）人车分流系统。人车分流系统是指将步行道路和车行道路完全分离，成为两个独立的路网系统，行人和汽车不产生平面交叉，互不干扰。人车分流系统既保证居住区生活环境的安静和安全，又保证居住区内的各项生活活动能正常舒适地进行。

人车分流可分为平面分流和立体分流两种方式。

①平面分流。平面分流是指从平面布置入手，使车行路线与人们的活动路线互不交叉。平面分流可以使用两种方式实现。

第一种方式是车走外围，行人在居住区内活动。车辆可以在居住区外围、主要出入口停车或完全地下停车，从而将其限制在生活区域以外。

第二种方式是车辆利用专用车道进入到社区内一定的深度，道路布置成尽端式形式，以减少用车人的步行距离，同时又未对人们的活动产生干扰。

②立体分流。立体分流是指利用立体的分流方式使人和车上下分行，路线互不交叉。立体分流主要适用于高层建筑，同样也可以使用两种方式实现。

第一种方式是“车行地下，人走地面”。通常是在小区的主入口设置地下车库的入口，车辆从主入口直接进入地下车库，进入所在组团、单元，然后人通过地下车库进入单元电梯，对地面居民的活动基本不产生影响。

第二种方式是“车走地面，人走天桥”。车可以通过主入口直达各楼门口停车泊位，而行人通常可结合地势高差，通过架空步行走廊、抬高步行平台、建设屋顶街道和天桥等方式进行分流。

3）人车部分分流系统。人车部分分流系统又称组团式分流系统，即一定规模上的人车分流。以住宅庭院或组团为居住单位，每个居住单位有一条直接开口于周围道路的尽端式或半环式车行道路为其服务，住宅直通这些车行道，汽车可直接开进后院或地下车库。居住单位之间设置步行道，居民通过步行系统在内部自由活动，不受外部车行交通的干扰。行人与汽车分别通行于各自独立的道路系统，不产生平面交叉。

（2）静态车辆停放系统

静态车辆停放系统主要解决机动车辆在居住区的停放问题。

1）地面停车。地面停车较为常见，有以下几种方式：

①居住区外围周边停放。居住区外围周边停放是指在居住区规划主路沿周边布置，将车辆停放场地设在城市规划要求红线的范围内，人行道设于小区内部。

②组团入口附近停放。组团入口附近停放是指车辆在组团入口附近一侧或组团之间的场地停放。

③院落内停放。院落内停放是指将车辆停放在院落入口处、院落之间的场地或楼栋之间的空地上。该方式一般用于临时停车或外来车辆停车，噪声容易影响低层住户的生活质量，且影响人行交通。

④居住区道路一侧停放。居住区道路一侧停放是指在居住区道路的一侧停车。该方法主要用于外来车辆的停放。

2）室内停车。室内停车有以下几种方式：

①多层立体车库。此法是在居住区入口处附近设置多层立体停车库，主要在小区车辆停放区域紧张时采用。该方式的优点是方便集中管理，缺点是造价较高，且停车不太方便。

②住宅底层封闭或架空车库。住宅底层封闭或架空车库是将住宅底层进行封闭或架空，作为停车场地。该方式便于停车，但会影响到居民的生活。

③院落高架车库。院落高架车库是指将院落空间做成高架平台，车辆在台下停放，居民由平台进出楼栋的方式。该方式避免了人车交叉，形成了一种高品质的立体环境。

3）地下停车。地下停车可以分为中心绿地地下车库停车和高层住宅地下车库停车等。该方式能节约大量土地，不占用绿地，具有隔噪声、减少废气、便于管理的优点；缺点是造价较高，且会对整个项目的规划产生重要影响。

三、居住区道路交通规划的要求

居住区道路交通的规划应本着因地制宜、通而不畅、人车分流和功能多样的原则，根据项目的实际情况进行设计。设计时应注意以下问题：

1. 避免过境交通穿越居住区

居住区内的道路不宜“四通八达”，过境交通会影响居住区内居民的安全。居住区内的道路要“顺而不穿，通而不畅”。

2. 不宜在城市主要交通干道设过多出入口

应控制出入口的数量和位置，出入口的间距应不小于 150 米。居住区的出入口一般需要两个以上，但应避免靠近道路交叉口。

3. 分级布置，逐级衔接

居住区入口位置应符合人流的主导方向和小区的安全管理。内部道路应根据其所在位置、空间性质和服务人口，确定不同的层级，予以衔接，并对车辆通行速度予以限制。

4. 做好步行路的设计和规划

步行路应贯穿于居住区内部，将绿地、户外活动场地、公共服务设施串联，并伸入到各住户或住宅单元正面的入口，起到连接作用，同时应注意建立残疾人无障碍通道。

5. 做好车辆停放系统的设计工作

合理设置地下车库出入口，将机动车引入地下，从而将地面设置为步行景观绿化区，通过立体分流的方式进行人车分流目前已被多数高层居住区采用。

6. 道路的宽度设计要适宜

除满足居住区人流、车流交通通行外，各级道路宽度应满足日照间距、通风和地上、地下工程管线的埋设要求。

7. 居住区道路边缘至建筑物要保持一定距离

这样可以便于建筑底层开窗、开门和行人出入，避免楼上掉下物品对行人和车辆产生危害，同时也便于安排地下管线、地面绿化及减少对底层住户的视线干扰。

8. 与消防安全设计相结合

所有居住区域周边都要设计消防、急救通道，便于消防车和救护车及时赶到。

9. 与管线设计相结合

居住区内道路的设计要与小区管线设计与施工相结合。

模拟实训

根据本课题学习目标的要求，结合相关理论知识，在教师的指导下，针对以下任务的要求展开实训。

任务：现场参观调研某房地产项目，完成下列问题，并运用所学建筑知识类课程中的制图工具，画出该项目的交通规划图。

项目名称：____________________

动态车辆通行系统的方式：____________________

静态车辆停放系统的方式：____________________

课题四　房地产项目建筑类别及风格建议

学习目标

了解房地产项目建筑的常见类别及特点，熟悉房地产项目建筑风格的常见类型及特点，掌握建筑风格设计的要素和设计原则。能对房地产项目的建筑类型和风格设计提出建议。

一、房地产项目建筑类别建议

1. 独院式住宅、并联式住宅和联排式住宅

（1）独院式住宅

独院式住宅是一种独户居住的单幢1～3层住宅，有独用的前后院，前院多为景观性花园，通往生活步行道，后院多为生活性或服务性院落，每户自设车库。独院式住宅居住环境安静，室外生活方便，居住舒适，私密性强。各种独栋别墅和花园洋房都属于独院式住宅。

（2）并联式住宅

并联式住宅一般由两户住宅并靠拼联组成，每户形成三面临空的独用庭院，既有独院式住宅的优点，又比独院式住宅节省用地。二、三层并联式住宅一般每个单元楼上楼下归一户或分户使用，前后小院可分户专用。

（3）联排式住宅

联排式住宅一般由多个独户居住的单元拼联组成，各户在房前房后有专用的院子，供户外活动及家务操作之用，日照及通风条件较好。联排式住宅组合方式变化很多，有拼联成排的，也有拼联成团的（如目前较为流行的TOWNHOUSE住宅）。

2. 平层住宅、错层式住宅、跃层式住宅、复式住宅和退台式住宅

（1）平层住宅

平层住宅是指一套住宅的厅、卧、卫、厨、阳台等不同功能的所有空间都处于同一层面的住宅。平层住宅布局紧凑、功能合理、交通线简洁，但空间层次感不强。

（2）错层式住宅

错层式住宅是指一套住宅的厅、卧、卫、厨、阳台处于几个高度不同的平面上，如图4—12所示。错层式住宅在居住功能上具有较大的合理性，不同的功能区域是独立的空间，

能够动静分区，干湿分离，增强了居住的私密性和空间的层次感，提高了居住档次和品位，但成本高，且不利于抗震。

（3）跃层式住宅

跃层式住宅占有上、下两个楼面，卧室、起居室、客厅、卫生间、厨房及其他辅助空间可以分层布置，上、下层之间不通过公共楼梯而采用户内楼梯连接。

（4）复式住宅

复式住宅是受跃层式住宅的设计构思启发，在建造时仍每户上、下两层，但实际是在层高较高的一层楼中增建一个夹层，两层合计的层高要大大低于跃层式住宅（复式为 3.3 米，而一般跃层式为 5.6 米），并设室内楼梯。复式住宅的下层供起居用，如炊事、进餐、洗浴等；上层供休息、睡眠和贮藏用。复式住宅的优点是提高了空间利用率，经济实用；缺点是层高太低，有压抑感。

（5）退台式住宅

退台式住宅又称为“台阶式”住宅，其特点是住宅的建筑面积由底层向上逐层减小，下层多出的建筑面积成为上层的一个大平台，面积要大大超过一般住宅凸出或凹进的阳台面积，如图 4—13 所示。

图 4—12　错层式住宅实例

图 4—13　退台式住宅实例

3. 花园式住宅、公寓式住宅、商住住宅和酒店式公寓

（1）花园式住宅

花园式住宅又称西式洋房、小洋楼或花园别墅，一般是带有花园草坪和车库的独院式平房或二、三层小楼，建筑密度低，内部居住功能完备，装修豪华并富有变化，户外道路、通信、购物、绿化有较高的标准，一般是高收入者购买。

（2）公寓式住宅

区别于独院独户的西式别墅住宅，公寓式住宅一般建在大城市，多数为高层楼房，标准较高；每一层内有若干单户独用的套房，包括卧房、起居室、客厅、浴室、厕所、厨房、阳台等；有的附设于旅馆酒店内，供中、短期租用。

（3）商住住宅

商住住宅是SOHO（居家办公）住宅观念的一种延伸，既属于住宅，又同时融入写字楼的诸多硬件设施（如强大的网络功能），使人在居住的同时又能从事商业活动。商住住宅适合于小型公司以及依赖网络进行社会活动的人群。

（4）酒店式公寓

酒店式公寓是一种既提供酒店专业服务，又拥有私人公寓私密性和生活风格的综合物业形式。酒店式公寓的建筑结构形式类似于酒店，而负责管理的物业公司提供酒店模式的服务，如客房打扫、洗衣等，同时居室内配有全套家具及厨房设备，购买者拥有单元产权，既可以自住、出租，也可以转售。

二、房地产项目建筑风格建议

1. 建筑风格的含义

建筑风格是指建筑物在内容和外貌等方面所反映的特征，主要体现在建筑物的平面布局、空间形式、立面色彩、建筑细部、建筑材料、艺术处理和手法运用等方面。

建筑风格具有一定的民族性、地域性和时代性的特征，在进行房地产项目产品策划时，应根据项目所处地理环境、气候特征、文化背景、风俗习惯，以及目标客户的审美观念和价值取向综合运用。

建筑风格设计对房地产项目开发具有重要的意义：对房地产项目本身来说，建筑风格有审美和识别两重价值；从开发商角度来说，良好的建筑风格对项目的营销推广有着积极的意义；对消费者来说，有一定风格的建筑能获得他们的认同，使他们获得精神上的愉悦。

2. 建筑风格的类型及特点

房地产项目建筑风格按照不同的历史时期和艺术形式，可划分为不同的类型，各具特色，见表4—2。目前根据各大建筑艺术风格对现代建筑的影响来看，可以划分为地中海建筑风格、意大利建筑风格、法式建筑风格、英式建筑风格、德式建筑风格、北美建筑风格、新古典主义建筑风格、新中式建筑风格、现代主义建筑风格和综合类建筑风格等十大类。

表4—2　　建筑风格类型的划分

分类标准	分　类
按国家（民族）和地区分类	欧陆风格、岭南风格、地中海风格、澳洲风格、东南亚风格等
按建筑物的类型分类	住宅建筑风格、别墅建筑风格、写字楼建筑风格、商业建筑风格、宗教建筑风格、其他公共（学校、博物馆、政府办公楼）建筑风格等

续表

分类标准	分　类
按历史发展流派分类	古典主义建筑风格（古希腊建筑风格、古罗马建筑风格、欧洲中世纪建筑风格、文艺复兴建筑风格）、新古典主义建筑风格、现代主义建筑风格、后现代主义建筑风格等
按中国的地方建筑风格分类	北方风格、西北风格、江南风格、岭南风格、西南风格、藏族风格、蒙古族风格、维吾尔族风格等

（1）地中海建筑风格

地中海风格建筑主要是指欧洲地中海北岸沿线的建筑，闲适、浪漫却不乏宁静是该风格建筑所蕴含生活方式的精髓。这种风格后期逐渐演变成一种豪宅的符号，如图 4—14 所示。

地中海建筑风格最常见的三大元素：长长的廊道，延伸至尽头后垂直拐弯；半圆形高大的拱门，数个连接或垂直交接；墙面通过穿凿或半穿凿形成镂空的景致。地中海建筑风格舍弃浮华的石材，用红瓦白墙营造出与自然合一的朴实质感。

（2）意大利建筑风格

意大利建筑风格的主要特征是厚实的墙壁、窄小的窗口、半圆形的拱顶、逐层挑出的门框装饰和高大的塔楼，并大量使用砖石材料。意大利风格建筑以教堂为代表，外表轮廓分明，给人以庄严肃穆的神圣感觉。

意大利建筑风格在细节的处理上细腻精巧，阳台、窗间都有铁铸花饰，既保持了罗马建筑特色，又升华了建筑作为住宅的韵味感。尖顶、石柱、浮雕……彰显着意大利建筑风格古老、雄伟的历史感。意大利建筑风格如图 4—15 所示。

图 4—14　地中海建筑风格实例

图 4—15　意大利建筑风格实例

（3）法式建筑风格

法式建筑风格讲究点缀在自然中，并不在乎占地面积的大小，追求色彩和内在联系，让人感到足够的活动空间。法式建筑线条鲜明，凹凸有致，尤其是外观造型独特，大量采用斜坡面，颜色稳重大气，呈现出一种华贵感。

法式建筑推崇优雅、高贵和浪漫，风格庄重大方，整个建筑多采用对称造型，气势恢宏，居住空间豪华舒适。屋顶上部平缓，下部陡直，多有精致的老虎窗，或圆或尖，造型各异。外墙多用石材或仿石材装饰，细节处理运用法式廊柱、雕花、线条，制作工艺精细考究。法式建筑风格如图4—16所示。

(4) 英式建筑风格

英式建筑大多红砖在外，斜顶在上，屋顶为深灰色。淡绿的草场、深绿的树林、金黄的麦地、点缀着尖顶的教堂和红顶的小楼，构成了英国乡村最基本的图案。

英式建筑由砖、木和钢材等材料构成。郁郁葱葱的草坪和花木映衬着色彩鲜艳的红墙、白窗、黑瓦，显得优雅、庄重。英式建筑的建材多选用手工打制的红砖、碳烤原木木筋、铁艺栏杆、保湿装饰板和手工窗饰拼花图案，渗透着自然的气息。英式建筑风格如图4—17所示。

图4—16 法式建筑风格实例

图4—17 英式建筑风格实例

(5) 德式建筑风格

德式建筑简朴明快，色彩庄重，重视质量和功能。不对称的平面、粗重的花岗岩、高坡度的楼顶、厚实的砖石墙、窄小的窗口、半圆形的拱卷、轻盈剔透的飞扶壁、彩色玻璃镶嵌的修长花窗是德式建筑风格的重要元素。

德式风格建筑外形简练、现代、充满活力，色彩大胆而时尚，属于现代简约派；功能讲求实用，任何被认为是多余的装饰都几乎被摒弃；材料品质精良，关注环保与可持续发展；注重细节设计。德式建筑风格如图4—18所示。

图4—18 德式建筑风格实例

(6) 北美建筑风格

北美建筑风格更多体现在别墅上，既简约大气，又集各种建筑精华于一身，充分体现了简洁、大方、轻松的特点，非常人性化。

北美建筑的明显特点是大窗、阁楼、坡屋顶、丰富的色彩和流畅的线条；建筑体量普遍较大；多为木结构，体现了乡村感；运用侧山墙、双折线屋顶和哥特式样的尖顶等；建筑个性化和多元化风格成分高。北美建筑风格如图 4—19 所示。

(7) 新古典主义建筑风格

新古典主义建筑风格是西方建筑艺术变革的产物。比照罗马建筑的经典元素，新古典主义建筑风格在檐口、栅花、线条等方面集合了世界建筑的精华，在建筑比例上严格符合了人体的黄金比例，至今仍被广为采用，并不断发展演变。新古典主义建筑风格如图 4—20 所示。

图 4—19　北美建筑风格实例

图 4—20　新古典主义建筑风格实例

(8) 新中式建筑风格

新中式建筑风格在沿袭中国传统建筑精粹的同时，更注重对现代生活价值的精雕细刻。新中式建筑风格可以归纳为北方的合院派和南方的园林派两大派系。新中式建筑风格如图 4—21 所示。

图 4—21　新中式建筑风格实例

北方的合院派建筑外观上采用北京四合院的灰色坡屋顶、筒子瓦及一定高度的墙院围合；材质上多选用地域色彩浓厚的灰砖，形成雄浑、宏大的气势；空间结构上尽可能地设计庭院空间，追求四合院的全包围形式。

南方园林派则以其“天人合一”的造园理念、精致的景观和空间处理手法独步天下。南方园林派多以苏州园林为主要传承对象，亭、台、楼、阁、轩等也多仿造苏州园林样式。白墙青瓦、高大的马头墙、飞檐是南方园林派建筑的突出特点。

(9) 现代主义建筑风格

现代主义建筑风格以简洁的造型和线条塑造鲜明的建筑表情，通过高耸的建筑外立面和带有强烈金属质感的建筑材料堆积出居住者的炫富感，以国际流行的色调和非对称性的手法，彰显都市感和现代感，营造挺拔的社区形象。现代主义建筑风格如图 4—22 所示，强调时代感是其最大的特点。

图 4—22　现代主义建筑风格实例

(10) 综合类建筑风格

综合类建筑风格是用多种不同建筑风格的组团综合在一起，然后再在不同的区域内建造与之相符的园林景观，使整个社区体现出浓郁的异域风情。

形式各异的建筑风格与丰富多彩的园林艺术相结合，合理地运用在楼盘的规划设计中，成就了迥异的地方风格，为都市增添了一道道美丽的风景线。

 阅读资料 4—1

现代原创开发风格类型

风格类型	风格阐述
香槟文化	只有在盛大的场合才会有香槟登场，所以香槟代表的是成功
葡萄酒文化	葡萄酒代表着优雅的生活状态，同时代表着一种品位，一种对生活的精细态度
泰国风情	泰国风情意味着神秘、幽静、香艳，这种异国风情有明显的成熟女性色彩

续表

风格类型	风格阐述
拉丁风情	多用于度假物业。拉丁人性格豪放，拉丁女郎以浪漫多情著称，拉丁风情暗含着放下精神包袱，专注于放任情感的意思
解构生活	打破传统生活模式，创建现代生活方式。强调随心所欲、自由自在的生活状态，多以年轻人为主要目标群体
SOHO 社区	强调工作与生活的环境一体性，在工作中生活，在生活中工作，是一种前卫的生活观
音乐社区	以音乐为主题的社区，强调精神上的愉悦与放松
运动社区	以运动为主题的社区，强调健康、友好的生活状态
高尔夫社区	高尔夫象征着阳光、友谊、绿地、氧气，是一种绅士运动，多在上流社会风行。成功的企业家非常喜欢这种运动，故高尔夫社区多以企业中、高层领导为目标客户群
LOFT	LOFT 最显著的特征是高大而敞开的空间、上下双层的复式结构，以及类似戏剧舞台效果的楼梯和横梁

（资料来源：决策资源集团房地产研究中心《房地产策划剑法》）

3. 建筑风格的设计要素和设计原则

（1）建筑风格的设计要素

1）外立面。外立面是建筑外部形象的表现，既需要整体统一，又需要局部变化。建筑的外立面是一种建筑文化的特征，与其功能、材料的使用、造价以及当地市场环境、地域文化有着密切的关系。特别是在住宅小区的设计中，外立面设计应该给人们提供一个温馨、恬静、优雅、和谐的环境空间。金地格林世界外立面如图 4—23 所示。

2）表现风格。建筑风格需要通过不同建筑材料、不同的细部技术处理等方式实现。

图 4—23　金地格林世界项目外立面实例

3）空间及其组合。一座住宅的建筑空间，无论从水平空间、纵深空间还是垂直方向，其空间形态、大小、宽窄和方向明暗等都产生不同的视觉效果。近现代建筑在空间的形成、分隔和组合上有着极大的灵活性和多样性，不仅适应了新的、复杂的功能要求，而且还会促使功能朝着更新、更复杂的方向发展。

4）外部环境。外部环境包括自然环境（如花、草、树木等）和人造环境（如假山、喷泉、光线、音响、雕塑等）。

5）色彩。色彩是表现建筑风格的重要辅助手段，尤其是在调动人的情感上具有重要作用。一方面，色彩可以弥补建筑材料原始质感和自然肌理在调动人的情感方面的不足；另一方面，色彩可以通过抽象方法，直接表达出一种风格。

（2）建筑风格的设计原则

1）受地理气候左右。建筑风格的设计受地理区域的影响，区域的位置决定了当地的气候条件、气温状况以及消费者的消费习惯，从而对建筑风格的设计产生重要影响。

2）受周边环境左右。建筑风格的设计受项目宗地所处的地理环境的影响，靠近水、山或历史古迹，都可以营造相应的建筑风格特色，显示天人合一的自然文化气息。

3）与园林景观相配合。园林景观与建筑风格相辅相成，可以充分利用人造山、水、亭、榭，与中国建筑传统民族风格相配合，显示出中国古老文化的底蕴。

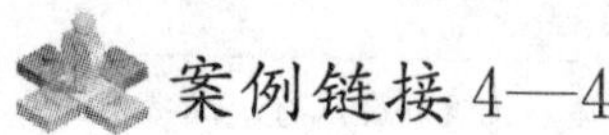

案例链接 4—4

远洋万和城，屹立在城市中的稀世华宅

远洋万和城紧邻北京北四环，位于“鸟巢”以东仅 2 000 米，处于亚奥板块核心位置。社区总建筑面积超过 40 万平方米，共分 A、B、C、D 四个地块，以 217～260 平方米精装大宅为主。项目采用“城市平台”理念，全社区地坪比城市市政道路高两米，用 22 个花园、12 个叠水瀑布，构筑高度不同的新古典主义景观，同时在景观空间中融入经典和自然，创造舒适、宁静的景观空间。远洋万和城项目用稳健大气的新古典主义建筑语言，精工细作，细心雕琢每一个细节，为北京创造了一座可以居住的园林博物馆，如图 4—24 所示。

一、世界领先的“城市平台”理念

远洋地产将世界领先的“城市平台”理念引入项目整体规划，将项目所属地块整体地平面抬高 2 米，为北京铸造一座全新的国际人居生活殿堂，创建世界人居新标准。

二、22 个私属欧洲皇家花园城堡

远洋万和城项目以多个欧洲经典园林为设计依托，在景观空间中融入经典和自然，22 个自然生态的新古典主义景观花园，淋漓尽致地将四季有别的景观特点一一呈现。项目适当布置了经典雕塑、叠水、甬道……在细节中展示皇家园林的华贵与典雅，更不惜重金移植名品植株和奇花异草，为北京增添了一座园林博物馆。

图 4—24　远洋万和城项目广告实例

三、欧式建筑特有的坡顶元素

远洋万和城住宅顶部运用欧式建筑特有的坡顶元素，勾勒出美丽的城市天际线，展现出不凡的审美品位。优美的欧式尖顶、阳台上精美的拱形窗，以及大气雄浑的罗马柱，将欧洲传统的富丽装饰与现代建筑的简约手法巧妙融合，穿插于建筑立面空间。

四、典雅细腻的建筑细部

远洋万和城的建筑中增加了各种细节，如欧式的线面设计、装饰柱的细节处理、顶部的山花设计等。各单元入口处设有开敞式欧式门头，自然呼应地面材质，雍容大度、意象鲜明。

五、超大楼间距，给生活尊贵的距离

距离美学在远洋万和城得到完美尽现。本项目汲取国际顶级设计团队的智慧结晶，建筑的错落排布使得阳光充分渗透进社区各个角落，宽大的楼间距给予阳光充足的预留地，精心规划出超宽楼间距的生活境界。

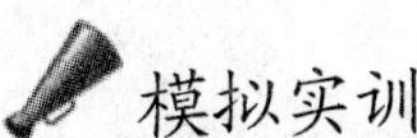

模拟实训

根据本课题学习目标的要求，结合相关理论知识，在教师的指导下，针对以下任务的要求展开实训。

任务一：选择周围区域的三个房地产项目，对其建筑类别进行分析，并对该类别建筑的特点进行分析。

项目一：________________

项目二：________________

项目三：________________

任务二：在本市的房地产市场中，选择三个高档住宅或别墅项目，对其建筑风格进行分析。

项目一：________________

项目二：________________

项目三：________________

课题五　房地产项目户型设计建议

学习目标

掌握住宅项目户型设计的主要内容及流程，熟悉户型设计的基本原则，掌握户型设计的具体要求。能够根据需求对房地产项目开发户型设计提出建议并能够针对不同户型的不同特点向客户进行推荐。

一、住宅项目户型设计的主要内容及流程

在住宅产品消费过程中，地段、价格、户型是影响消费者购买决策的3个主要因素。户型的大小会影响房屋的总价格，而户型的结构则会影响消费者的生活方式。住宅项目户型设计的主要内容及流程有以下几点：

1. 进行市场调研

开展大量的消费者需求调研和竞争者调研，并对调研数据进行分析。目前市场上的户型需求呈现多样化的趋势，并随着时间、地域发生变化。因此，应针对项目核心客户进行认真调研，真正了解客户的户型需求。

2. 确定户型类型

户型设计的首要任务是确定户型类型。户型的类型要根据项目宗地所处区域自然文化环境、项目总体定位以及客户的消费特征等来确定。

3. 确定户型大小

首先，户型的大小应根据人体工程学和家居生活的规律来确定。户型面积大小应适中，太小会使生活不便，有压抑感，太大则浪费。

其次，户型大小还要结合宗地的土地价值和消费者的购买能力来决定：景观丰富、交通便利，应以大户型为主；宗地环境一般，则以中等户型为主；地块较差时应以总价较低的中、小户型为主；宗地地处商务中心区，寸土寸金，则最适宜小面积公寓和酒店式公寓。户型的大小应与消费者购买能力成正比。

为了满足不同的客户需求，应同时设计不同面积的户型。住宅主要功能空间的常用面积及空间尺度见表4—3和表4—4。

表 4—3　　住宅主要功能空间常用面积　　（平方米）

客厅	餐厅	主卧	次卧	厨房	卫生间	玄关	交通	阳台	总计
16～19	6～8	12～15	8～12	5～6	3.5～4	1.5～2	3～5	2～3	57～74

表 4—4　　住宅主要功能空间尺度分析

功能空间	短边净距（米）		适宜使用面积（平方米）	国家规范使用面积（平方米）
客厅	一室户	3.0～3.3	12～16	12
	二室户	3.0～3.6		
	三室户	3.6～3.9		
主卧室	3.0～3.3		12～14	—
双人卧室	2.7～3.0		10～12	10
单人卧室	2.4～2.7		6～8	6
厨房	1.5～1.8		5～6	4（一、二类）、5（三、四类）
卫生间	1.5～1.8		4～5	3
原则：保证基本居住空间适用性的基础上，压缩非必要空间；保证空间的均质性、对称性，提高空间的灵活性				

（资料来源：夏联喜《房地产产品规划与组合配比技巧》）

4. 确定户型组合

户型组合是指一个项目中不同类型、大小、位置的户型的组合及其比例关系。为了更好地满足不同购房者的需求，以及科学划分项目楼层平面，项目大多都要设置多种户型，如四室二厅、三室二厅、二室二厅、一室一厅等。以上户型每一单元可分别设置二户、三户或四户等。户型组合要达到主力户型和辅助户型的大、中、小合理匹配。

5. 确定户型布局

户型布局有两层含义：一是指各个户型在小区总平面、楼层、平面上的位置；二是指一个户型内不同功能空间的平面布置（功能分区）。户型布局需要在建筑设计的基础上，根据项目总体定位，以及客户的基本需求来最终确定。

二、住宅项目户型设计的原则

1. 经济性原则

从经济性的角度，住宅的户型可以分为安置型、实用型、舒适型、豪华型四种，这是依据人们生活水平的不同按住宅面积、户室数、设备设施、装修标准等制定的等级。

（1）安置型

安置型户型的居住对象是收入少、经济困难，需要由国家补助的家庭。这种住宅户型小，设施相对简陋，造价低，居住面积在 70 平方米以下。

（2）实用型

实用型户型的居住对象是收入属中、下水平的家庭。这种住宅寻求较合理的平面格局，面积在 70～100 平方米，属于经济型住宅。实用型户型的设计主要从功能出发，装修中档，具备良好的气、暖等基本生活要求，达到现代家庭生活配套和居住卫生方便的环境质量目标。

（3）舒适型

舒适型户型的居住对象是城市中收入较高的白领阶层和中产阶级家庭，面积通常在 100～150 平方米。舒适型户型的住宅设计具有舒畅适宜的居住环境和家庭文明的气息，文化品位较高，装修个性强，设施齐全，有良好的景观，是一种符合现代家庭生活方式的户型。

（4）豪华型

豪华型户型的居住对象多是城市的高收入家庭，面积在 150～300 平方米，房间多，户内空间丰富，多为独院或复式设计，户内常设有健身房、娱乐室、桑拿房、书房等，属于高档豪宅。豪华型户型的住宅设计满足高级生活需要，追求居住环境的舒适，设施齐全，装修豪华，极具个性化，用料讲究，景观优美。

2. 功能分区原则

住宅承担着人们起居、娱乐、饮食、洗浴、就寝、工作、学习、储藏等多重功能，相应有客厅、餐厅、厨房、卫生间、卧室、书房、储藏室等空间。为了保证人们生活起居的便利性，应适当对住宅进行以下分区。

（1）动静分区

居室根据其使用性质可分为动区（客厅、餐厅、厨房、娱乐室、公共卫生间等）和静区（卧室、书房、主卫等），如图 4—25 所示。动区空间活动频繁，应靠近入户门设置；静区需要安静，应尽量靠近户型的内侧。两区应尽量互不干扰，确保休息的人能安心休息，要走

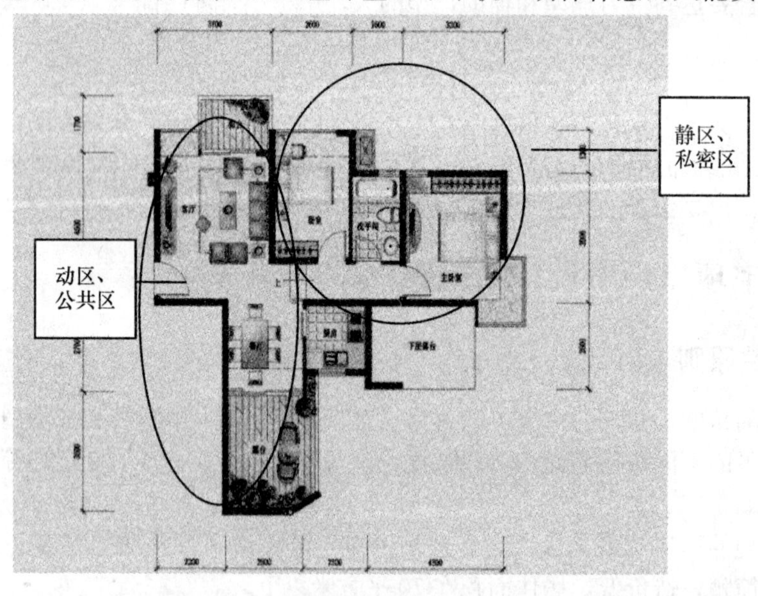

图 4—25 住宅户型的动静分区和公私分区实例

动、娱乐的人可以放心活动。

(2) 公私分区

居室根据其开放程度可分为公共区和私密区，如图 4—25 所示。入户门和玄关属于公共区；客厅和餐厅属于半公共区；厨房、客房属于半私密区；次卧、次卫和家庭起居室为家庭半私密区；主卧和主卫为主人私密区。家庭生活的私密性必须得到充分的尊重与保护，不能让访客在进门后将业主家庭生活一览无余。因此，不仅需要将卧室（主卧、父母房、儿童房）与客厅、餐厅、娱乐室进行区位分离，而且应注意各房间门的朝向。

(3) 主次分区

主次区的划分是为了保障家庭成员之间的起居互不干扰。主人房不仅应朝向好（向南或向景观）、宽敞、大气，且应单独设立卫生间，应与父母房、子女房略有距离分隔。如设有工人（保姆）房，则又应与主要家庭成员的房间有一定距离。

(4) 干湿分区

湿区是指厨房、卫生间等区域。干区是指卧室、客厅、书房等区域。厨房、卫生间等带水、较脏的房间与精心装修、怕水、怕脏的卧室、书房、客厅等房间应有明显的距离。

3. 流线设计原则

流线俗称动线，是指住宅中人们进行日常活动的路线。通过流线设计可以有意识地将人们的行为方式加以组织和引导，从而达到划分不同功能区域的目的。住宅中的流线主要是指家务流线、家人流线和访客流线，三条流线尽量不交叉。

(1) 家务流线

1) 烹饪流线。储存、清洗、料理三个步骤决定了烹饪流线。因此，储藏室、冰箱、水槽、案头、炉具的顺序安排，应符合烹饪流线的要求。

2) 洗涤流线。洗衣、晾晒、熨烫三个步骤决定了洗涤流线。如在阳台设置上、下水管道，并放置洗衣机，主要符合了洗涤流线的要求。

3) 洗浴流线。洁污分离，洗手台设计在洗手间外侧，然后是坐便器、淋浴房，可以使洗手、如厕、淋浴互不干扰。

(2) 家人流线

家人流线主要存在于卧室、卫生间、书房等私密性较强的空间。设计这种流线时要充分尊重主人的生活习惯。

(3) 访客流线

访客流线主要是指由入口进入客厅区域的行动路线。访客流线不应与家人流线、家务流线交叉，以免在客人拜访时影响家人休息和工作。因此，客厅的设置应尽量独立，靠近外侧，尽量与卧室门有一定的距离，防止互相打扰。

4. 通透性原则

好的户型必须做好“通”“透”工作。主要应注意以下几点：

(1) 如果客厅与餐厅相连，最好有开放式阳台与大玻璃窗遥相呼应，这样既能保证客厅采光充分，又可以实现南北通透。

（2）厨房应有良好的采光、通风条件，阴暗密闭的厨房将降低下厨人的工作热情，影响一家人的食欲。

（3）卫生间应有良好的通风、透光条件，卫生洁净，无异味，不阴暗潮湿。

（4）客厅和卧室应尽可能朝向南面，以确保阳光能照耀房间。

（5）当小区周边有极为突出的景观时，可尽量安排客厅与主卧朝向景观。

（6）厨房应尽量远离卧室，以杜绝油烟污染。

5. 其他原则

（1）地域性原则

户型设计应符合不同地理区域的消费者的不同购房需求。南方、北方对同样的户型设计接受程度不同。

（2）均好性原则

户型的均好性是指基于每个户型在楼体位置、朝向、通风、采光、楼层等方面的差异，通过设计使每套住宅都能够尽量均享环境资源。

（3）灵活性原则

由于不同消费者的需求存在很大的差异，因此户型设计应具备一定的弹性和可变性，即在内部设计上给购房者一定的户型改变空间，可分可合，增强购房者选择的余地。

（4）风俗性原则

目前，很多消费者购房时会关注户型的“风水”问题。设计师应尽量避免较为常见的违反“风水”的户型设计。

三、住宅项目户型设计的具体要求

按照消费者在住宅产品使用过程中主要需求满足的不同，住宅产品功能分区分为公共活动区、私密休息区和辅助区三大部分，各个区域的功能设计有具体的要求。经典户型（两室两厅）设计图如图 4—26 所示。

1. 公共活动区

公共活动区是住宅家庭成员共同生活、活动的区域，主要包括客厅、餐厅和玄关等。

（1）客厅

客厅是家人的活动空间，是迎宾会客的重要场所。因此，客厅的设计是户型设计中的首要问题。

客厅的设计要素包括开间和进深尺寸，厅、阳台、窗、门的数量，门的朝向，餐厅的连接，玄关等。设计客厅时应注意以下问题：

1）客厅应具有一定的独立性和完整性。客厅不应成为交叉穿越的通道，不应设置太多的门，同时应保证有两面独立的墙，以利于沙发和电视机的摆放。

2）客厅布局应尽量方正，面积大小适中。开间应在 3.8～5 米之间，进深与开间之比不

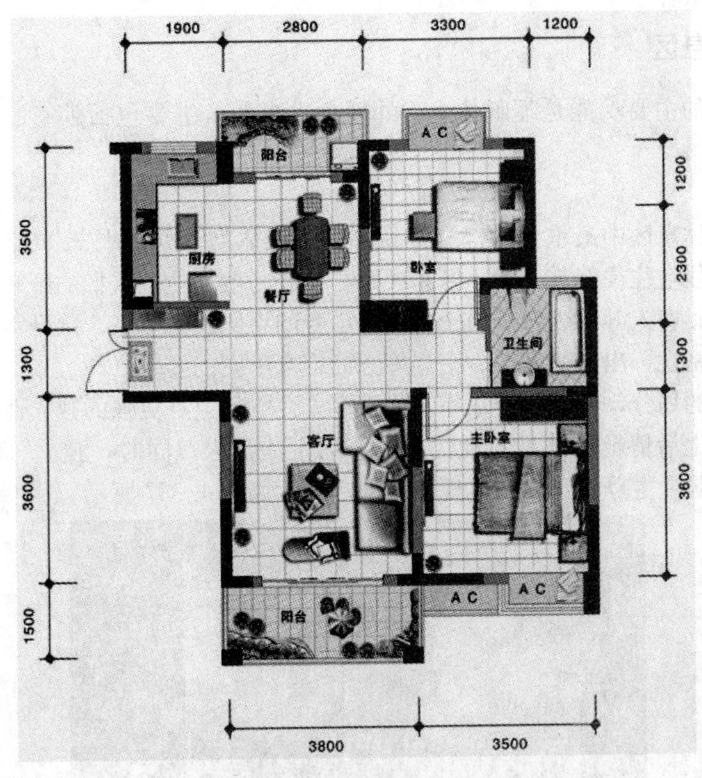

图 4—26 房地产项目经典户型实例

宜超过 1.5，客厅面积过大或过小都不符合人们的家居生活规律。

3）客厅应有良好的通风和采光。客厅应尽量设在阳面，并与阳台直通，这样可以避免阳台设置在卧室而造成的干扰。

4）客厅与进户门之间应设置玄关和入户花园等过渡空间，以保持室内空间的相对私密性。

5）经济情况允许时，可设立独立的客厅，使得会客时不影响家庭其他成员的生活。

（2）餐厅

餐厅是举家就餐的地方，也是家庭宴请的地方，是住宅的重要公共活动区域。餐厅设计时应注意以下问题：

1）餐厅应具备良好的通风条件，一般设置在户型北侧紧靠厨房的位置。

2）处理好餐厅与客厅的关系。客厅与餐厅连通会使客厅显得开阔、通透；客厅与餐厅错开或隔断，则功能分区清楚细致；小餐厅的气氛雅致，但通风性较差，面积利用率降低。

（3）玄关

古代居室或寺庙的外门或宅门称为玄关。现今，人们将住宅分户门以内延伸出的一小块空间，或独立式住宅的门斗统称为玄关，又称门厅。玄关的主要功能是使户外与户内有机、连续过渡，将住宅入口与客厅分割开来，增加了住宅的私密性和实用性（换鞋、放雨伞、更衣、储物等）。

2. 私密休息区

私密休息区的主要功能是睡眠休息、处理个人事务，主要包括卧室、书房（琴房、画室）等。

（1）卧室

卧室是私密休息区中最重要的部分，主要供睡眠休息（8 小时/天）使用。拥有两个或两个以上卧室的住宅往往将其分为主卧和次卧。主卧一般是业主夫妇的卧室，次卧可以是子女、父母、保姆、客人等的卧室。由于使用者本身的不同特征，主、次卧室在设计中对空间布局、面积、私密性、出入便利性、采光等方面都有不同的要求。

主、次卧室的划分，使老、中、小三代及客人在空间上有更强的独立性，减少了相互交叉干扰，增添了生活情趣，满足了现代人的家居生活需求。同时，独立、舒适、宽逸、豪华、典雅的主卧是业主尊贵身份的体现。主卧室设计如图 4—27 所示。

图 4—27　主卧室设计实例

主卧设计应注意以下问题：

1）卫生间。目前两卫设计是大户型设计中的一个趋势，主卧多设置独立的卫生间，面积比公共卫生间大，功能也更完备。

2）位置。独立性、私密性是主卧的主要要求，应将主卧设置在最隐秘的地方——尽量远离入户门和客厅，如是立体户型则设置在上层或上半部分。除私密性外，主卧必须朝南或面对最佳景观朝向。

3）面积。主卧面积应比其他房间大，但要适度。主卧面积过大，一是造成浪费，二是空旷的空间不利于营造亲密、浪漫、温馨的二人世界。

4）窗户。窗户的功能是采光、通风、眺望。低台、大窗、凸窗（或飘窗）和落地窗是近年来主卧窗户的主流。

（2）书房

书房是文字工作者、教育工作者、艺术工作者和其他自由职业者在住宅中个人工作空间的统称。书房的设计应充分注意其位置、采光等。

3. 辅助区

住宅的辅助区由厨房、卫生间、阳台、储藏室、娱乐室等组成，其主要功能是对以上两个区域提供辅助、支持。

（1）厨房

厨房的主要功能是烹饪、洗涤和仓储。烹饪区主要负责烹饪食品；洗涤区供人们洗涤食品、餐具和炊具；仓储区供存放各种食品和餐具、炊具等，同时要留有临时存放生活垃圾的空间。

厨房的设计应注意以下问题：

1）在面积方面，应具备足够的空间。很多户型中没有储藏室的设计，厨房兼具了物品储藏的功能。同时，厨房家电的使用，对厨房的面积有了更高的要求。

2）在功能方面，应注意加工区与烹饪区的分离。两者分离既可以最大限度地降低油烟污染，又可以使家务劳动有条不紊地进行。

3）处理好厨房与餐厅之间的关系。为了体现使用的方便性原则和分区的功能一致性原则，厨房一般和餐厅距离较近或直接相连。部分厨房被设计成敞开式，即厨房与餐厅或客厅相连。此方式在国外较常见，便于烹饪者与就餐者的沟通，但在我国，这种方式并不实用。

4）在位置方面，厨房是家居生活中最主要的污染源，噪声、油烟油污、残渣剩饭、清洗污水等集中于此，因此应远离卧室、客厅，尽可能靠近进户门。另外，厨房的采光、通风也非常重要。

5）厨房与卫生间是住宅中的水管集中地，因此从施工成本、能源利用、热水器安装等问题考虑，厨房应与一个卫生间相邻。其他如厨房门直对客厅、卫生间门开向厨房、穿过厨房进入卫生间的设计都不符合人居习惯。

（2）卫生间

完整的卫生间由洗溺区、洗涤区、洗漱区和化妆区四个功能区域组成。洗溺区是指放置便器的区域；洗涤区是指放置洗衣机的区域；洗漱区是指放置浴缸、淋浴房和洗脸盆的区域；化妆区是指进行化妆的区域。

卫生间是家居生活中的集中用水地，潮湿阴凉，容易滋生细菌，因而应尽量做到宽敞明亮，通风顺畅，同时功能也应更完备——在洗脸盆、浴盆、坐便器外，可根据项目总体定位设置按摩浴缸、梳妆间等。

在数量方面，三室以上的户型大都设置两个以上的卫生间，一般在主卧设置一个面积较大的卫生间，同时在公共区设置一个公共卫生间。

（3）阳台

阳台有封闭式阳台和敞开式阳台，以及生活阳台和操作阳台之分。生活阳台主要供人们观景、休息，也是日常晾晒衣物的空间，所以面积一般较大，且位于南面；操作阳台一般位于北面，与厨房相连，是储藏杂物的空间。

南阳台最好与客厅直接相连，便于将自然风和自然光引入室内。同时，阳台是晾晒衣服的场所，不宜穿过卧室，干扰、影响居家私密性。

部分南阳台还设置有上、下水管，供放置洗衣机等家电，便于洗涤后直接晾晒。

(4) 其他辅助区

随着住宅功能的完善和延伸，除了上述区域外，辅助空间也越来越受到重视，包括储藏室（储存、堆放杂物的空间）、娱乐室（家庭娱乐的空间）和车库（家庭停车的空间）等。

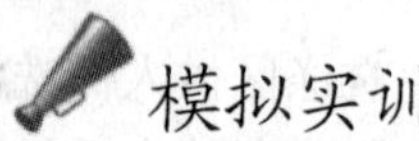

模拟实训

根据本课题学习目标的要求，结合相关理论知识，在教师的指导下，针对以下任务的要求展开实训。

任务一：现场参观某房地产开发商所开发的楼盘项目，收集该项目的户型单张，对该楼盘项目的户型设计进行分析，分小组完成。

项目名称：________________

____

____

任务二：针对不同类型的客户，分析其对户型设计要求有何特别之处。

新婚家庭：________________________________

婚育家庭：________________________________

中年人家庭：______________________________

老年人家庭：______________________________

任务三：在你所调研过的房地产项目中，你认为最佳户型是哪一个？写出理由并进行分析。

____

____

任务四：在你所调研过的房地产项目中，问题户型有哪一些？主要问题是什么？

项目一：__________________________________

____

项目二：__________________________________

____

课题六　房地产项目建筑景观设计建议

学习目标

了解房地产项目建筑景观设计的基本功能，熟悉房地产项目建筑景观设计的主要内容，掌握房地产项目建筑景观设计的具体要求。能够根据目标客户群的基本要求，对房地产项目建筑景观设计中最基本的设计要求提出建议。

一、房地产项目建筑景观设计的含义

住宅区公共景观用地是指不属于住宅区的其他用地（包含住宅用地、公共建筑用地、道路用地、停车设施用地、市政设施用地和其他用地），为住宅区全体居民共同享用的活动场所，包括居住区公园、居住小区集中绿地、各类户外场所、居住组团封闭休息场所、较大的住宅院落绿地或场所。

房地产项目建筑景观设计是指在公共景观用地上进行相应的景观设计，使人们获得舒适、优美的生活环境，享受高品质的生活。房地产项目建筑景观设计应具备以下三种功能：

1. 使用功能

使用功能是指房地产项目建筑景观应具有可活动性（如游戏、运动、散步、健身、休闲等）。

2. 生态功能

景观中的植物要素不但能满足园林的空间构成、艺术构图需要，还为人们提供防暑、防灾等功能，具有生态平衡、调节气温的作用。

3. 景观功能

园林景观的设计重在对自然环境的塑造，给人亲切舒适的享受，更多地融入轻松休闲的意境，也是住宅项目的一大卖点。在进行房地产项目景观设计时，可借助于江、河、湖、海、园、山等自然景观进行设计。

二、房地产项目建筑景观设计的主要内容

根据《居住区环境景观设计导则》的相关规定，房地产项目建筑景观分为 9 大类，包含了功能类、园艺类和表象类三大元素，共同组成了住宅项目的景观环境，见表 4—5。

表 4—5　城市居住区景观设计分类

景观设计分类	具体内容
绿化种植景观	园艺类元素：植物配置、宅旁绿地、隔离绿地、架空层绿地、平台绿地、屋顶绿地、绿篱设置、古树名树保护
道路景观	功能类元素：机动车道、步行道、路缘、缆柱
场所景观	功能类元素：健身运动场、游乐场、休闲广场
硬质景观	功能类元素：便民设施、信息标识、栏杆或扶手、围栏或栅栏、挡土墙、坡道、台阶、种植容器、入口造型
	园艺类元素：雕塑小品
水景景观	功能类元素：自然水景（驳岸、景观桥、木栈道）、游泳水景、景观用水
	园艺类元素：庭院水景（瀑布、溪流、跌水、生态水池或涉水池）、装饰水景、喷泉、倒影池
庇护性景观	功能类元素：亭、廊、棚架、膜结构
模拟景观	园艺类元素：假山、人造树木、人造草坪
高视点景观	表象类元素：图案、色块、屋顶、色彩、层次、密度、阴影、轮廓
照明景观	功能类元素：车行照明、人行照明、场地照明、安全照明
	表象类元素：特写照明、装饰照明

三、房地产项目建筑景观设计的原则

1. 因地制宜

房地产项目建筑景观设计应因地制宜，利用原有地形适当改造。绿地、公园分布应集中与分散相结合，便于住户就近使用。公共服务设施尤其是体育训练、老人休闲、儿童游戏等活动场地，既要适当靠近居住区域，方便使用，又要防止对住户的干扰。

2. 自然为美

房地产项目建筑景观设计要充分利用自然地貌，借用原宗地上的河、沟、谷、山、树、路、历史古迹、人文遗迹等，并在其基础上加以景观再造。废弃的火车道在景观设计中的应用如图 4—28 所示。

图 4—28　某项目火车道景观利用实例

3. 层次多样

房地产项目建筑景观设计要为园中建筑及其他工程设施创造合适的场地，保留地表土壤以利于植物生长。在造景方面，地貌同其他景物要相互配合，山水须有建筑、植物等的点缀，使建筑、地形与绿化景观融为一体。

4. 力求创新

优质的房地产项目在景观设计上应追求创新，创造出各具特色的景观环境。

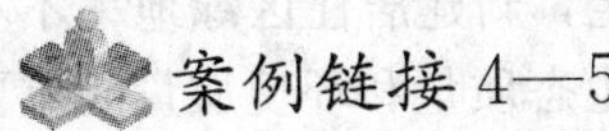案例链接 4—5

长沙橘郡项目景观设计

如图 4—29 所示，长沙橘郡项目景观由泛澳建筑设计（广州）有限公司规划设计，设计大师主笔，独到诠释山镇风情，细节设计细致入微。

图 4—29　长沙橘郡项目景观实例

小区景观更多地强调原生态，景观依自然地形赋予建筑丰富多变的流畅曲线，山地小镇质朴生动的景观小品穿插其间，四季美景盎然鲜活，流露小镇蓬勃生机的同时，不失傲立于世外的独特生活品位。

小区景观极具鲜明个性，三重景观空间逐级层叠上升，与跌级山势和错落建筑群浑然一体：第一重景观是以依山势自然标高和坡地标高营造的错落有致的小镇建筑整体景观；第二重景观是以自然弯曲向上的情调路巷营造的街区景观；第三重景观是以极具鲜明特色的建筑本身、台地、多样植物、装饰小品、细致铺装和环跌水景等围合而成的庭院景观。

四、房地产项目建筑景观设计的具体要求

1. 绿化种植景观

（1）居住区公共绿地设置

根据居住区不同的规划组织结构类型，设置相应的中心公共绿地，包括居住区公园（居住区级）、小游园（小区级）和组团绿地（组团级），以及儿童游乐场和其他的块状、带状公共绿地等。

目前，根据我国《城市居住区规划设计规范》的相关规定，新建居住区绿地率不小于30%，旧城改造区绿地率不小于25%。绿地率是衡量居住区生态质量和环境质量的重要指标。

居住区绿地率是指居住区用地范围内各类绿化用地总面积占居住区用地总面积的比率。包括公共绿地、宅旁绿地、配套公建所属绿地、道路绿地，但不包含不能满足植物绿化覆土3米深度要求的屋顶、晒台的人工绿地，以及距建筑外墙1.5米和道路边线1米以内的用地。

（2）植物配置

绿化种植景观设计中适用居住区种植的植物分为六类，分别是乔木、灌木、藤本植物、草本植物、花卉及竹类。植物配置按形式分为规则式和自由式，配置组合有孤植、对植、丛植、树群、草坪等多种形式。

2. 道路景观

根据路面使用的材料不同，道路可以分为沥青路面、混凝土路面、花砖路面、天然石材路面、沙土路面、木路面和合成树脂路面等。

3. 场所景观

（1）健身运动场

居住区的运动场所分为专用运动场和一般的健身运动场。专用运动场多指网球场、羽毛球场、门球场和室内外游泳场，需要进行专业设计。健身运动场应分散在居住区，方便居民就近使用又不扰民的区域。

（2）休闲广场

休闲广场应设在居住区的人流集散地（如中心区、主入口处），面积应根据居住区规模和规划设计要求确定，形式宜结合地方特色和建筑风格考虑。广场周边宜种植适量庭荫树，并安排休息座椅，为居民提供休息、活动、交往的设施，在不干扰邻近居民休息的前提下保证适度的灯光照度。

（3）儿童游乐场

儿童游乐场的设计应符合以下要求：

1）儿童游乐场应在景观绿地中划出固定的区域，一般均为开敞式，要求阳光充足，空

气清洁，如图 4—30 所示。

2）应与居住区的主要交通道路相隔一定距离，减少汽车噪声的影响并保障儿童的安全。游乐场的选址还应充分考虑儿童活动产生的嘈杂声对附近居民的影响。

3）儿童游乐场设施的选择应能吸引和调动儿童参与游戏的热情，兼顾实用与美观。

4）游戏器械选择和设计应尺度适宜，避免儿童被器械划伤或从高处跌落，可设置保护栏、柔软地垫、警示牌等。

图 4—30　儿童游乐场实例

4. 硬质景观

（1）雕塑小品

雕塑小品赋予景观空间环境以生气和主题，通常以小巧的格局、精美的造型来点缀，使空间诱人而富于意境，从而提高整体环境景观的艺术境界，如图 4—31 所示。

图 4—31　雕刻小品实例

雕塑按使用功能分为纪念性雕塑、主题性雕塑、功能性雕塑与装饰性雕塑等；从表现形式上可分为具象雕塑和抽象雕塑、动态雕塑和静态雕塑等。

（2）便民设施

居住区便民设施包括音响设施、自行车架、饮水机、垃圾容器、座椅（具），以及书报亭、公用电话、邮政信报箱等。便民设施应容易辨认，方便易达。在居住区内，宜将多种便民设施组合为一个较大单体，以节省户外空间和增强场所的视景特征。

（3）信息标识

居住区信息标识可分为名称标识、环境标识、指示标识和警示标识。信息标识的位置应醒目，不妨碍行人交通及景观环境。标识的色彩、造型设计应充分考虑其所在地区建筑、景观环境以及自身功能的需要。所用材料应经久耐用，不易破损，方便维修。各种标识应确定统一的格调和背景色调，以突出物业管理形象。

（4）栏杆和扶手

栏杆具有拦阻和分隔空间的功能，设计时应结合不同的使用场所，充分考虑栏杆的强度、稳定性和耐久性，同时考虑栏杆的造型美，突出其功能性和装饰性。

扶手设置在坡道和台阶两侧，室外踏步级数超过 3 级时必须设置扶手，以方便老年人和残障人士使用。

（5）围栏、栅栏

围栏、栅栏具有限入、防护、分界等多种功能，立面构造多为栅状和网状、透空和半透空等几种形式。围栏材料一般采用铁制、钢制、木制、铝合金制、竹制等。

(6) 挡土墙

挡土墙的形式根据建设用地的实际情况经过结构设计确定。挡土墙的外观质感由所用材料确定，并直接影响到挡土墙的景观效果。

(7) 坡道

坡道是交通和绿化系统中重要的设计元素之一，直接影响使用和感观效果。园路、人行道坡道宽度一般为1.2米，但考虑到轮椅的通行，可设定为1.5米以上，有轮椅交错的地方，其宽度应达到1.8米。

(8) 台阶

台阶在园林设计中起到不同高程之间的连接作用和引导视线的作用，可丰富空间的层次感，尤其是高差较大的台阶会形成不同的近景和远景的效果。为方便晚间行走，台阶附近应设照明装置，人员集中的场所可在台阶踏步上安装地灯。

(9) 种植容器

1) 花盆。花盆是景观设计中传统种植容器的一种形式。花盆具有可移动性和可组合性，能巧妙地点缀环境，烘托气氛。

2) 树池、树池箅。树池是树木移植时根球的所需空间。树池箅是树木根部的保护装置，既可保护树木根部免受践踏，又便于雨水的渗透和保护步行人的安全。

(10) 入口造型

居住区入口的标志性造型（如门廊、门架、门柱、门洞等）应与居住区整体环境及建筑风格相协调。应根据居住区规模和周围环境特点确定入口标志造型的体量尺度，达到新颖简单、轻巧美观的要求。同时，要考虑与保安值班用房之间的形体关系，构成有机的景观组合，如图4—32所示。

图4—32　某项目小区入口设计实例

住宅单元入口是住宅区内体现院落特色的重要部位，入口造型设计除了功能要求外，还要突出装饰性和可识别性。要考虑安防、照明设备的位置和与无障碍坡道之间的相互关系，达到色彩和材质上的统一。

5. 水景景观

图 4—33　某项目庭院水景实例

(1) 自然水景

自然水景与海、河、江、湖、溪相关联。自然水景由水体、沿水驳岸（沿水道路、沿水建筑、沙滩、雕石）、水上跨越结构（桥梁、栈桥、索道）、远景水边山体树木、近景水生动植物和水面天光映衬等景观要素组成。

(2) 庭院水景

庭院水景通常为人工化水景，如图 4—33 所示，根据庭院空间的不同，采取多种手法进行引水造景（如叠水、溪流、瀑布、涉水池等），在场地中有自然水体的景观要保留利用，进行综合设计，使自然水景与人工水景融为一体。

(3) 泳池水景

泳池水景以静为主，营造出一个让居住者在心理和体能上得以放松的环境，同时突出人的参与性特征（如游泳池、水上乐园、海滨浴场等）。居住区内设置的露天泳池不仅是锻炼身体和游乐的场所，也是邻里之间重要的交往场所。

(4) 装饰水景

装饰水景可以起到赏心悦目、烘托环境的作用，构成环境景观的中心（如喷泉、倒影池等）。装饰水景是通过人工对水流的控制达到艺术效果，并借助音乐和灯光的变化产生视觉上的冲击，进一步展示水体的活力和动态美，满足人的亲水要求。

6. 庇护性景观

庇护性景观是居住区中重要的交往空间，是居民户外活动的集散点，既有开放性，又有遮蔽性，主要包括亭、廊、棚架、膜结构等。庇护性景观应邻近居民主要步行活动路线布置，易于通达。

7. 模拟景观

模拟景观以替代材料模仿真实材料，以人工造景模仿自然景观，是对自然景观的提炼和补充，运用得当会超越自然景观的局限，达到特有的景观效果。模拟景观包括假山石、人造树木、人造草坪等。

8. 高视点景观

随着居住区密度的增加，住宅楼的层数也越来越高，居住者在很大程度上都处在由高点向下观景的位置，即形成高视点景观，如图 4—34 所示。高视点景观设计不但要考虑地面景观序列沿水平方向展开，同时还要充分考虑垂直方面的景观序列和特有的视觉效果。

9. 照明景观

图 4—34　某项目高视点景观实例

居住区照明景观包括车行照明、人行照明、场地照明、装饰照明、安全照明等。照明的目的主要有 4 个方面：增强对物体的辨别性，提高夜间出行的安全性，保证居民晚间活动的正常开展，营造环境氛围。

照明作为景观素材进行设计，既要符合夜间使用功能，又要考虑白天的造景效果，必须设计或选择造型优美别致的灯具，使之成为一道亮丽的风景线。

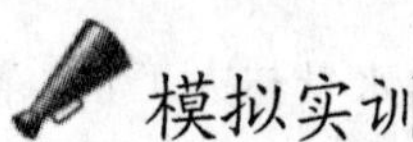

模拟实训

根据本课题学习目标的要求，结合相关理论知识，在教师的指导下，针对以下任务的要求展开实训。

任务一：结合本课题所涉及的内容，现场参观某房地产开发商所开发完工的房地产项目，对该项目的建筑景观设计进行归纳和阐述，分小组完成。

____

____

任务二：根据以上现场参观情况，运用收集的文字、图片、影像资料，对该项目的建筑景观设计进行分析，设计 PPT，并在班级内集中汇报。

____

____

课题七　房地产项目配套设施建议

学习目标

熟悉房地产住宅项目配套设施的分类，掌握住宅配套设施规划的基本要求。能够结合实际，对房地产住宅项目开发过程中必备的配套设施提出建议。

一、住宅项目配套设施的含义

住宅项目配套设施是指为城镇居民创造卫生、安全、宁静、舒适的居住环境所必需的住宅附属设施。

住宅项目配套设施是住宅房地产项目的重要组成部分，是实现住宅使用功能的基础性条件，是增进居民之间的交流、提高居民文化素质、调节住户心理状态、丰富社区文化生活、改善社区生活环境的必要条件。

住宅项目配套设施主要包括公共服务设施、市政公用设施、停车设施、安防设施、户外场地设施和服务管理设施等。

二、住宅项目配套设施的规划

1. 公共服务设施规划

住宅公共服务设施根据其服务的内容可分为商业设施、教育设施、文化体育设施、医疗卫生设施和社区管理设施等五类，见表 4—6。根据其是否具有营利性又分为公益性设施和营利性设施两大类。

住宅公共服务设施的布局规划应根据其设置规模、服务对象、服务时间和服务内容，考虑在整个项目规划布局平面上和空间上的组合分布。

（1）商业设施宜相对集中，形成建筑群体，并布置步行街及小型广场。

（2）各类教育设施应相对围合，位置应考虑到噪声、交通情况、出入口的位置等影响因素，避免对住宅区居民日常生活和正常通行带来干扰。

（3）文化体育设施应为敞开空间，宜分散布置或集中布置在住宅区的中心位置。

（4）医疗卫生设施应注重使半敞开的空间与自然环境相结合，形成良好的隔离条件。

（5）社区管理设施可布置在住宅区的出、入口处，便于为居民提供服务。

表 4—6 公共服务设施类型

类型	主要设施
商业设施	便利店、超市、菜市场、旅馆、餐馆、银行、邮局、储蓄所、服务型商业（洗衣、家政等）
教育设施	托儿所、幼儿园、小学、中学
文化体育设施	文化活动中心（电影院、图书馆）、居民运动场所（体育场、健身中心、游泳池、洗浴中心）、综合活动中心（会所）
医疗卫生设施	门诊部（所）、社区卫生站、小型医院
社区管理设施	物业管理公司、街道办事处、派出所、居委会、社区活动（服务）中心

2. 市政公用设施规划

住宅区市政公用设施主要是指为住宅区自身供应服务的各类水、电、气、冷热、通信和环卫等地面、地下工程设施。

（1）供水系统主要包括居民生活用水、各类公共服务设施用水、绿化用水、环境清洁用水和消防用水。

（2）排水系统包括污水排水系统和雨水排水系统。

（3）供电系统包括建筑用电和户外照明用电两大部分，同时还分为强电与弱电两种。

（4）通信系统包括户内的有线电视、电话、网络线路等，以及户外的邮政系统（报箱、收发室、邮局）、公用电话亭、网络转换站等。

（5）燃气系统包括气化站或调压站。

（6）冷热供应系统可以根据项目的地理区域进行针对性的设计，有四种方法：以热电厂为主的城市集中供暖系统，以小区范围为主的区域集中供暖（水暖）系统，以整个大楼为主的中央空调系统（冷、热），以家庭为主的独立供暖系统（壁挂炉、地暖），以及空调系统。

（7）环卫系统包括垃圾站、垃圾箱、垃圾收集点等。

（8）工程管线系统包括给水管、排水管、电力管、电信管、燃气管、热力管等。

3. 停车设施规划

住宅区的机动车和非机动车的停车设施均应有停车场和停车库（房），同时还设有机动车停车位和非机动车停车点两种复合用途的场地。

住宅区的集中停车一般采用建设单层或多层停车库（包括地下）的方式，一般设在住宅区或若干住宅群落的主要车行出、入口或服务中心周围，以方便购物和限制外来车辆进入住宅区，并有利于减少住宅区汽车通行量，减少空气和噪声污染，保证区内或住宅群落内的安静和安全。

住宅区停车设施可根据条件和规划要求进行设计，常见的有以下几种方法：

（1）与住宅楼体本身相结合，设于住宅底层的架空层或住宅的地下层内。

（2）与配套公共设施相结合，设于地下层。

（3）通过路面放宽将停车位设在路边。

（4）与绿化地和场地结合，设于绿化地和场地的地下或半地下空间，在其上覆土绿化或作为活动场地。

4. 安防设施规划

安防设施包括安全设施和消防设施。

（1）安全设施

安全设施一般包括对讲系统（如可视对讲系统、紧急呼叫系统、门禁系统）设施、视频监视系统设施和报警系统设施等。

1）对讲系统是指住户与来访者之间通过对讲机进行单元门或院落门门锁开启的安全系统。

2）视频监视系统是指在居住区内（包括住宅内的公共部位）和外围设置能够监视居住区全部通道出入的摄像装置，并由居住区保安管理监视室负责监控和处理。

3）报警系统包括防盗报警系统、防火报警系统、烟雾报警系统和地震报警系统等。

安全设施由居住区的专用线或数据通信线传递信息，并与小区周围的110系统联网，为居住者创造安全、舒适、便捷、高效的生活空间。

（2）消防设施

在小区内建筑的一侧设消防车道，尽端路的尽头设回车广场供消防车掉头；多拼的住宅之间设计防火墙；绿化树木不宜过高，否则会妨碍登高消防车的操作。室内配备消火栓，内配置水带、水枪、栓口等；同时内部设置消防通道，安装火灾报警系统。

5. 户外场地设施规划

住宅区的户外场地设施包括住宅院落、户外活动场地、活动设施和配套设施等。

（1）住宅院落是指属于一楼住户的屋前、屋后的区域，可以完全封闭，也可以半封闭（栅栏）。

（2）户外活动场地包括幼儿游戏场地、儿童游戏场地、青少年游戏场地与运动场地．老年人健身与消闲场地和社会性活动场地。

（3）活动设施包括幼儿和儿童的游戏器具、青少年的运动器械和供老年人使用的健身与休闲设施。

（4）配套设施包括各类场地中必要的桌凳、亭廊、构架、垃圾箱、照明灯、矮墙和景观性小品（如雕塑、喷水池等）。

6. 服务管理设施规划

住宅区的服务管理设施包括社区管理机构和物业管理机构。

（1）社区管理机构是由行政管理机构与居民业主委员会管理机构共同构成的综合性管理机构（如居委会），主要承担有关住宅区的各项建设、发展和住户利益的居民意愿、意见的征求以及讨论决策。

（2）物业管理机构受居民业主委员会委托，负责住宅内部所有建筑物、市政工程设施、绿地绿化、户外场地的维护、养护和维修，并负责住宅区内环境清洁、保安和其他服务等。

为了便于住宅小区的管理和服务，住宅区可建立楼宇智能化设施（包括水、电、气等远程抄表系统，电子公告系统，电梯运行监控系统，家庭报警系统和家电遥控系统等）和社区管理智能化设施（三方可视对讲系统、车辆管理系统、社区一卡通系统等）。

模拟实训

根据本课题学习目标的要求，结合相关理论知识，在教师的指导下，针对以下任务的要求展开实训。

任务：选择两个房地产项目，对项目的配套设施情况进行分析，并提出建议。

项目一：________________

____

项目二：________________

____

课题八　房地产项目产品规划建议报告撰写

学习目标

熟悉房地产项目产品规划建议报告的结构，掌握房地产项目产品规划建议报告的各项内容。能够对房地产项目产品规划建议报告进行分析与建议。

一般来说，房地产项目产品规划建议报告由工程部、设计部和策划部共同制作，其中多以工程部和设计部为主，策划部在其中提出合理性建议。下面是居住物业项目产品规划建议报告的主要内容。

一、整体规划与园林建议

1. 整体规划建议

(1) 小区入口位置建议。

(2) 会所位置建议。

(3) 车行路线及人行路线建议。

2. 园林设计建议

(1) 雕塑建议。

(2) 步行道建议。

(3) 绿化风格建议。

二、建筑风格建议

1. 建筑外观的风格建议。

2. 单元入口设计风格及用料建议。

3. 建筑细部建议（如窗、阳台等）。

三、户型面积选择及组合建议

1. 户型设计配比。

2. 户型设计特色建议。

3. 户型结构面积建议。

四、配套设施规划建议 （包括装修标准和硬件设施）

五、物业管理服务内容建议

六、项目智能化建议

七、项目车位配置建议

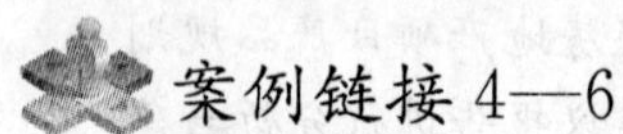

案例链接 4—6

爱丽舍花园项目建筑规划与产品设计修正建议（节选）

一、立面

1. 色彩

以粉白、黄、蓝等着色，让建筑在周边区域出位。项目周边各楼盘除芳草园外均为经济型住宅，立面陈旧，通过亮丽的着色可将本案的新颖、别致、精品风格凸显出来，让过往行人形成深刻印象。

2. 结构

建筑底部用优质石材，既古朴又与花园相衬，艺术感与品质感都很强。本案客户定位为小知阶层，他们大多喜爱在家待着，以优质石材配以浪漫温馨的小花园，与他们的情趣相吻合。

3. 造型

建议屋顶点缀欧式符号，以便与法式园林、法式小知之家联系。综合武汉市各住宅小区，以类比方式营造生活方式较易为目标客户所接受，我们提出“爱丽舍花园”的命名，意在于将其最大的卖点“按国家康居示范标准精致规划的现代生态花园”与目标客户的消费心理挂钩，将其所期待的生活前景在规划中恰当展现。

二、景观

1. 基本原则——营造人居、人聚双优空间

(1) 由于场地所限，园林功能不求全，但求贴近生活，同时强调独特创意。

(2) 架空层应设置社区服务功能，尽量满足目标客户基本生活所需，做到即使只有较少的投入也能打动人心。

(3) 地面、架空层、屋顶露台统一考虑，交相呼应，形成完整的空间立体绿化系统。

(4) 强调细部设计，增强空间装饰性和趣味性。

(5) 景观场地要求命名，命名要求与楼盘形象统一，具独特创意。

2. 院落花园主题

以特色季相植物为主，乔灌草搭配，各组团有所区分。根据每个组团花园的特色植物对该组团进行命名，体现小区“浪漫、温馨、健康”的主题。

(1) 道路

1) 小区道路以交通便捷、安全为基本条件。建议设计者进行道路设计时，应使小区道路最大限度地减少对小区中心花园的分割与干扰。小区道路设计应遵循“通而不畅、顺而不透”的原则。小区道路配合景点、香榭花架等，使弯曲小径成为颇具特色的景观走廊。

2) 将人行便道设计为宽 1 米的沙滩小径（黄色小号砾石铺就而成），既明朗又使人行走其上有如沙滩漫步，局部开放处可铺设波纹状砾石，表现湖水波浪效果。所有便道（人行道）与绿化带分割边缘、花坛边缘采用人性化圆弧设计，既安全又美观。

3) 可选择开辟一条卵石铺就的健康步道，增强小区园林休闲、散步、情趣、健身功能。

(2) 广场

在园林中心设立一高低错落、造型新颖的乳白色塑膜结构的演艺广场，可做成扇贝状，表现“水”的元素，功能上既可遮阳又可避雨，既是休闲广场又是多功能活动用地，小区住户可组织丰富的社区活动（歌咏比赛、家庭舞会、俱乐部活动等），还与罗七路大门交相辉映，相得益彰。

广场周围点缀一些船帆状的膜结构，体现浓郁的水景气息，又成为小区一景。广场地面选用色彩鲜艳、图案有趣的水文地砖。

(3) 架空层

将园林自然引入架空层，架空层柱网可用亲水绿竹遮掩或文化石包裹。可设透明玻璃廊架从园林过渡到单元入口，既显现住户的高贵又不破坏园林景观。

架空层大厅铺地选用黄色沙滩石或光面大理石，前者闲情雅致，后者高贵大方。

(4) 小品

尽力将园林内的路灯、音箱、垃圾桶、休息椅等设施景观化、人性化、趣味化。如在路灯、音箱、垃圾桶、休息椅上修饰一两只各种姿态的水鸟，铁花栏杆表现船舵的造型，喷泉中央设希腊汲水女郎雕塑（或其他荆楚文化代表雕塑）等，小区园林便如画龙点睛般生动活泼起来。

(5) 雕塑

小区内部要有一个标志性构筑物，作为小区的形象识别标识。建议以一组人文雕塑作为小区的标识，雕塑主题定为“家园守护者”，具体可安排灯塔、人物等内容，并以灯塔作为雕塑群的中心。建议采用中国远古神话传说中的“盘古开天地——顶天立地”的典故表现项目目标客户群的精神与气质。

(6) 背景音乐系统

背景音乐系统除了播放一些轻音乐之外，还可播放一些海涛声，表现大海的律动，以及以海涛为背景的诗朗诵，以陶冶情操，提升文化品位。

(7) 园区划分

以中心花园为主体将小区划分为若干园区，分别以各园区最富生命力的植物进行命名。如香樟园、腊梅园、青竹园等，成本不高，却又能很好地体现小区的园林特色与季相变化。

整个园区利用坡度、植物、雕塑小品与景观等形成视觉隔断，通过园区道路、水系营造曲径通幽的立体层次效果。

三、功能

1. 设立儿童亲子乐园，与幼儿园、儿童活动场所一起形成项目所倡导的素质教育体系。本案的主力客户群以年轻成功人士为主，更应在功能上配备一些幼儿与儿童的活动设施。

2. 设立银发艺轩，供老年人使用。如前所述，客户中有一部分人买房是让老人居住，故设此功能区予以满足。

3. 为入住业主办理保健卡、儿童素质教育卡。一是可以提升小区生活格调，二是健康居家已是流行趋势，设立双卡有利形成关于小区生活品质的新卖点。

4. 在街区中心位置建设“亭”“阁”等休闲景点，将规划中的“街区文化”发扬光大。

四、户型

1. 单元面积设定

户型设计的多样性也有利于项目开盘期聚集人气，迅速抢占市场份额。建议户型按以下面积及格局予以调整。

经济型（80～90 平方米二室，100 平方米以内三室）：占总户数的 20%。

实用型（110 平方米左右三室、116 平方米左右三室）：占总户数的 30%。

舒适型（120～130 平方米成熟三室）：占总户数的 40%。

豪华型：占总户数的 10%。

2. 结构

（1）沿街配隔声玻璃，转角凸窗。

（2）檐口装饰线建议做外飘挑檐。

这样修改主要也是考虑到目标客户对住宅品质的基本要求，而且上述做法成本增加不多，项目的品质感却可突出出来。

（资料来源：越秀地产投资顾问有限公司《爱丽舍花园项目营销策划推广报告》）

模拟实训

根据本课题学习目标的要求，结合相关理论知识，在教师的指导下，针对以下任务的要求展开实训。

任务：结合本课题中所涉及内容，下载两份房地产项目产品规划建议报告，对两份报告进行对比分析。

报告一：______________________________

____

报告二：______________________________

____

模块理论知识检测

1. 房地产项目产品策划的含义是什么?
2. 简述房地产项目产品策划的流程。
3. 房地产项目概念设计的常见类型有哪些?
4. 居住物业和商业物业选址的影响因素有哪些?
5. 居住区交通系统的常见分类有哪些?
6. 房地产项目建筑的常见类型及特点有哪些?
7. 房地产项目建筑风格的常见类型及特点有哪些?
8. 住宅户型设计的主要内容及流程是什么?有哪些基本原则和具体要求?
9. 房地产项目建筑景观设计的主要内容有哪些?
10. 住宅配套设施规划的基本要求有哪些?

模块综合实训项目训练

区域内某房地产项目产品规划建议报告的撰写

任务要求:利用专业课程学习的知识,在教师的指导下,以区域内某地段、某地块、某项目为例,通过资料搜集和现场调查,根据所学房地产项目产品规划建议报告的结构框架,模拟撰写一份简单的房地产项目产品规划建议报告。

任务提示:结合前期学习的工具和方法,对所选择区域的环境、客户群、竞争者进行调研分析,模拟对选择项目产品的总体规划、居住区道路交通的规划、项目建筑类别及风格、项目户型设计、项目建筑景观、项目配套设施等内容进行规划建议,并撰写一份房地产项目产品规划建议报告。

评价标准:符合国家的法律法规,策划建议具有较强科学性、合理性和可操作性,结构完整。

模块五

房地产项目整合推广策划

中国房地产市场竞争越来越激烈，市场的不确定因素也更加复杂。在复杂的市场环境中，如何让消费者认识、理解、接受、购买自己的产品，房地产项目整合推广策划及组织成为影响房地产项目成败的重要因素。在现实生活中，房地产品牌、价格、包装、广告、媒介和活动策划已在房地产营销活动中得到广泛的应用，这些推广活动可以进一步明确开发商的目标市场和产品定位，细化开发商的营销策略，最大限度地发挥推广活动的重要作用，从而增加房地产项目的销售额，并树立房地产企业的良好品牌形象。

“房地产项目整合推广策划”模块可以通过以下课题的学习逐一进行：

课题一　房地产项目整合推广策划概述

课题二　房地产项目品牌策划

课题三　房地产项目价格策划

课题四　房地产项目包装策划

课题五　房地产项目广告策划

课题六　房地产项目活动策划

课题七　房地产项目整合推广策划报告撰写

课题一　房地产项目整合推广策划概述

学习目标

了解房地产项目整合推广策划的含义，熟悉房地产项目整合推广策划的主要内容及执行步骤，掌握房地产项目整合推广策略的制定方法。掌握房地产项目整合推广滞销原因及策略分析方法，并能够对房地产项目滞销的原因进行简单分析。

一、房地产项目整合推广策划的含义

房地产项目整合推广策划是指根据市场竞争环境分析和项目自身优劣势分析，针对目标市场需求，制订有效的推广计划，为房地产产品上市销售或租赁作准备。

房地产项目整合推广策划的主要内容有品牌策划、价格策划、媒介策划、广告策划、包装策划和活动策划。房地产项目整合推广策划是房地产企业向外界传播产品信息的重要环节，可以刺激消费者的购买欲望，树立企业和产品形象，最终实现实际销售。房地产项目整合推广策划直接为销售服务，通过各种策划业务的组合，完成与消费者沟通的全过程。

二、房地产项目整合推广策划的主要内容

房地产项目整合推广策划主要包含宣传推广思路形成、确定推广策略和宣传推广执行三个方面的内容，如图 5—1 所示。

1. 宣传推广思路形成

宣传推广思路的形成以卖点挖掘和产品价值提升为前提。卖点的挖掘有利于宣传推广，产品价值的提升能有效让客户感知。因此，需要紧密结合目标客户群特征和产品定位、价格定位、形象定位，以保持统一的品牌形象面向市场。

2. 确定推广策略

基本推广思路确定后，需要确定具体的推广策略（总策略和阶段性推广策略），包括推广的主题、主题的表达方式、推广执行的计划表及时间表、推广方式的具体内容、亮点和目标是否一致等方面。

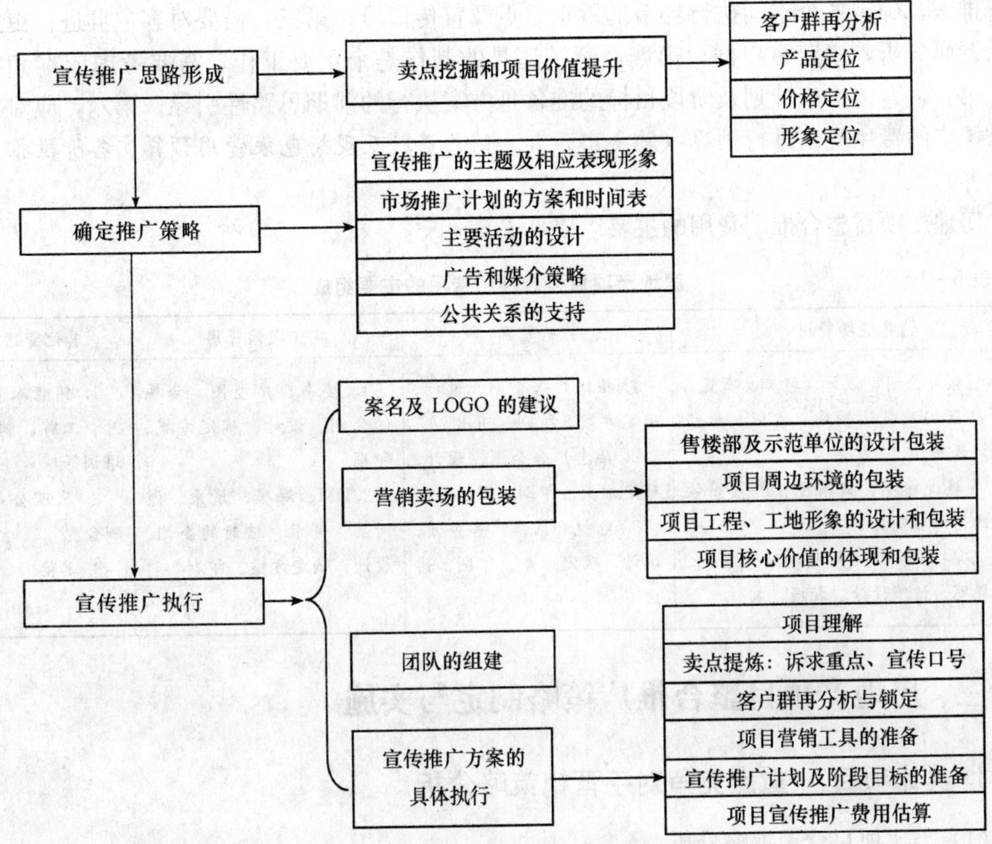

图 5—1　房地产项目整合推广策划的主要内容

3. 宣传推广执行

（1）案名及 LOGO 的建议

针对项目的形象进行多个案名和 LOGO 的设计，每个案名需要详细说明其命名涵义及建议原因，最后注明推荐的案名及 LOGO 建议。

（2）营销卖场的包装

营销卖场的包装直接表现产品的档次和形象，包括客户的参观动线和眼界范围内物件的设计，将会影响到消费者对产品的心理价值认同。营销卖场的包装主要有售楼部（功能布局和装修风格）、样板房、建筑主体、施工现场围墙、周边环境、看房车、主入口、参观路线、沙盘模型、展板、宣传册、名片等内容。

（3）团队的组建

团队组建的具体工作包括人员的组成、岗位职责的描述、管理规则的确定、绩效考核等，为落实具体的方案奠定人员基础和组织基础。

（4）宣传推广方案的具体执行

第一，需要让参与项目的人员对整体项目有清晰的理解，统一认识；第二，需要对主题进行推敲，确定各个不同执行环节的诉求重点及宣传口号；第三，需要对客户群进行更加深入的调研分析，锁定客户群；第四，营销道具的制作是个重要工作，需要考虑成本和实用性；第五，宣传推广计划及阶段目标的准备是方案执行的前期思路性引导；第六，应对项目整合推广的费用支出进行预算（总支出预算、销售资料及现场包装费用预算、各阶段推广费用预算）。

房地产项目整合推广费用的主要组成见表5—1。

表5—1　房地产项目整合推广费用的主要组成

销售现场费用	广告费用	宣传促销费用	其他费用
1. 售楼处企划、设计、施工、布置 2. 小区内及工地围墙、看板、标识等设计和制作 3. 售楼处模型、效果图、道旗等装饰物的设计和制作 4. 多媒体影片（电视片）的企划、剧本撰写、情节设计、拍摄、制作	1. 报纸广告企划、设计、确定方案、印刷、刊出 2. 杂志广告企划、设计、确定方案、印刷、刊出 3. 电视和网络广告企划、设计、确定方案、印刷、刊出	1. 楼书、户型图、会展的企划、设计、确定方案、印刷 2. DM、海报、请柬、慰问函、贺卡、信封的企划、设计、确定方案、印刷	1. 销售人员名片、工牌、制服、培训等 2. 代理公司的酬金 3. 其他

三、房地产项目整合推广策略制定与实施

1. 类比项目、重点竞争对手营销策略分析

（1）类比项目营销策略分析

针对类比项目，分析营销策略的优劣势及对销售进度的影响程度，分析策略运用成功与失败的原因，发掘类比项目未利用的营销策略，以供项目借鉴使用。

（2）重点竞争对手营销策略分析

确定数个现实的竞争对手，围绕其营销策略进行分析研究，从而制定项目相应策略回应并反击这些竞争对手。

2. 项目营销推广策略制定

（1）品牌策略制定

在制定品牌策略时，先分析有没有塑造品牌的必要，之后再分析开发商是否具有品牌塑造的基本条件，最后给出品牌塑造的建议，制定品牌推广的策略。

（2）价格策略制定

价格策略制定是房地产推广活动中非常重要的一环，不仅包括价格的确定、定价技巧的运用，同时也包括为实现开发商预期的营销目标而协调配合营销组合的其他策略。价格策略是开发商实现利润的根本保证。

（3）包装策略制定

项目包装有利于提升楼盘档次，表现楼盘内涵，获取客户认可，促进销售，有利于宣传

公司形象，树立公司品牌。

(4) 广告策略制定

有效的广告策略不仅能帮助房地产公司建立足够的知名度，而且能够不断提醒潜在客户购买产品。

(5) 活动策略制定

适时举办与项目相关联的活动，能吸引客户注意，达到良好的营销效果，也是推广策划的重要内容。

3. 分阶段性整合推广策略实施

(1) 导入期（储备期、引导预热期）

1) 主要任务。建立项目市场形象，不断深化项目的名称和形象，加深受众的记忆印象，强化受众深入了解的欲望，并吸引其到现场深入了解。在阶段后期开展长期广告策略。

2) 推广重点。发布项目建设信息和形象信息，积蓄客户，检验市场反映和价格定位，确认推广项目的卖点，寻求最佳方式表现产品的特质。在内部认购期内开始发布部分认购信息。

3) 传播途径。户外广告、网站广告、高档酒店及专业杂志等媒介。

4) 媒介选择。重点媒介为户外广告，印刷媒介为楼书、海报，户外媒介主要包括销售中心及现场展示、现场形象墙和展板、看房路线上的导示牌、主要干道沿途户外广告和公交站点广告。

5) 广告诉求点。导入期广告诉求点主要是项目形象定位。

6) 营销活动。导入期营销活动包括开工典礼、新产品推广会等。

(2) 成长期（公开发售期）

1) 主要任务。商品信息的广泛、强势推广。

2) 推广重点。利用拉式策略，综合运用广告媒介，唤起目标客户的注意力及购买欲望，聚集大量客户。

3) 传播途径。报纸广告、电视新闻报道、冠名广告、高档酒店、专业杂志、DM 直邮、房交会等，广告量达到最大。

4) 媒介选择。重点投放媒介为报纸（当地发行量最大的报纸为主）和电视（房地产栏目），印刷媒介为楼书，户外媒介在导入期基础上适当增加和调整。

5) 广告诉求点。成长期广告诉求点的卖点展示（投资、环境、学区、交通等）。

6) 营销活动。在促销活动配合之下，人员销售全面展开（现场促销、客户回访、电话跟踪等）。

(3) 成熟期（强销期、销售持续期）

1) 主要任务。塑造项目整体气势。

2) 推广重点。依据不同时段，间隔性发布广告，促使成交，扩大业绩。

3) 传播途径。报纸广告、专业杂志、高档酒店、DM 直邮、户外广告。

4) 媒介选择。报纸广告投放量缩小，印刷品广泛传播，户外媒介广告主题及时更改，现场增加霓虹灯广告。

5）广告诉求点。成熟期广告诉求点为整体形象宣传。

6）营销活动。设计并制作用于赠送给已购客户的贺卡、慰问信，进行活动营销和口碑传播。

（4）衰退期（清盘期，竣工前）

1）主要任务。针对剩余产品特点，进行特质营销。

2）推广重点。分析前期广告卖点，择优进行加强推广，适当使用特价房促销。

3）传播途径及媒介选择。少量报纸广告。

4）广告诉求点。衰退期广告诉求点为实惠促销、升值。

5）营销活动。举行业主联谊会等具有文化韵味的营销活动；有针对性地开展人员推广和促销活动。

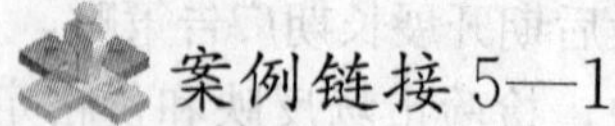

案例链接5—1

地产价值论之导入期推广策略——

渤海·锦绣城项目2010年市场导入期推广策略（节选）

一、宏观背景

2009年以来，在宽松的货币政策、抑制的市场需求集中释放、投资性需求不断释放的大背景下，中国房地产市场实现“V”形反转。为了遏制部分城市房价过快上涨的势头，2010年拉开了抑制性政策的大幕，中国房地产政策全面转向。

二、城市状况

1. 人口特点：低速增长，以本地居民为主，外来及流动人口少。

2. 经济状况：经济相对发达，全国百强。

3. 产业状况：生产型企业为主导，第三产业欠发达。

4. 城市建设：城市建设日新月异，城市中心西移。

三、本地房地产市场特点

1. 供应：市场在售楼盘少，整体供不应求。

2. 产品：市场仍以多层产品为主，小高层逐渐成为主流。

3. 营销水平：楼盘包装、置业服务、营销方式等较为落后，缺乏系统性营销。

4. 开发水平：处于房地产开发的初级阶段，开发水平较低，楼盘以小规模开发为主，缺乏有实力的开发商和高品质楼盘。

5. 客户需求：当地经济基础较好，市场购买力强，以本地刚性需求为主，外地客户少，市场受宏观环境及政策影响不大。

6. 发展方向：伴随西部新城区的开发、行政中心西移、人民公园和市民文化活动中心的建立，城市空间得以拓展，西部新城优质居住板块逐渐成形。

四、项目状况

1. 区位：西部新城区核心地段，市政府西邻。

2. 交通：四周均为城市主干道，交通方便。

3. 配套：毗邻人民公园，生活配套设施相对缺乏。

4. 教育：教育资源丰富，幼儿园到高中一站式教育体系。

5. 开发商：全国制造业100强，本地龙头企业，口碑良好。

五、入市分析

通过城市发展状况及本地房地产市场特点分析，本地已积累了相当一部分经济实力较强的客户，市场期待高品质楼盘的出现。

本项目已具备了成为当地标杆性楼盘的特质，为此，市场导入期必须将项目形象拔高，方能制胜。

六、推广策略

推广主题：影响城市的力量！

分析：强调楼盘标杆性，以推动城市发展为己任。

深化主题宣传：价值，成就影响力！

分析：把卖点作为推广主题的支撑点，使推广主题更加丰满。

◆品牌，影响城市！

分析：宣传开发商品牌实力，实力铸就品质。

◆品质，影响城市！

分析：宣传建筑企业，强调质量安心；宣传物业公司，强调居住感受与人性化服务。

◆品位，影响城市！

分析：宣传项目建筑风格与园林风格，强调专为城市精英阶层打造，少数人专属。

七、营销活动

1. 售楼处启动仪式（明星助阵、现场精彩演出等）。

2. 高端客户推介会（红酒宴会、高尔夫体验活动）。

媒体组合：项目围挡包装、楼宇广告、主干道路灯杆旗、报纸整版广告、电视广告、杂志封面广告、DM直投、邮政商函、广告短信群发、网站广告、售楼处现场包装及导示系统等。

（资料来源：山东黑马房地产顾问有限公司《三四线城市大盘开发策略》）

四、项目整合推广滞销原因及对策分析

1. 项目滞销原因分析

（1）周边环境不佳（自然条件欠佳，区位条件较差，交通条件欠缺，配套条件不足）。

（2）市场定位失误（项目定位失误，目标客户群定位不准确，产品定位失误）。

（3）产品定位偏差（定位过高、过宽或过于超前）。

（4）设计失误（户型结构、功能设计不合理；外立面设计不合理，没有特色；园林设计不足）。

（5）产品品质低下（建筑质量低劣，交通条件不便，配套设施不齐全，物业管理水平

低）。

（6）入市时机不当。

（7）营销推广不利（力度不足，主题偏离，策略同质化，通路偏差，计划性和控制性不足）。

（8）销售组织不力，手段过于单一。

（9）销售渠道不当（渠道过窄或渠道选择不当）。

（10）销控失误。

（11）价格炒作过度或销售计划安排无序。

（12）盲目“出位”，缺乏诚信。

（13）开发商缺乏实力。

（14）宏观调控政策的影响。

2. 项目滞销对策分析

（1）致命性硬伤的应对

致命性硬伤是指导致项目无药可治或必须付出巨大代价才能起死回生的滞销影响因素，主要是建筑质量问题、户型设计缺陷、严重失误的项目市场定位等。

针对严重的建筑质量问题和户型设计缺陷（见表5—2），应及时改善质量问题，修改楼层平面布局，改进房间功能，改善外立面及配套设施。

针对严重偏差的项目市场定位，需重新进行项目调研，重新定位和策划。

表5—2　　户型设计缺陷的主要表现

序号	户型缺陷表现
1	客厅大而不当，对着客厅的门多，无隐蔽空间
2	客厅的采光口小或采光口凹槽深，使客厅较暗
3	客厅视野差，窗正对墙面
4	客厅的形状不好或尺寸不合理
5	入户无过渡空间
6	餐厅面积过大或过小
7	主卧室的宽度小于3米或面积过小
8	户型交通线过长
9	卫生间距主卧室远，或对着客厅的卫生间无前室
10	四居室的户型，主卧室不带专用卫生间以及无储藏空间
11	功能分区不合理
12	各功能空间面积比例不当
13	跃层户型室内楼梯的位置不当
14	卫生间、厨房宽度不够等

（2）非致命性软伤的应对

非致命性软伤是指硬伤之外可以通过调整得到改善的滞销影响因素，主要包括项目市场定位偏差、设计失误、销售组织不力、销控失误、销售渠道不当、入市时机不当、营销推广不力、开发商不够诚信及实力弱等因素。

1）产品因素。通过市场调研，修正市场定位，进行成本允许前提下的产品改造，打造差异化竞争优势。

2）营销推广因素。通过重新制订合理的营销推广计划、加强策划包装、实行差异化竞争推广策略和活动营销策略等加大营销推广力度。

3）销售管理因素。加强销售培训和销售总结，改进销售方式；根据市场供应关系进行房价与销量的控制；拓宽销售渠道。

3. 项目尾盘滞销的原因与对策分析

尾盘是指处于项目成熟期和衰退期的在售单位，即楼盘销售率超过七成以后剩下的单位。尾盘销售是房地产项目都要经历的困难过程，因此要对其产生原因和对策进行分析。

（1）尾盘的类型及产生原因

尾盘可以分为自然尾盘、产权尾盘、自留尾盘和炒空尾盘等四类，其各自的产生原因见表 5—3。

表 5—3　　尾盘的类型及产生原因

尾盘类型	产生原因
自然尾盘	销售最终延续的结果。一般比例在25%以内，越过盈亏平衡线，销售压力减小，大都是处于清盘状态的项目单位
产权尾盘	因产权关系的转移和变化而产生的积压。主要是抵押材料款充当工程款，不良资产的置换，以及合作各方的协议分房等。有一定的数量，且销售权分离，易造成恶性竞争，对开发商存在一定的威胁
自留尾盘	不成熟房地产市场经常出现的问题。开发商在销售势头火爆时，将一些好的产品保留下来，当销售势头回落或者竞争压力增大时，将立即形成积压
炒空尾盘	房地产市场不成熟阶段经常出现的问题。地产投资客低价位买进，高价位卖出，使价格飞涨。当价格超过临界点，这部分产品便形成尾盘

（2）尾盘滞销的策略分析

尾盘滞销的原因主要有两种，一种是素质较好但价格较高的产品（如大户型），一种是设计存在一定问题的产品。不同的滞销原因可使用不同的对策化解：

1）降价。第一种原因造成的滞销可通过降价解决。除降低单位售价外，还可使用“隐性降价”（如降低首付款、送装修、送物业管理费、送花园等）。

2）寻找新的营销方式（如可以通过建立“客户会”等形式，充分发挥老客户的口碑宣传作用，以老带新）。

3）重新定义市场，改进产品形式。写字楼和商铺项目可以通过改进产品的形式进行调整，而大部分产品则主要通过重新定义市场进行调整。

4）制定目标，各个击破。针对剩余项目每一套房的具体情况，分别制定可操作性策略。

5）选择新的销售渠道。充分利用人际营销渠道，或者增加中介公司的渠道。

6）利用小型活动进行促销。可充分利用封顶庆典、入伙庆典、公司庆典、业主联谊等有奖促销方式搜寻有效目标客户参与，激发其购买欲望。

7）制造和挖掘新的卖点。

8）提升项目的综合素质（如通过增加项目配套设施、改善交通环境、聘请知名物业公司等方式，提升项目整体素质）。

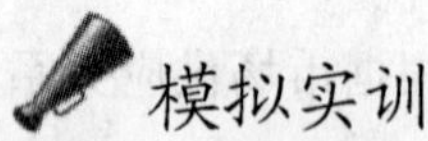

模拟实训

根据本课题学习目标的要求，结合相关理论知识，在教师的指导下，针对以下任务的要求展开实训。

任务一：利用“百度”和“谷歌”等搜索工具，收集与房地产项目整合推广策划有关的资料，并熟悉其中的内容。

____

____

任务二：对周围的房地产项目进行调研，选择一滞销时间较长的项目进行调研分析，并尝试确定该项目滞销的主要原因。

滞销原因：______________________________________

____

____

课题二　房地产项目品牌策划

学习目标

了解房地产品牌的含义，熟悉房地产产品命名的基本方法，掌握房地产企业的品牌策略。能够给房地产项目设计案名，并诠释其含义。

一、品牌的含义

品牌是指房地产开发商或经销商给自己的房地产产品所起的商业名称，通常由文字、标记、符号、图案和颜色等要素组合构成，用作一个卖主或卖主集团的标识，以便同竞争者的产品相区别。

品牌是一个集合概念，包括品牌名称和品牌标识两部分。

品牌名称也称“品名”，是指品牌中的单词、字母（数字）、词组或字母（数字）的组合，是品牌中可以用语言文字表述的部分。品牌名称主要产生听觉效果（如保利芙蓉、华侨城·波托菲诺、万科·温馨家园等）。

品牌标识也称“品标”“LOGO”，是指品牌中的图案、符号、标记、设计等可以识别但不能用语言文字表述的部分。品牌标识主要产生视觉效果，如图5—2所示。

图5—2　房地产项目品牌标识实例

品牌标识在房地产项目上俗称楼盘标识，即LOGO，一般应用于广告、楼书、灯箱、彩旗、导视牌、证件（如员工工作卡、车辆出入证、会所会员卡等）、文具（如信封、笔记本、资料袋等）、名片、看房车、纪念品（如挂历、明信片、纪念伞等），以及日常用品类

(如一次性茶杯等)。

品牌具有复杂的内涵，其含义可以分成六个层次：

1. 属性

一个品牌首先代表着基于房地产产品的特定的商品属性，这是品牌最基本的含义(如南沙滨海花园代表着美丽的南海海滨城市休闲、雅致的生活情趣)。

2. 利益

品牌代表消费者获得的某种特定的功能性或情感性的利益(如学雅芳邻代表着项目周边浓厚的书香气息)。

3. 价值

所有品牌都体现了一定的产品带给消费者的价值(如领秀城代表着成功人士高档次的群居生活)。

4. 文化

品牌代表着一定的文化(如蓝调社区透漏着白领阶层所希望置身其中的一种小资情调)。

5. 个性

品牌反映一定的个性联想(如自留地表示一种追求拥有自给自足的“一亩三分地”的个性体现)。

6. 用户

品牌暗示着购买或使用产品的消费者类型(如怡景·青春驿站表示项目的主要目标客户是年轻人)。

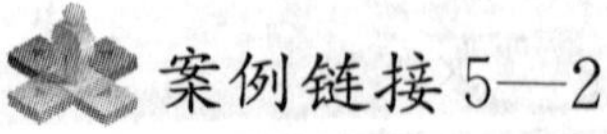
案例链接5—2

北京今典·苹果社区的个性案名

北京今典·苹果社区位于朝阳区国贸桥东南，紧邻北京CBD核心区，占地240亩，建筑面积约60万平方米，是一个集居住、办公、休闲、娱乐为一体的大型高档现代化社区。开发商通过案名征集活动获得“苹果社区”这一极具个性的项目案名。项目的英文名称“PINGOD”，是苹果的谐音，同时“PIN”又是手机SIM卡的个人密码，象征着独一无二，“GOD”是上帝，表达了“你就是上帝，上帝就是你”的寓意。

苹果社区将项目不同定位和功能的区块以不同类型的苹果来命名。“青苹果区”定位为小资公寓，面积在50～100平方米，以年轻白领为目标客户；“红苹果区”定位为中产住宅，面积在130～180平方米，以成熟的商务人士为目标客户；“转基因苹果区”(转基因作物具有产量高，抗病力强等特点，暗示项目投资回报率高、抗风险能力强、产品具有多样性的特点）定位为现代商务传媒港，由酒店式公寓、蒙太奇公寓、LOFT 公寓及苹果商业街等组成，其中苹果商业街有电影院、小剧场、咖啡吧、手艺坊、健身俱乐部等。

苹果社区个性化的项目案名及规划设计吸引了市场的极大关注，虽然后期被很多外地开发商模仿，但该项目表现出来的个性和气质是独一无二的。

二、房地产项目品牌的设计原则

1. 简洁醒目，易读易记

为了便于消费者认知、传诵和记忆，品牌设计要简洁醒目，易读易记（如远洋一方、阳光 100、春天花园等）。

2. 构思巧妙，暗示属性

与众不同、充满感召力的品牌，设计上应体现品牌产品的优点和特性，暗示产品的优良属性（如保利·垄上别墅、鲁商广场、荷塘雅居、奥林匹克花园等）。

3. 富蕴内涵，情意浓重

富蕴内涵（如地名、功能、典故）、情意浓重的品牌，能唤起消费者和社会公众美好的联想（如挪威森林、香格里拉、倾城之恋等）。

4. 避免雷同，超越对手

品牌运营的最终目标是通过不断提高品牌竞争力，超越竞争对手。若品牌的设计与竞争对手雷同，将永远居于人后，达不到最终超越的目的。

阅读资料 5—1

房地产项目命名法则

法　则	内　容	案　例
法则 1：让人产生深刻印象	楼盘名称给广大客户的第一印象要有文化内涵。有审美价值的好名字，能够对客户产生一定的吸引力	万科·城市花园
法则 2：楼盘命名的确切性	楼盘命名一定要与项目定位、目标客户群定位以及项目属性相符合	奥林匹克花园
法则 3：名称字数要适中	好的楼盘命名，不仅富有文化内涵，更应言简意赅，让受众接触到楼盘名字后，对未来生活产生美好的联想	万科·东海岸 华侨城·波托菲诺
法则 4：楼盘命名要努力突出项目优势点	好的楼盘命名本身无疑能够突出和强化产品的优势点	水岸星城

续表

法　则	内　容	案　例
法则5：楼盘命名应起到拾遗补缺的作用	一则尽善尽美的楼盘命名能起到画龙点睛、锦上添花的效果	格林小镇
法则6：楼盘命名要好记、好念、好听	楼盘命名不仅要朗朗上口，让它传播得更广更远，而且要让人引以为豪，充分彰显品牌形象	番茄花园 香榭里花园
法则7：好楼盘名称倡导全新的生活方式	好的楼盘名称不仅富有深厚的文化底蕴，更具有一定的审美价值和对未来生活的引导作用	蔚蓝海岸 中海·国际社区 现代城

（资料来源：决策资源集团房地产研究中心《房地产策划剑法》）

三、房地产项目产品的命名

1. 根据项目建筑特色命名

根据项目的建筑特色来命名，在命名时紧扣建筑特性，并且强调项目的异质性，赋予独特的个性以区别于周边项目。

项目命名一般由两部分组成：第一部分为前缀名，是项目特色命名部分；后一部分为后缀名，即名称的最后一字或两字，主要是建筑或聚居落用语。

（1）项目后缀名的命名

后缀名主要是园、公寓、别墅、大厦、海岸、庭、广场、苑、中心、阁、府、楼第、街、堡、居、桥、殿、台、邑、馆、宅、城、湾、庄、村、区、里、邸、店等，其中有20个为建筑类别，9个为人类聚居类型，如城、邑、中心、区、湾、海岸、村、里、庄等。根据相关法规规定，部分通用名将不再作为通用名出现在楼盘中。

1）以建筑类别为后缀名。该类命名中，“园”字占据榜首（如大观园、御花园、颐和园等）。

房地产项目用园来命名，还可根据项目的个性特征加一个前缀（如花园、家园、嘉园、豪园、庄园、锦园、御园、琴园、怡园等），由此显示项目的特色、档次、品位，乃至入住者的身份和地位。

2）以聚居落类别为后缀名。该类命名主要运用在成片开发的项目中，即组团式开发的项目。项目中的每一个组团或每一栋楼另取有名字（如青苹果区、红苹果区、转基因苹果区等）。

（2）项目前缀名的命名

房地产项目要显示独一无二的个性，最重要的还是通过前面的文字来表现，前缀的名称基本可以归纳为以下几种类型。

1）根据项目所处地理位置命名（如布吉中心广场、罗湖商业广场、虹桥花园等）。

2）根据开发商的名字命名（如中海日辉台，万科俊园、华发新城、华纺易城等）。

3）根据项目所拥有的环境命名（如绿意居、翰江苑、海景苑等）。

4）根据祈福、吉祥等祝愿用语命名（如祥福、怡祥、世嘉、明德、嘉裕、泰和等）。

5）根据古文诗词命名（如上善若水等）。

2. 根据项目环境特色命名

楼盘是居家生活的载体，选择某一楼盘及楼盘所拥有的环境，也就意味着选择了某一种生活方式，因此凭借项目良好的环境命名是常用的一种命名方法。

根据项目环境特色命名，体现有两大特征：

第一个特征就是内含环境名称，如山、水、海、湖、溪、地等（如山水芳华、碧海山居、东海山色、山海听涛、优山美地、七里香溪、东岸山色、橘郡、阳光琴海等）。

第二个特征就是末尾一字为“景”字，即突出居家时能够欣赏到的景色（如花香丽景、湖明丽景、鹭江海景、龙门御景等）。

3. 根据消费者的消费心理命名

根据消费者的消费心理命名可以分为两种类型：第一种是总体概念型，即给消费者带来一个能彰显其身份与地位的名称（如豪门世家、汉唐名门、白云豪庭、龙门天下、龙凤花园、书香门第、至尊门第等）；第二种是引导消费、购房满足型（如幸福时光、美林香槟小镇、西城年华、炫特区、后现代城、倾城之恋等）。

4. 舶来名称

在很多人的眼里，某些地方的生活是很令人向往的，如纽约、华盛顿、新加坡、伦敦、巴黎等，于是部分房地产企业利用消费者的向往心理，将这些地方与建筑相结合来命名（如罗马家园、巴黎小镇、莱茵小镇等）。

房地产项目命名是否妥当直接影响着传播效果和销售进度。同时，在不同的地区命名，需要对当地的方言与语言环境有一定的了解和认知。

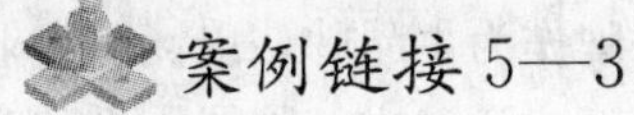

从金龙花园到爱丽舍花园

武汉市爱丽舍花园项目原名为金龙花园，后期策划公司经调研及策划，建议将其更名为爱丽舍花园。

策划公司认为：原金龙花园案名容易雷同，不能跳出传统竞争范围，与项目主要客户群的消费情趣、文化背景不吻合，经过对当地消费群体的详尽分析，结合对项目的理解和对项目创新营销要点的整合，建议将金龙花园更名为爱丽舍花园，理由如下：

1. 浪漫、温馨、亲切，听觉传播力强（因为武汉已有中档家庭轿车品牌——“神龙爱丽舍”作铺垫），符合产品特征与中档房的定位。

2. 将项目产品提升至艺术品层次，用名亦具有一定的内涵。

3. 便于以后与“神龙爱丽舍”轿车等联手促销，利用“神龙爱丽舍”轿车及“爱丽舍”名称的知名度，迅速扩大项目的影响力。

4. 便于与法式园林、法国浪漫小知家庭生活形成联想。

5. 便于通过广告语“我爱丽舍我爱家”将小知心态予以表述：小知阶层事业稳定，追求的是一种温馨居家过日子的氛围。

6. 本案目标客户定位为“小知阶层”，策划公司在考虑其LOGO设计时会表达得更充分：在一片带有音乐符号的绿地上，三口之家倾情享受家的乐趣（主题为在家门口休闲），不远处为一处带有法式特征的楼屋（线条性素描，寓以一定的文化意味，体现浪漫、温馨氛围），配以“爱丽舍花园”字样，下注为“小知生活进行曲”。这样就跳出了传统的圈子，出奇制胜。

（资料来源：越秀地产投资顾问有限公司《爱丽舍花园项目营销策划推广报告》）

四、品牌策略

1. 单一品牌策略

单一品牌策略也称为统一家族品牌策略，是指房地产企业开发的产品全部使用同一个品牌名称，通常这个品牌名称就是开发商的企业名称（如万达广场、鲁商广场、苹果城等）。在媒介推广过程中，名称前多加上城市名进行区分（如××万达广场）。

2. 多品牌策略

多品牌策略是指房地产企业给每一个项目或者一类项目都是用一个或者一个以上的独立品牌，这些独立品牌有不同的品牌名称和定位。其最突出的优势是各个品牌具有不同的个性和利益诉求，能够吸引不同的消费者，也更容易使消费者产生品牌忠诚度。

3. 主副品牌策略

主副品牌策略也称为复合品牌策略，即企业以一个成功品牌作为主品牌，以涵盖企业的系列产品，同时又给不同产品起一个富有个性的名字作为副品牌。通过主品牌展示系列产品核心价值的社会影响力，而以副品牌凸显各个项目产品不同的个性形象，以满足不同地域不同类型消费者的差异化需求，从而加深消费者对每个项目产品的印象和好感，形成消费者对副品牌的信任，从而有效推动新楼盘项目的发展和壮大（万科便采取了这一策略，如万科城市花园、万科星园、万科俊园等）。

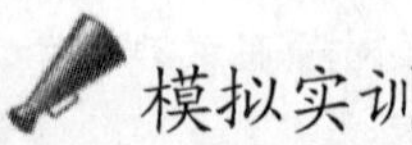

模拟实训

根据本课题学习目标的要求，结合相关理论知识，在教师的指导下，针对以下任务的要求展开实训。

任务一：某房地产项目目标客户群体主要是白领年轻人，请为该项目起一个案名，并诠释其含义。

任务二：收集 3 个熟悉的房地产项目名称及 LOGO，对其命名及 LOGO 进行分析诠释。

项目一：

项目二：

项目三：

课题三　房地产项目价格策划

学习目标

熟悉房地产项目价格的基本构成及定价的影响因素，掌握房地产项目的定价方法及定价流程，熟悉垂直价差和水平价差的确定方法，了解房地产项目调价的原因和方法。能够确定开盘均价，并根据项目的实际情况进行项目价格的调整。

一、房地产项目定价的目标

房地产项目定价目标是房地产企业实现经营总目标的手段和保证，也是选择定价方法和定价策略的主要依据之一。不同的房地产企业会有不同的定价目标，甚至同一企业在不同时期也可能采取不同的定价目标，见表 5—4。

表 5—4　　房地产项目定价目标一览

定价目标	营销目标
获取最高利润	产生最大的分期利润或现金流量
获取较高的投资收益率	以投资成本为基础
力求市场价格稳定	稳定市场；避免价格敏感；让客户感觉价格公平合理
应对或避免竞争	仔细研究竞争对手定价
提高市场占有率	维持市场占有率；增加、扩大市场占有率；弹性价格
维持企业生存	获取营运资金

二、房地产项目的价格构成

目前房地产项目的建设都以综合开发形式进行，房地产项目的价格一般都由综合开发造价中的土地费用、建筑安装工程费、配套工程费、税费及利润等 5 部分组成，具体见表 5—5。

表 5—5　　　　房地产项目价格构成

类别		具体内容
土地费用	征地补偿费	土地补偿费、青苗补偿费、集体财产补偿费、超转人员补偿费、农转工人员级差补贴、菜田基金、安置劳动力补偿费、平地补助费、私人财产补偿费
	拆迁安置补偿费	私房作价、地上物补偿费、搬家费、拆房费、渣土清理费、临时设施费、周转房费、农户住房原拆原建费、单位拆迁费、安置用房费
	其他土地开发费	三通一平费、地质勘察费、规划设计费、拆迁征地管理费
建筑安装工程费	住宅建筑安装工程费	各种材料费、机械使用费、管理费、施工企业利润和税金等
	附属工程费	建设煤气调压站、热力点、开闭所、变电室、锅炉房、高压水泵房等工程的费用
	室外工程费	上水、污水、雨水、电力、电信、热力、煤气、庭院、围墙、人防出入口等室外工程的费用
配套工程费	公共配套工程费	幼儿园、文化站、中小学、卫生站、门诊部、副食店、蔬菜店、书店、浴池、街道办事处、居民委员会、派出所、工商税务所、房管所、市政管理用房等配套设施的费用
	环卫绿化工程费	绿地、公共厕所等的费用
	“四源”费	煤气厂、热力厂、自来水厂、污水处理厂等的费用
	大市政费	道路交通、绿化卫生、污水管道等的费用
税费	两税一费	营业税、城市建设维护税、教育附加费
	经营管理费	营销策划费、广告宣传费、中介代理费，以及职工工资支出、办公费等费用
利润	利润	

三、房地产项目定价的影响因素

房地产价格是在一定的内外环境背景下确定的，受到各种因素影响。影响和制约房地产项目定价的决定性因素见表 5—6。

表 5—6　　　　房地产项目定价影响因素

影响因素	具体内容
产品差异	区位因素：即地段因素，包括自然地理区位和社会经济区位
	权益因素：权利状况（所有权、使用权、完全产权、不完全产权）、使用管制（土地用途、使用年限、容积率、建筑高度、建筑密度、绿化率等）、相邻关系
	实物因素：土地因素（面积、形状、地形、地势、地基、利用现状、地质水文状况、基础设施与土地平整程度等）、建筑物因素（规模、外观、质量、层数、建筑风格、户型、朝向、通风、景观设计规划等）
	品牌、信誉及物业管理因素

续表

影响因素	具体内容
成本	开发商在建造、发售房地产项目时所投入的各种费用构成房地产项目的生产成本和销售成本
	不同房地产项目的建筑容积率、建筑结构和式样、建筑材料的选用、施工质量、房地产项目规划与城市规划的协调程度以及销售投入等不同程度地决定了房地产项目的开发和销售成本
	成本是进行房地产项目定价的下线，是影响和制约房地产项目定价的重要因素
竞争	市场供求关系的波动、竞争者销售策略的改变、潜在竞争者的存在和产生等都对房地产项目定价有着极大的影响和制约作用
购房者心态	购房者对开发商的产品有良好的印象和偏好，开发商在定价时就有较大的自由度
	购房者在购买之前通常会考虑产品是否符合自己的要求，从而确定自己的期望价格
政府作用	在房地产业的经济运行中，为了对市场经济活动进行必要的监督和调控，政府通常会制定一些政策和法律法规对房地产项目定价加以调整和约束
经济环境	包含物价、土地价格、利率、货币供应量、经济增长率、居民收入等内容
社会因素	包含人口因素（人口数量、人口素质等）和社会保障因素（公租房、经济适用房等）
自然环境	影响房地产价格的环境因素很多，主要有噪声、空气、环境污染等

四、房地产项目定价的方法

1. 成本导向定价

（1）成本加成定价法

成本加成定价法是在单位产品成本的基础上，加上一定比例的预期利润作为产品的售价。计算公式为：

单位产品价格＝单位产品成本×（1＋加成率）

该方法的优点是计算方便，在市场环境诸因素基本稳定的情况下，房地产企业可获得正常的利润。该方法的缺点是不利于开发商控制开发成本，忽略了价格对需求的影响，没有考虑市场承受能力，有可能形成销售压力。

（2）目标收益定价法

该方法又称为目标利润定价法或投资收益率定价法，是在总成本的基础上，按照目标收益率的高低计算售价的方法。计算公式为：

单位产品价格＝（总成本＋目标利润）/预计销售量

该方法的优点是可以保证企业实现既定目标利润，一般适用于在市场上具有一定影响力、市场占有率较高或具有垄断性质的企业。

（3）盈亏平衡定价法

该方法是以盈亏平衡点为基础制定产品的价格。科学地预测销量和已知固定成本、变动成本是盈亏平衡定价法定价的前提。计算公式为：

单位产品价格＝开发成本/盈亏平衡点销售量

单位产品价格＝单位固定成本＋单位变动成本

该方法确定的价格只能使企业的开发成本得以补偿，而不能获得收益。

2. 需求导向定价

（1）理解值定价法

该方法的基本指导思想是认为决定商品价格的关键因素是消费者对商品价值的认识水平，而非卖方的成本。理解值是消费者对于商品的一种价值观念，即消费者对商品的质量、用途、款式以及服务质量的评估。

使用该方法时，首先要估计和测量营销组合中的非价格因素变量在消费者心目中建立的认识价值，然后按消费者的可接受程度来确定房地产项目的售价。

（2）区分需求定价法

该方法又称为差别定价法，是指某一产品可根据不同的需求强度、购买力、购买地点和购买时间等因素，采取不同的售价。此方法适用于个性化较强的房地产产品。使用此方法时，应使不同的购房客户都能理解房地产产品的差异，避免出现价位的争议。

房地产产品差异因素如下：

1）位置。房地产价格与位置优劣关系很大。房地产项目位置的优劣，主要取决于周围环境状况、安静程度、交通是否方便，以及与市中心的距离等。

2）地质、地势。地价与地质、地势条件有直接关系。地质、地势条件的好坏决定着建设费用的高低。

3）土地面积、土地形状。大规模的住宅区、封闭式物业管理、完善的配套设施和大面积的花园都将提高消费者的满意度，增进需求。

4）建筑物的外观和内部户型。建筑物外观和内部户型是否新颖、优美，将影响客户对价格的接受程度。当客户将户型与面积相联系时，户型的合理程度将影响客户对价格的接受程度。

5）采光、通风、风向等。良好的采光和通风是关注生活品质的客户需求的重要组成部分。

6）环境因素。环境因素主要是指房地产项目周围环境的状况（如噪声、空气污染、环境清洁程度等）。

很多房地产企业根据项目的实际情况，经细致调研，制定项目差价系数，根据差价系数确定和调整每一单位的价格，见表5—7。

表5—7　　房地产项目差价系数类型

名称	内　容
组团系数	根据销售单位所处的组团区位差异进行判定，如交通便利性、周围组团定位（商业组团、别墅组团、商务组团、休闲组团、休闲配套、主入口等）、可防卫性等
建筑系数	以销售单位所在楼宇区位和周围配套设施、视野景观、不利因素情况（噪声、空气污染）等判定
楼层系数	楼层价位高低受建筑物高度影响。高层建筑中，一、二、三楼及越高越贵，中间较便宜；多层建筑中间层较贵，越往上、下价位越低。楼层系数应综合当地楼层偏好、配送花园方式、景观视野等判定

续表

名称	内容
朝向系数	主要以销售单位景观视野和噪声、空气污染等因素为判定标准；根据永久景观质量，朝向系数差异性宽容度较大。一般南北向较贵，东西向较便宜
平面系数	主要根据可售单位户型特点判定，如原创户型、经典户型等
选间系数	选间如果三面采光，则较其他单位为贵
视野系数	临公园、湖边、海滩或视野较佳、景观较佳为贵，面临巷弄或采光较暗者，即使同一栋楼、同一层楼，也较便宜
面积系数	一般情况下，办公经营面积集中且达到一定规模或是住宅单元面积较大时，价格可适当提高
设计系数	布局合理的单元住宅价格可适当提高价格，布局较差的单元需降低价格
销量系数	根据可售单位总量确定价格系数。原则上，希望持留的单位可设定较高系数
特别系数	对综合运用以上多项系数得出的最终价格进行修正的系数

3. 竞争导向定价

（1）随行就市定价法

随行就市定价法是指房地产企业参照行业的平均价格水平来确定自己产品的价格。该方法是一种较稳妥的定价方法，在房地产行业应用较普遍，可以避免恶性竞争，受到中小型房地产企业的欢迎。

（2）直接竞争定价法

该方法是以房地产企业所处的行业地位和竞争定位为依据确定价格的一种方法，根据竞争双方的相关情况，确定较竞争者价格低、高或相同的价格，见表 5—8。

表 5—8　**直接竞争定价策略**

定价前提	定价策略
开发商实力强，开发规模大，成本相对偏低，产品无突出特点参与竞争	以低于竞争产品的价格发售，以有效排挤竞争，提升市场占有率
产品特色显著，卖点多，成本较高	以高于竞争对手的价格发售，即将本企业的产品提升到更高的档次，避开直面的竞争，以吸引不同层次的客户群
必须确定与对方相同的价位进行竞争	发掘服务卖点，尽量减少正面冲突带来的损害

（3）市场比较定价法

市场比较定价法又称为评估定价法，即根据影响房地产产品价格的各种因素及周边类似房地产项目的定价情况来评估本项目产品价格的方法。该方法确定的价格与产品本身的成本等因素没有直接关系，但反映了房地产市场现实的供求关系，因此是实践中常用的定价方法。

市场比较定价法所选取的比较对象应该是同一区域、同等类别、同类客户群、同等规模、同等价位的已经开盘销售的类似房地产项目。比较的因素包括地理位置、交通状况、项目规模、配套设施、规划建筑、户型布局、景观环境、工程质量、开发商品牌、付款方式、广告推广、物业管理、工程进度、营销策略等方面。

市场比较定价法的定价过程大致步骤如下：

1）确定市场调研的范围和重点。通常以项目为核心，在一定的半径范围内选择可供比较的房地产项目，凡是在选择范围内的竞争项目都应该进行比较，比较对象的数量不少于3个，如果选择区域内新开房地产项目较少，则二手房项目也可适当考虑。

2）对本项目及被比较房地产项目的价格影响因素进行分析，并确定各个因素的权重。不同类型房地产项目的价格影响因素不同。影响因素的权重可以通过与市场分析人员和销售人员集体座谈分析来确定，不能由个别人员主观决定。

3）对本项目以及被比较房地产项目的价格因素进行逐项比较并打分。

4）对按照各个影响因素得到的产品价格进行加权平均得出本项目的销售价格。

该方法是一种定量分析方法，定价过程较复杂，但较科学，且具有说服力，因此被大多数公司所采用。

五、房地产项目定价的基本流程

1. 收集整理市场信息及定价标的物资料

主要通过调研的方法收集房地产项目所在城市、区域，尤其是标的物附近同档次房地产项目的资料，其中包括房地产项目位置、区域与个别因素、房屋装修、均价、单元价等内容。同时，在企业内部整理房地产项目开发过程中的各种费用数据。

2. 估计成本和需求

掌握房地产项目的成本结构，准确估计各项建造成本、销售费用、管理费用和筹资费用。估计产品的需求是对产品在不同价格水平下，消费者可能产生的需求变动进行估计。通过对消费者需求量变动的估计可以大致确定房地产项目的价格水平，确保房地产项目得到最大限度的利润。

3. 分析竞争对手

分析本项目和竞争者之间的产品差异程度，了解不同产品的不同特征对价格的影响，并进行初步的量化分析，找出本项目在产品性质、特征上的优势，根据竞争者的价格确定适合本项目的价格水平。

4. 选择房地产项目定价的目标与基本方法

考察项目竞争环境，依据房地产项目的定位、开发商自身的经济实力，确定合理的定价目标，然后根据定价目标选择相应的定价方法。

5. 决定房地产项目的平均单价

公开销售前，由于市场竞争、时机差异、产品规划及开盘目标等因素的影响，需进一步确定“平均单价”水准，以作为确定细部价格的依据。

6. 决定各期、各栋的平均单价

计算出各期面积及占总面积比例，根据销售阶段的价格策略，找出项目在开盘期、强销期、持续期、尾盘期等不同阶段最合适的均价。

在决定分栋均价之前，先算出各栋面积及占总面积比例，以便找到平衡；根据各自的相对位置、条件等进一步细化，找准均价。

7. 确定垂直价差

确定垂直价差时，先确定一个基准楼层，使其单价等于该栋建筑的平均单价，然后再评估其他楼层与该基准楼层之间价格差异的程度，从而确定各楼层的相对价格，并使各楼层相对价格的总和等于零。

8. 确定水平价差

确定水平价差时，通常是依据各楼层的平均垂直价格，评估同一楼层内不同户型的朝向、采光、私密性、格局等因素的优劣程度，定出同一楼层中各户型的单价，同一楼层各户型单价的平均值与原定平均单价相符。

9. 调整价格偏差

定出各户型的平均单价后，还需检查整体的平均单价是否与原先预定的相符。将各户型的面积乘以各户型的单价，得出楼盘全部的可销售金额，将此可销售金额除以全部可销售面积（即各户型可销售面积之和），即得出平均单价。由于各户型的面积大小不一，因此所得出的平均单价可能不等于原先所预定的平均单价，此时，即可将差异金额等比例调整至相同。一来使可销售总额维持原来预定的水准，二来由于是等比例调整，故仍可维持定价过程中垂直和水平的相对差价。如：

计算出的平均单价为每平方米 6 880 元，原定的平均单价为每平方米 6 800 元，为达到后者的水准，可将全案客户的单价均除以 1.012（6 880 元/6 800 元＝1.012）。

10. 确定付款方式

付款方式包括一次性付款、分期付款、银行按揭和优惠措施等。

六、垂直价差和水平价差的确定方法

1. 垂直价差的确定

（1）垂直价差的含义及分布规律

垂直价差是指同一幢建筑物中不同楼层之间的价格差异，通常以每平方米的单价差额来表示。

确定了各楼层之间价格高低的顺序，需选定垂直价格的基准楼层。其他楼层可根据基准楼层确定正负价差。基准楼层的确定主要考虑住宅楼层数，常取价格顺序居中的楼层为基准楼层。

各楼层与基准楼层的价差大小则因产品而异。多层住宅楼层的价差一般在 50～100 元/平方米。高层住宅楼层的价差为 100～200 元/平方米，甚至更大。顶楼与次顶楼的价差往往在 500～1 000 元/平方米。

（2）垂直价差的影响因素

垂直价差的影响因素有楼层数、市场状况、均价水平、客户购房习性等，见表 5—9。

表 5—9　　房地产垂直价差的影响因素

影响因素	影响表现
楼层数	楼层数越多，则最高与最低单价楼层的价差越大
市场状况	当市场状况较好时，价差幅度大；反之则价差幅度小
均价水平	当产品单价水平高时，价差幅度大；反之则价差幅度小
客户购房习性	目标客户的购房习性比较保守时（通常为区域性较强的楼盘），大多无法接受差异大的价格，因此价差的幅度不宜过大；若客户多来自本区域之外，或客户的背景多元化，则价差的幅度可增大

（3）垂直楼层价差确定策略

以某市房地产市场的板楼楼层价差为例，可以分为 4 个层次：

第一层次为 6 层板楼，不带电梯，楼层价差为 100 元/平方米，楼层价格呈倒“U”形，底层和最高层价格最低，中间楼层价格最高。

第二层次为 9～12 层板楼，带电梯，楼层价差以 2 层为基础，价差为 50～80 元/平方米，底层价格最低，10 层左右价格最高。

第三层次为 14～18 层板楼，带电梯，楼层价差以 2 层为基础，价差为 30～60 元/平方米，底层价格最低。

第四层次为 24～27 层板楼，带电梯，楼层价差以 2 层为基础，价差为 20～50 元/平方米。

案例链接 5—4

某项目垂直楼层价差的确定

下表是在分析某高层塔楼项目周围地区城市房地产市场的供求、价格现状，预测其变动趋势的基础上，结合项目所在地段的社会经济地理位置，提出的售价层次系数。

高层塔楼的售价层次系数

层次/系数/层数	15 层	20 层	25 层	30 层
1	0.970	0.960	0.940	0.930
2	0.975	0.965	0.945	0.940

续表

层次/系数/层数	15层	20层	25层	30层
3	0.980	0.970	0.950	0.945
4	0.980	0.970	0.950	0.945
5	0.985	0.975	0.955	0.950
6	0.990	0.980	0.960	0.955
7	0.995	0.985	0.965	0.960
8	1.000	0.990	0.975	0.965
9	1.000	0.995	0.980	0.970
10	1.010	1.000	0.985	0.975
11	1.015	1.000	0.990	0.980
12	1.020	1.005	0.995	1.985
13	1.025	1.010	1.000	0.990
14	1.025	1.010	1.000	0.990
15	1.030	1.020	1.010	0.995
16		1.025	1.015	1.000
17		1.030	1.020	1.000
18		1.040	1.030	1.010
19		1.035	1.035	1.015
20		1.035	1.040	1.020
21			1.045	1.030
22			1.050	1.035
23			1.060	1.040
24			1.055	1.040
25			1.050	1.045
26				1.050
27				1.055
28				1.070
29				1.060
30				1.055
合计	15	20	25	30

2. 水平价差的确定

(1) 水平价差的含义及分布规律

水平价差是指同一楼层中不同户型之间的价格差异，通常以每平方米的单价差额来表示，其确定前提及方法见表 5—10。

表 5—10　　水平价差确定前提及确定方法

确定前提	确定方法
单栋建筑	根据同一楼层的不同户别确定价差
多栋建筑	先确定各栋之间的水平价差，再分别就各栋同一楼层的户别确定价差
各个楼层的户数相同，相对位置也相同	确定一个楼层的水平价差，其余楼层均可参照
楼层之间的户数不同或相同，相对位置不同	各自确定不同楼层的水平价差

（2）水平价差的影响因素

影响水平价差的因素包括朝向、采光、私密性、景观和格局等多个方面，见表 5—11。

表 5—11　　水平价差的影响因素

影响因素	影响表现
朝向	朝向通常是指客厅的朝向，简易的判断方式是以客厅临接主阳台所朝的方向为坐向。一般“东南向最好，西北向最差”
采光	采光通常是指房屋所临接采光面的多寡或采光面积的大小。一般来讲，以单面采光者为零，再以同楼层作比较，每增加一个采光面，每平方米加价 50～100 元。此外还应考虑暗房、栋距、道路宽度、日照、楼层位置等因素
私密性	私密性是指私有空间与公共空间或其他户别私有空间隔离的程度，可用栋距来评估。至于应采用何种调整幅度，则主要考虑同一楼层户数多少、管理好坏、防火间隔、与邻房高低差和与大门入口距离等
景观	景观对于购房者而言，常具有决定性的影响力。在确定景观价差时，最好事先观察基底区域的现况图及城市规划图。目前景观的有无已明显决定了楼盘是否具有竞争性，通常有景观房屋的售价可比无景观者每平方米多 300～500 元，甚或更高。若景观面不止一面，则每多一个景观面，每平方米售价可再增加 200～300 元
格局	在同一楼层中，不同平面格局的价格差距，最小不低于 100 元/平方米，最大不超过 300 元/平方米。至于价差调整幅度，可考虑平面格局形状、产品价位、功能配置等方面

（3）确定水平价差的程序

1）确定同一水平层面的户数或单元数。

2）确定单栋或多栋建筑物。如属单栋建筑物，则以该栋同一楼层不同户别确定价差；如属多栋建筑物，则以同一层面不同栋别确定价差。

3）确定影响水平价差的因素。

4）评定（调整）各因素对价格的影响程度。

5）评定或调整各户、各栋别，计算出个别价差。

6）累计各户、各栋别的正负总价差。

7）确定正负价差总和是否等于零。

8）确定是否再进行单栋定价，并完成水平价差确定。

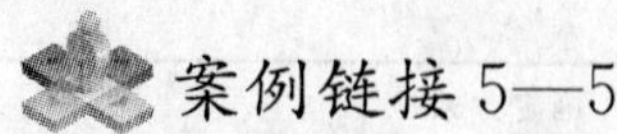

案例链接 5—5

某项目水平价差修正系数设定

某建设项目，在同一楼层上，单就其朝向而言，其修正系数可以参考下表。

朝向	东	东南	南	西南	西	西北	北	东北
修正系数	1.010	1.015	1.020	1.000	0.980	0.985	0.990	1.000

七、房地产项目价格策略

1. 新开项目定价的三种策略

新开项目的定价策略一般可分为低价策略、高价策略、中价策略三种，每种定价策略各有其不同的特点，见表 5—12。

表 5—12　　新开项目定价策略的特点

策略	低价策略	高价策略	中价策略
优点	1. 有利于迅速占领市场，完成销售任务 2. 便于日后提升价格 3. 加快资金周转回笼 4. 先低后高实现了开发商对前期购房者的升值承诺，容易形成口碑	1. 便于开发商获取最大的利润，创造企业的无形资产 2. 有利于树立项目高品质的品牌形象，吸引追求高品质的客户	1. 风险较小 2. 利润有一定的保证 3. 降低了竞争的压力
缺点	1. 利润相对较低，投资回收周期长 2. 难以形成高品质项目的形象，对追求高档次项目的客户难以产生吸引力	1. 若定价过高，将影响项目销售速度，导致资金周转缓慢，风险加大 2. 日后的价格调控余地较小	1. 不能获取最大的利润 2. 会造成高不成低不就的价位感觉
适用范围	1. 产品的综合性能不强，缺乏特色 2. 开发体量相对较大 3. 市场竞争激烈，类似产品多 4. 开发商实力相对较弱	1. 具有竞争项目所没有的明显特点 2. 产品的综合性能较佳 3. 在一定时期内，这一类型的项目供应相对缺乏 4. 开发量合适，开发商实力强、信誉好	1. 房地产市场状况较成熟稳定，竞争偏弱，成交量较大 2. 开发商希望保持现有市场占有率，谋求中等利润 3. 新进入的开发商

2. 整体销售过程定价的三种策略

(1) 低开高走定价策略

该策略是房地产产品发售时较常见的定价策略，是根据工程进展情况或销售进度情况，每到一个调价时点，按预先确定的幅度调高一次售价的策略，通过有竞争力的价格吸引客户关注，刺激购买欲，以销量促进早期资金回流，树立物美价廉的形象后逐渐拉升价位。

运用这种策略必须掌握以下技巧：

1）掌握好提价的频率和幅度。提价频率一般是以1～2个月为一个周期；或者销售量达到20%即可提价；提价幅度一般每次在3%～5%。

2）提价初期可配以适当的折扣或优惠政策作为过渡，有新生客源时再撤销折扣。

3）提价要认真研究，在一定的销控基础上精心策划。

4）提价前可适当向意向客户传递信息，刺激其购买的决心，加快购买。

5）提价时要创新卖点，加大对老客户的宣传，刺激其消费增值的信心，并充分利用其口碑宣传的作用。

6）较差的房源要在开盘初期以较低价格售出。

（2）高开低走定价策略

高开低走定价策略是指开发商在房地产产品上市初期，以高价开盘销售，迅速从市场上获取丰厚的利润，然后逐步降价，力求尽快回笼资金。高开低走定价策略常见于以下两种情况：

情况一：高档商品房。开发商高价开盘，基本完成了预期的营销目标后，希望通过降价将剩余部分迅速售出，以回笼资金。

情况二：房地产项目销售处于宏观经济的特殊时期，或者由于竞争过度，高定价并未达到预期效果，开发商不得不调低定价，以加快产品的销售，但应对前期客户适当补偿。

运用这种策略必须掌握以下技巧：

1）调价幅度不可太大，否则易引发市场恐慌，使客户丧失消费信心。

2）宜采用隐蔽式方法（如通过公关活动采取优惠赠送、推出付款期、付款方式、成交数量折扣等），不宜采用直接降价的方法。

3）强调尾盘发售，刺激购买。

（3）稳定价格策略

稳定价格策略是指在整个发售期间，房地产项目的售价始终保持相对稳定，既不大幅度提价，也不大幅度降价。房地产项目开发规模较小，以及房地产市场状况稳定的区域，宜采取稳定价格策略。

3. 时点定价的四种策略

（1）折扣折让策略

1）付款期折扣。付款期折扣是指客户在缴纳一定比例的定金后，卖方为鼓励客户尽快付款而给予的折扣。

2）现金折扣。现金折扣是指卖方鼓励客户以现金付款而给予的折扣。

3）数量折扣。数量折扣是指卖方视客户购买数量不同给予不同价格优惠的策略，在商业地产定价中较常见。

（2）心理定价策略

1）尾数定价。尾数定价是指根据客户求廉的购房心理，单价尽可能取低一位数（如4 998元/平方米等）。

2）整数定价。一些高档别墅适合采用整数单价（如直接定价为18 000元/平方米）。

3）口彩定价。口彩定价是指根据某些客户的消费心态确定商品房的单价（如使用吉利数字6 888元/平方米、6 666元/平方米等）。

（3）总价控制策略

房地产行业有句俗话“选房看单价，下单看总价”，即客户一般是以单价为标准初步确定购房意向，但最终是否购买需要根据房屋的总价因素决定。因此，总价控制是定价策略的一个重要方面。在确定总价前提下，可以倒推出项目的成本和利润，从而起到控制成本的目的。

八、价格调整策略

1. 价格调整原因

房地产项目在推广过程中，出现以下问题都需要进行价格调整：开发经营成本变化（成本上升）、政府调控政策影响、市场竞争加剧、原先定价不合理、更好地营造销售氛围（买涨不买跌）、控制销售节奏、快速回笼资金。

2. 价格调整方式

（1）直接价格调整

直接价格调整是指提价和降价。提价的目的主要是展现房地产项目产品增值的形象。降价的目的或者是抢占市场份额、吸引市场注意，从而刺激消费，或者是加快回笼资金，提高资金周转速度。

从调价的对象来看，直接价格调整有基价调整和差价系数调整两种方式。

1）基价调整是指对一栋楼的整体价格进行上调或下调，是对所有单元价格的调整，每套单元的调整方向和幅度都一致，是产品对市场总体趋势的统一应对。

2）差价系数调整是指根据实际销售的具体情况，对原先设定的差价体系进行修正，以均衡各种类型单元的销售比例。差价系数调整包括楼宇位置系数的调整、单元楼层系数的调整和单元朝向系数的调整。

从调价的主体来看，调价类型还可以分为主动调价和被动调价两类。

（2）间接价格调整

间接价格调整可以分为付款方式调整和优惠折扣调整。

付款方式调整是房价在时间上的一种隐性折让。付款时段的确定和划分、每个付款时段款项比例的分配、各种期限贷款利息高低的斟酌，是付款方式调整的三大要素。

1）付款时间的调整。付款时间的调整是指总付款期限的缩短或延长，以及各个阶段付款时间的提前或延后。

2）付款比例的调整。付款比例的调整是指各个阶段的付款比例是前期高后期低或前期低后期高，还是付款比例在各个阶段均衡分布。

3）付款利息的调整。付款利息的调整是指付款利息高于、等于或者低于银行的贷款利息，或者取消付款利息。

3. 价格调整时机

房地产项目调价时机通常根据工程进度和销售进度来确定。

（1）根据工程进度调价

根据工程进度调价应根据工程的形象进度来确定，通常有以下几个阶段：

1）项目开盘。项目取得预售许可证时，项目及现场销售部等形象已经显现，主力客户即将到来，为确保利润，价格比内部认购价格应高出一筹。

2）实景样板间开放（或其他工程进展中的标志性时间）。工程形象日趋完善，销售高潮已形成，此时略微提升价格，客户抗拒心理一般不大。

3）项目主体结构封顶。这标志着项目主体结构已经完工，购买风险大大降低，项目的大部分优势、卖点都能充分展示，此时是合适的提价时机。

4）项目竣工。竣工时项目的好坏优劣一览无遗，此时适当地调高价格也能得到消费者的认可。

（2）根据销售进度调价

根据销售进度调价主要是依据销售进度灵活调整价格。一般是在项目积聚了足够的市场人气后，为进一步制造销售热潮，以调高价格的方式对犹豫不决的客户形成压迫性氛围，促使其购买；或者当销售推广不利，在规定的时间内无法完成销售计划时，则考虑降价。

根据销售进度，调价有销售期和销售率两个标准，两者要综合考虑。1/3 销售期时即可调价，或者当销售率达到 2～3 成时也可调价。

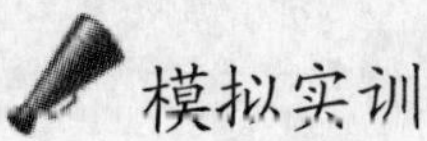

模拟实训

根据本课题学习目标的要求，结合相关理论知识，在教师的指导下，针对以下任务的要求展开实训。

任务一：调研某房地产项目，对其价格进行调研分析，重点了解其开盘价格和开盘后的调价情况。

____

____

____

任务二：分析此项目的垂直价差和水平价差是如何确定的。

____

____

课题四　房地产项目包装策划

学习目标

了解房地产项目包装策划的主要内容，熟悉房地产项目包装策略的具体应用，掌握销售场所包装的主要内容。能够选择合适的包装策略，并对房地产项目提出包装设计建议。

一、房地产项目包装策划的主要内容

房地产项目包装策划包含了一切能够影响房地产销售活动进行的相关因素，主要体现在产品设计包装、空间设计包装和形象设计包装三个方面，如图 5—3 所示。

1. 产品设计包装

产品设计包装策略是通过样板建筑的外观形象、技术应用、结构塑造等包装手段营造富于煽动力和体验感的样板环境。样板环境是房地产项目给客户的第一印象，是客户在购房过程中对周边环境的一种体验，并伴随着客户购房的全过程。产品设计包装的主要内容见表 5—13。

表 5—13　　房地产项目产品设计包装细分

细分项目	概念	包含内容
视觉形象包装	房地产项目概念的具体化、专业化	项目标识、标识系统、导示系统
地盘包装	房地产项目范围内一切广告宣传及销售设施和用具	户外广告、道旗、售楼处、样板间、人工景观、工地围挡
销售包装	“软件”的包装	销售人员的谈吐、着装，气氛的营造，活动、表演
施工建设包装	施工现场的整体管理	涉及开发商的实力、销售进度、建设质量等问题，应做好统筹计划安排
管理组织包装	对工程进度、销售进度总体的策划和把握	何时动工、何时加快进度、何时封顶、何时全面竣工、何时入伙

2. 空间设计包装

房地产项目的空间设计包装即房地产销售现场组成设计包装，它融入了对“顾客切身体验”的关注。空间设计体系包括建筑模型、售楼处、现场活动、售楼书和展销会等。销售现场的表现是产品品牌展示和能否吸引客户的关键所在。因此，国内开发商大都极其重视售楼处的设计与建设，将其作为项目推广准备工作的首要任务。

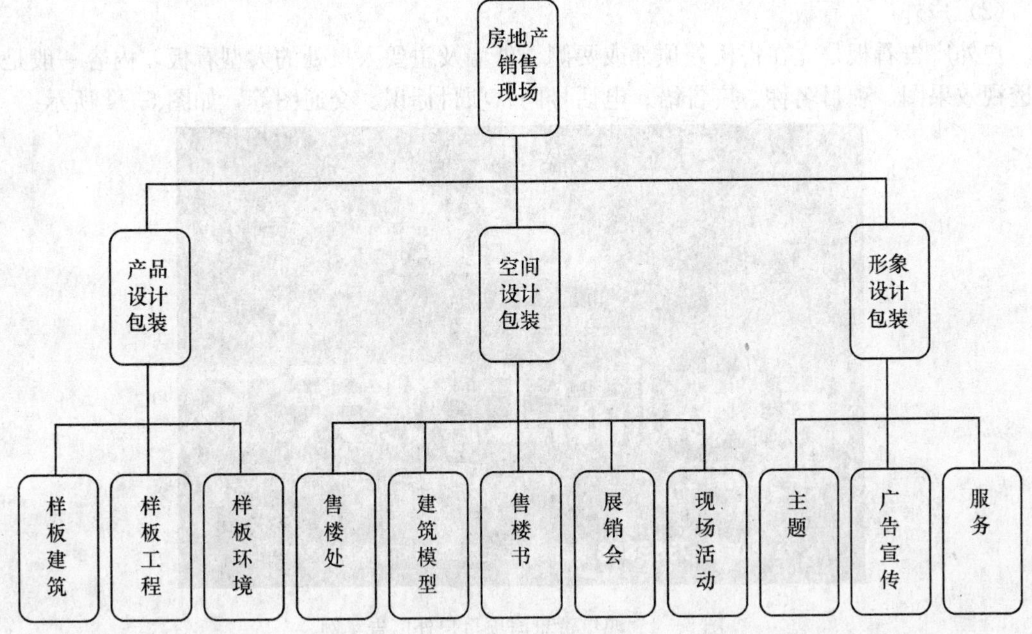

图 5—3　房地产项目包装策划的主要内容

3. 形象设计包装

产品设计包装是通过有形的感官刺激形成体验效应，而形象设计包装是通过无形的心灵震撼达到共鸣的效果。

(1) 主题

在房地产领域，项目主题主要通过项目名称、LOGO、广告诉求语和项目主打概念等途径来体现。

(2) 广告宣传

一个成功的项目离不开广告宣传的推动作用。广告宣传包括媒介广告和口碑宣传，并且口碑宣传的作用越来越显著。

(3) 服务

一个公司的核心竞争力体现在顾客服务水平上，服务能力越强，市场差别化越容易实现。

二、房地产项目包装策略应用

1. 入主工地前期阶段的房地产项目包装策略

(1) 外墙广告

外墙及搭建的围墙是房地产项目最佳的广告包装位置，面积大、范围广。一般的包装办法是：将外墙用墙柱分隔成多面，内容和图案可设计成几个系列广告，主要是项目名称、项目标识、电话号码等，以达到统一形象、加深客户印象的目的。

（2）户外广告看板

户外广告看板是立在售楼处顶部或两侧、外墙及主要入口处的大型看板，内容一般是项目透视效果图、项目名称、广告语、电话号码、项目标识、交通图等，如图 5—4 所示。

图 5—4　鸿星帝景湾项目户外广告实例

（3）LOGO

LOGO 即房地产项目标识，一般包括图案、美术字、字母等。房地产项目的标识体现房地产项目的档次及精神内涵，是房地产项目包装不可缺少的手段和内容。

LOGO 设计的基本部分由标准字体、标准色、标准基础组合（横式、竖式）、标识象征图形四部分组成，如图 5—5 所示，主要适用于以下应用部分：

1）宣传广告类。包括楼书、广告宣传单、海报、住宅说明书、彩旗、价目表、户型图、入住通知书等。

2）招牌、标识牌类。包括户外项目标牌、交通道路指示牌、户外广告牌等。

3）纪念品、礼品类。包括挂历、台历、明信片、贺卡、手提袋、电话记录本、打火机、太阳伞等。

4）证件类。包括工作卡、业主证、车辆出入卡、名片、胸卡、业主维修卡等。

5）文具类。包括标准信封、专用笔、笔记本、档案袋、文件夹、物业管理簿等。

6）账票类。包括账簿封面、管理费收据、付款通知单等。

7）交通用具类。包括看房车、小轿车、电瓶车、保安巡逻车、园林用车、清洁车等。

8）服装类。包括管理人员制服、销售人员制服、清洁工服、保安服、领带等。

9）日常用品类。包括烟灰缸、茶杯、菜碟、菜单、手巾、餐巾纸、报纸架等。

图 5—5 房地产项目 LOGO 实例

2. 施工阶段的房地产项目包装策略

（1）先入为主的致歉公告

如：

尊敬的____________：

本工地因施工，______________________。

不便之处，敬请原谅。

______________施工工地

（2）入口牌楼

入口牌楼即在楼盘入口或主要道路入口处搭建的大型牌楼。某些高档住宅的入口牌楼建筑设计精美，后期一般作为小区建筑的一部分保留下来。

（3）施工进度板

如：

本项目已建至____层，预计还有____天完工。

（4）指示牌

指示牌的形式灵活多样，有箭头形指示牌、指示板、三角指示牌、平面指示牌、多面指示牌等。指示牌与路旗一样，起引导作用，方便客户参观，提醒他们注意某些事项，展示开发商的细心与诚意。指示牌的设计风格要与整个房地产项目的主体相匹配。

3. 预售阶段的房地产项目包装策略

（1）路旗

路旗即在通向房地产项目所在位置的主要道路两旁设置的宣传旗帜，内容主要为房地产项目名称及标识，如图 5—6 所示。路旗对于一些位置偏僻，或者距主干道有一定距离的房地产项目起着重要的引导作用。

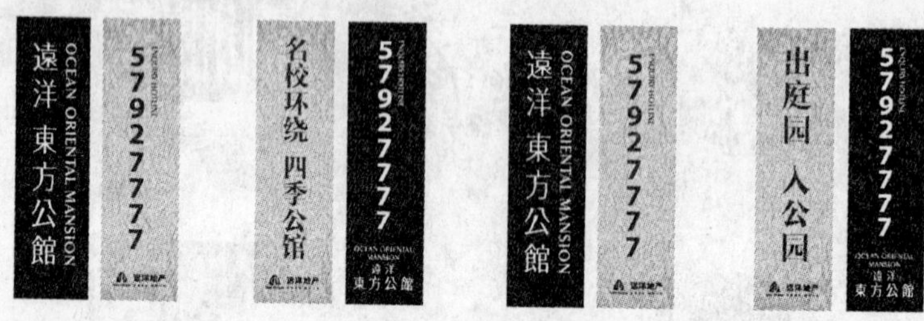

图 5—6　某房地产项目路旗实例

（2）景观庭园

档次较高的房地产项目，可以在售楼处前面的外部空间布置一些庭园式小景观（如假山、雕塑、喷泉、小瀑布、微型小花园等）。

（3）售楼处

售楼处的建筑外观风格应与房地产项目的类型、档次相吻合，颜色、造型、格调一致；售楼处室内摆设大致有接待台、展板（包括广告板、效果图、说明图）、灯箱广告、楼盘模型、户型模型、销售进度表、楼书、桌椅、屏风、饮水机等。

（4）充气拱门

充气拱门在房地产项目开盘、预售、促销、入伙时较常使用。

阅读资料 5—2

某房地产项目包装计划

销售主题	时间	包装名称	安装地点	尺寸	包装内容	包装预算（元）		备注
						设计费	制作费	
样板房	9月	样板房	项目西侧广场	按户型图设计	样板房形象展示		1 200 000	样板房月费用全年平摊
模型	9月	区域模型	现场售楼处	据现场需要	户型直观展示（电动升降地下车库）		60 000	
售楼部包装	8月10日—9月30日	装饰、挂旗	现场售楼处	据现场需要	项目形象		10 000	

续表

销售主题	时间	包装名称	安装地点	尺寸	包装内容	包装预算（元）		备注
						设计费	制作费	
销售区域现场包装	7月1日—7月30日	条幅	工地现场	200平方米	配合交房		2 000	
		空飘		6个，3米	配合交房		4 800	
		活动展板		据现场需要	配合售楼处、商业街包装等		12 000	
		喷画		600平方米	配合售楼处、商业街包装等		18 000	
		充气拱门		20米	配合售处、商业街包装等		3 800	
		工地东、西围墙		据现场需要	形象设计		6 000	
		道路		据现场需要	指示牌		4 000	
销售资料	7月15日	户型图	现场售楼处	大16开单面	项目形象、促销信息		4 000	3版
		海报		0.8米×0.6米	交楼、活动		8 000	
		《前期物业管理协议》小册子		大16开	宣传资料		8 000	
户外广告	7月15日	××立交桥户外广告牌	××立交桥东北角		项目形象宣传		26 000	销售周期内改版2次
不可预见费							40 000	

4. 收尾阶段的房地产包装策略

（1）树立入住率广告板

把能显示项目入住率的销控表做大，胜于任何一种宣传促销方式。

（2）逐步收回各种包装工具

有步骤地收回路旗、彩旗、充气拱门、广告板等，并注意保持清洁。

（3）树立告谢板

公开感谢市民的大力支持，树立公司品牌形象。

三、销售场所的包装策划

1. 售楼处

售楼处（销售部、销售展示中心）是销售活动的中心，售楼处的现场布置设计直接影响客户对开发商的信心和对房地产产品的购买欲望。

(1) 售楼处包装要点

售楼处的包装必须很好地体现房地产项目的建筑风格和特点，与房地产项目的核心卖点有机结合，体现房地产项目的内在气质。售楼处应提供尽量多的信息，创造良好的“购房环境”，成为展示开发商实力、品牌的载体。售楼处包装如图 5—7 所示。

图 5—7　某房地产项目售楼处实例

1) 售楼处位置的选择。售楼处设置的原则是有效地引导客户顺畅地参观，同时，售楼处的布置以凝聚客户为目的，尽量使客户聚集在某一范围内。因此，售楼处应位于较为显眼的位置，要求交通便捷、停车方便。

售楼处可设在房地产项目厅堂内，也可建在户外。户外售楼处又分为两种：一是紧靠项目厅堂搭建，与厅堂内部连为一体，空间上更为宽敞；另一种是建立在项目之外的独立的接待中心，可以脱离嘈杂凌乱的工地。异地售楼处都属于后者。

2) 售楼处设计形式的确定。根据其与样板房的设计关系，售楼处的设计形式有二合一式、联体式、分散独立式和立体式等四种，其设计形式和特点见表 5—14。

表 5—14　售楼处设计形式

设计形式	设计方式	特点
二合一式	利用多层建筑首层较为典型的户型作为样板房，同时利用样板房的各个房间充当功能分区，实现售楼处的基本功能	可加强客户对户型空间的直观感受，增强亲切感，但缺乏豪气。缺少家具的摆放，家居气氛较弱
联体式	将售楼接待区单独设置，样板房紧邻其侧布置，二者既独立又相连，从而形成一个整体，令客户不知不觉完成了看房的全过程	完整紧凑，既可保持独立接待区的气势，又可体验家居的温馨气氛
分散独立式	多体现在具有多种户型的房地产项目内。为展示某一户型，而选取与接待中心有一段距离的实例作样板房	二者相对独立且较分散
立体式	售楼接待区与样板房不在同一平面上	多用于高层建筑中

3）售楼处建筑外观风格的设计。售楼处应很好地体现房地产项目的建筑风格和建筑特点，外观风格应与项目的类型、档次相吻合，颜色、造型尽量与项目配合，协调一致，体现项目的内在气质。

4）售楼处硬件包装的设计。围板、户外招牌、LOGO、彩旗等作为售楼处的硬件，应该加以包装，突出特色，吸引客户光顾，并给其留下深刻印象。

5）售楼处软件包装的设计。销售人员应统一着装，服饰符合项目类型或定位；要对现场进行包装，吸引客户；制作体现实用价值的楼书；注意现场环境的清理及管理，维护项目良好形象。

6）售楼处导示系统的设计。售楼处应设置详细的导示系统以方便来访的客户。导示系统可分为外部导示系统和内部导示系统。

外部导示系统是指在项目周围一定范围内（如 1 000 米）的交通干道上设置售楼导示，尤其是对远离交通要道的项目，能起到指引客户和广告宣传的作用。外部导示系统主要有灯箱、灯杆挂旗等形式。

内部导示系统是在项目内部或售楼处内部设置的导示系统，主要用于指示项目总体布局、楼宇栋号与朝向，以及停车场、样板房和洗手间的位置等。

（2）合理部署售楼处功能分区

人性化的售楼处功能分区部署，可尽可能多地提供房地产项目信息，有利于项目的整合推广，如图 5—8 所示。

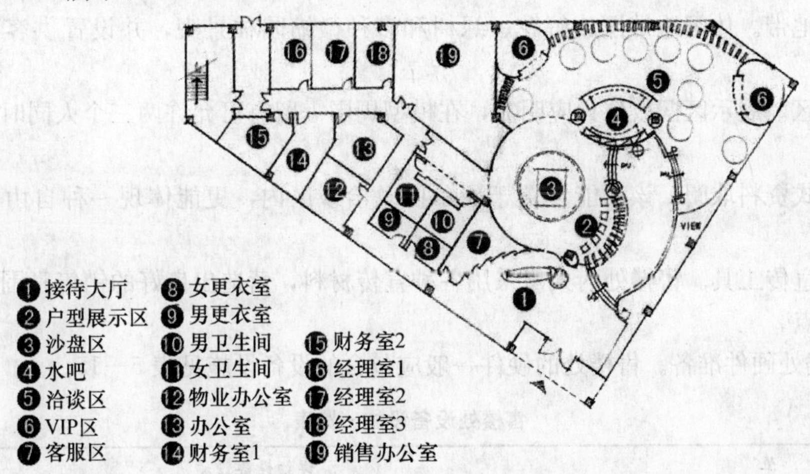

图 5—8　某项目售楼处功能分区实例

1）功能分区

①辐射区。辐射区是售楼处周边的过渡区域。辐射区内可通过气球、彩旗、广告牌、导示牌、横幅、植物、停车场等渲染销售气氛。

②迎宾区。迎宾区位于接近售楼处入口处，可方便销售人员接送客户。迎宾区一般设有巨型公司形象展示背板。

③楼盘展示区。楼盘展示区包括房地产项目的整体规划模型（1～2 个）和户型模型

(以主力户型或非样板间户型为主)。

④洽谈签约区。洽谈签约区设置在相对隐蔽和安静的区域,设有展板、洽谈桌椅,洽谈区和签约区可分别设置,也可合二为一。

⑤展示区。充分利用售楼处内部的周边或墙壁,展示购房及按揭流程、项目效果图、规划平面图、户型图、销售进度表(牌)、项目和公司的形象宣传资料等。

⑥音像区(兼作休息区)。音像区是售楼处的休闲区,包括洗手间、沙发、饮水机、影视设备、报刊杂志等。

⑦办公区。办公区包括财务室、会议室、工作室等。

售楼处功能布局常见动线如图 5—9 所示。

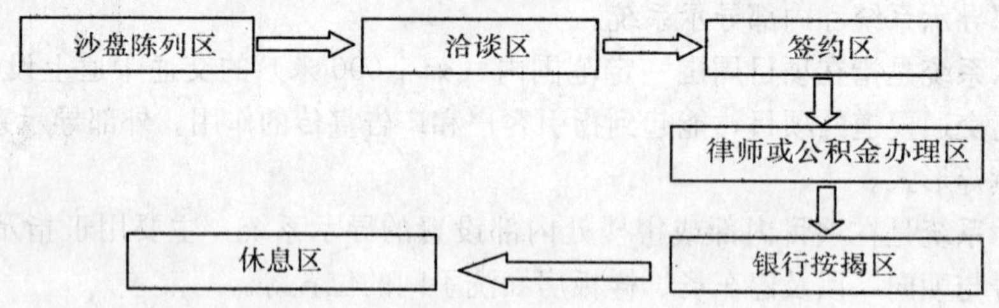

图 5—9 售楼处功能布局常见动线

2) 现场包装

①休闲地带。休闲地带摆放鲜花、绿树和多种微缩园林景观,并设置供客户休息的桌椅。

②展示区。展示区摆放位置应明显,在模型周围需留有可允许两三个人同时并肩通过的空间。

③自助式资料取阅。该功能设置于展示区及洽谈区内,更能体现一种自由、人本的精神。

④现场宣传工具。售楼处内大量采用各种宣传材料,营造出良好的销售氛围,凸显房地产项目的特点。

3) 售楼处硬件准备。售楼处的硬件一般应包含的设备设施见表 5—15。

表 5—15 售楼处设备设施一览表

清　单	详细设备设施
售楼处装修工作清单	墙、地面处理,门窗处理,灯光安排,空调安排,卫生间安排
展板工作清单	售楼处项目形象展示板,各户型平面展示板,项目特色展示板,项目总平面展示板,公司业绩资料展示板,销控表展示板,小区模型、楼宇模型、户型模型等
家具及环境软装饰工作清单	接待区,洽谈区,休息区,软装饰
销售人员个人配备品清单	服装、胸卡、名片、文件夹、文具
售楼处办公用品清单	计算机、打印机及附件,传真机、复印机及附件,各式文件夹、计算器、点钞机、签字笔、铅笔、橡皮、直尺、订书机、曲别针、剪刀、胶水、印泥等

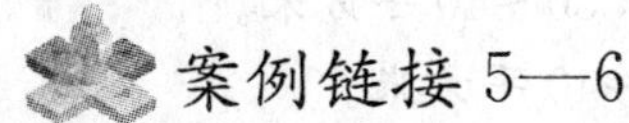

案例链接 5—6

某项目售楼处设计建议书

本项目规模大、开发销售周期长，售楼处是项目重要的营销和展示中心，售楼处的选址应考虑交通便捷、形象醒目，建议售楼处选址在××路与××路交汇处。

考虑到项目形象展示和客户积累期（半年以上），售楼处建设应早于工程建设，建议售楼处内部于 2009 年年底装修竣工，具备项目形象展示和接待客户的条件。

售楼处整体内部装修及外部景观展示应大气、豪华，体现项目整体品质和形象。根据销售、接待、展示及办公等功能需要，售楼处整体设计为两层，一层为销售展示区（约 1 000 平方米），二层为办公区（约 600 平方米）。

一、一层销售展示区

一层销售展示区按功能划分为 13 个功能区，详细功能划分及面积如下：

1. 接待区——用于客服引导和客户雨具等物品存放，面积约 10 平方米。

2. 销控区——用于摆放接待台、橱柜、销售电话，面积约 20 平方米。

3. 沙盘区——主要摆放区域总体沙盘、项目总体规划沙盘、户型沙盘、灯箱展板等，面积约 200 平方米。

4. 洽谈区——用于大批量来访客户的接待和休息，面积约 200 平方米，结合销售业态考虑，分为住宅接待区和商业办公接待区。

5. 水吧区——靠近洽谈区的位置设置水吧，备有咖啡、饮水设备等，面积约 20 平方米。

6. VIP 区——用于意向客户的深入洽谈和销售推介，分隔成 5 个单独房间，每个房间约 20 平方米，总面积约 100 平方米。

7. 签约区——用于客户签约、POS 机刷卡和银行工作人员临时办公，面积 50～100 平方米。

8. 财务室——用于财务办公和现金收付，面积约 30 平方米。

9. 物业展示区——物业公司派驻专业人员常驻售楼处，展示项目高端物业形象定位，并解答客户提问，面积约 10 平方米。

10. 影视区——用于项目宣传片播放、产品说明会及客户活动，面积 80～100 平方米。

11. 卫生间及盥洗区——设有男女卫生间及盥洗区，外置擦鞋机，面积约 40 平方米。

12. 销售物料储藏室——用于销售印刷品、宣传品的存放，面积约 10 平方米。

13. 复印室及更衣室——面积约 20 平方米。

二、二层办公区

1. 总经理室——包括会客室、小型会议室和独立卫生间，面积约 40 平方米。

2. 总经理助理室（分管营销）——包括大客户接待室和会客室，面积 30～40 平方米。

3. 副总经理办公室——用于分管工程及技术的副总经理办公，每间面积 20 平方米，共 40 平方米。

4. 行政办公室——用于经理及员工办公，分里外间，面积 30～40 平方米。

5. 销售部——用于经理及员工办公，分里外间，面积 30～40 平方米。

6. 财务室——面积约 20 平方米。

7. 办公区——用于工程、采购、成本控制等部门办公，每间面积 20 平方米，共 40 平方米。

8. 代理公司办公区——用于销售经理、策划人员、销售人员办公，面积 30～40 平方米。

9. 大会议室——带投影仪，面积约 100 平方米。

10. 小会议室——面积约 50 平方米。

11. 贵宾室——面积约 50 平方米。

12. 卫生间——男女卫生间及盥洗室，面积约 40 平方米。

三、外部景观及停车位

围绕售楼处应设计高档次景观区，用于进行售楼处外部环境美化和交通分流，周末、节假日进行销售活动时，客户聚集地同时需考虑设置停车位。

四、其他

1. 样板房设在售楼处外部，通过看房通道与售楼处直接连通。样板房区域周边精心绿化，设计中央水景喷泉。

2. 售楼处顶部考虑今后安装楼顶广告牌，需预留广告牌位置。

3. 在一楼侧面需为办公区域设立单独的出入口。

××营销策划公司

2011 年 6 月 29 日

2. 样板房

（1）样板房的选择要点

1）样板房应选择主力户型或主推户型。

2）样板房应设在朝向、视野和环境较好的位置。

3）样板房应设在可方便由售楼处到达的位置。

4）多层期房的样板房应尽可能设在一楼或低楼层；高层期房的样板房一般布置在 4～6 层，有电梯时，样板房可设在尽可能高的楼层；高层现房的样板房则一般设在较高的楼层。

5）条件不够时，也可以把样板房从施工现场隔离出来，在售楼处内或者旁边临时搭建样板房。

（2）样板房包装核心问题处理

一个装修精妙的样板房，往往能激发客户潜在的购买欲望。样板房包装核心问题见表 5—16。

（3）样板房包装应注意的问题

1）营造真实的居家环境。样板房不是简单的展示单位，要运用专业手法营造一个真实的居家环境。样板房各房间的布置、摆设，以及局部的细节处理，都应给人一种舒适的感觉。

表 5—16 样板房包装核心问题处理

装修空间	装修要点
客厅	应着重注意气氛效果和光线
餐厅	应采用美观整洁的材料，优美柔和的氛围是其主要的表现方式，客厅与餐厅的连接应有整体性、融合性、连贯性，使两者之间能够达到相互衬托的效果
主卧室	应考虑给客户一定的选择余地，能够提供各式格调的装修菜单，供客户自行决定
儿童房	应密切结合项目的客户市场定位
书房（多功能房）	装修风格应与客户市场定位相结合，对于中低档居所，应将其当做多功能房来进行设计和装修
厨房	在经济实用型住宅中，厨房的多功能角色应逐步加以考虑，如洗衣机、微波炉等可以巧妙地内置于厨房地柜内，从而使厨房的空间利用程度更为紧凑，整体性更加强烈，而且方便、实用
卫生间	用途已由个人卫生发展到健康享受

2）电梯与通道、楼梯的包装。电梯要直通样板房所在楼层。通往样板房的通道和楼梯应整洁明亮，并注意布置一些灯光及小展板、文字标识。

3）设立户外样板房。样板房不设置在楼盘，而在户外单独搭建，一方面可以避免与施工互相影响，另一方面又可以尽量弥补样板房局部细节如朝向、通风采光条件等的缺陷。

4）注重细节，充分利用空间。广泛使用指示牌、说明书，说明位置、方向、用途、材料、面积和注意事项等。样板房应布置周到，居家用品摆设丰富。某项目样板房客厅装修如图 5—10 所示。

图 5—10 某项目样板房客厅装修实例

5）色调应强化促销氛围。目前高档项目的样板房装修多用比较素淡的色调，其用料亦较为考究；而部分项目的样板房装修用色较为鲜艳，易使客户注意力分散。

6）样板房要具备安全性。工地上方棚架、施工中的灰渣、地面的平整程度、周围杂物、不利的景观，以及施工人员的人流等，都会造成安全隐患。

3. 模型

房地产项目模型可以分为规划模型、户型模型、楼座模型、立体模型、剖面模型和园林规划模型等。一般情况下，售楼处至少需具备规划模型和户型模型。

（1）规划模型

规划模型涉及项目的诸多内容，如项目的地址和位置、模型和现实的比例尺寸、邻居情况、社区规划、规划红线外的情况、景观的布置、社区朝向、在建的住宅和规划中的住宅、周边交通、周边规划示意等，如图 5—11 所示。

规划模型可以根据售楼处的面积和规划情况进行设计。大项目多采用两个模型，一个是整个区域的布局示意模型，一个是正在推销区域的精致大模型。

规划模型的制作应注意以下问题：

1）规划模型的高度不能高于眼睛的位置，即大约为 1.7 米（低密度住宅可再调低）。

2）如项目密度太大，可稍微放大楼间距或将楼体占地面积稍微缩小。

3）如项目的主卖点为园林绿化（尤其别墅模型），可将模型高度调低，最好为人站在模型边，眼睛向下 45～50 度可看到模型的中央位置，沙盘高度 60～75 厘米。若模型较大，可再调低高度。如有必要，可另外设置区内园林模型。

4）规划模型一般摆放于售楼处的中央位置，以确保模型四周能被客户看到。

5）矩形模型沙盘四角必须修圆，以免伤人。

6）充分利用模型底部，车库如位于楼体地下，可将个别楼体设计成具备电动遥控升降功能，在向客户介绍时，可遥控升降，使客户清晰地了解车库结构设计情况。

7）规划模型一般应具备灯光装饰。

8）如有需要，可增加区外配套指示，如地铁站、公园等。

9）楼座顶部需有楼号指示牌。

10）规划模型必须有坐标、案名、模型比例值。

11）规划模型应具备实物样板间所不具备的便携性，可以搬到展会上使用。

（2）户型模型

户型模型应将所有主力户型以模型形式进行展示，如图 5—12 所示。设计户型模型时应注意以下问题：

图 5—11　某项目规划模型实例

图 5—12　某项目户型模型实例

1）不建议设置整层的户型模型，应为各户型单独设计模型，有利于在售楼处分散人流和有针对性地介绍户型。

2）户型比例模型一般为 1∶30，视面积而定，但不应小于 1∶50。

3）户型模型主要目的是突出其内部分布，底盘的高度应为 80～90 厘米，以方便观看，内部必须有家具配备及装修，以显示居住的舒适性，增强真实感。

4）别墅的户型模型建议侧面其中一面不装墙，以便能看清内部的格局，而且每层需拉开10～15厘米距离。别墅的底层花园、阳台或空中花园等必须配有精致的绿化配合，而且需要设置人物。

5）户型模型需配置透明塑胶盖。

4. 展板

制作展板的主要目的是方便销售人员向客户介绍项目。展板资料应真实，色彩、图片和构图都要赏心悦目。根据内容不同，展板可以分为硬性展板和软性展板两种。

（1）硬性展板

硬性展板主要用于介绍项目产品，尺寸一般为1米×1.5米（竖向），通常装饰在墙上或其他位置，其主要内容见表5—17。

表5—17　房地产项目硬性展板主要内容

编号	内容	低档楼盘	中档楼盘	高档楼盘	投资性楼盘
1	地理位置及交通	√	√	√	√
2	规划设计	√	√	√	○
3	园林设计（小区内）	○	○	√	○
4	景观资源（小区外）	○	○	○	○
5	片区配套设施介绍	○	○	○	√
6	片区发展介绍	○	○	○	√
7	升值潜力或租金回报	○	○	○	√
8	主力户型	√	√	√	○
9	开发商介绍	○	○	○	○
10	智能化介绍	○	○	○	√
11	会所配套	○	√	√	√
12	物业管理	○	○	○	√
13	装修用料	○	○	○	√
14	强强联手	○	○	○	○

注："√"为必须有的内容，"○"为根据项目情况选用的内容。

（资料来源：余源鹏《房地产日常策划业务实操一本通》）

（2）软性展板

软性展板用于对项目进行感性介绍，一般为售楼处内部大型海报，尺寸根据墙壁大小而定。软性展板的主要内容及应用场合如下：

1）用于进行形象展示的大型图片或效果图，一般为立面透视效果图、鸟瞰效果图、中庭景观效果图、单体透视效果图、园林效果图或实景图、著名设计师的相片、各项设施带来享受的图片和项目外景观实景图片等。

2）展现客户的未来生活场面，令客户产生美好的联想。

3）多用于以环境为主卖点的项目，彰显业主的身份地位。

4）多适用于封闭式售楼处，有效营造楼盘的个性及形象，令客户在进入或离开售楼处时感受到强烈的对比，从而感受到项目的与众不同。

5. 楼书

楼书用于辅助销售、介绍房地产项目，一般应包含项目照片（实景或效果图）、文字资料、图片资料和相应的解释说明。楼书是房地产营销重要的宣传工具，是房地产项目的“名片”，能够直观地将房地产项目信息完整地展现给客户。

（1）楼书的分类及主要内容

楼书有功能（硬性）楼书和形象（软性）楼书之分，其各自包含的内容见表5—18。

表5—18　　功能楼书和形象楼书包含内容一览

	功能楼书	形象楼书
目的	介绍产品的特点（产品说明书）	提升项目形象，硬件的介绍较少，重点侧重于生活、环境、身份等
表达方式	多以图片表示，并配以大量介绍性的文字	以大幅图片为主，文字侧重于感性表达，内容较虚，项目实际内容较少，没有规定必备什么内容，主要以漂亮的图片提升客户的购买冲动，多适用于高档楼盘或别墅楼盘
内容	1. 位置图、交通路线图及坐标 2. 规划图及坐标 3. 建筑特色、外立面图片 4. 园林、景观 5. 智能化设备 6. 建筑用料 7. 周边配套设施、环境 8. 物业管理及安防设施 9. 曾获奖项 10. 装修及交房标准 11. 项目内配套设施及会所 12. 开发商品牌 13. 投资分析 14. 户型图及坐标 15. 封底为有关公司名称及代理公司名称 16. 参考资料、发展设计用途、各政府文件号码	1. 建筑风格 2. 环境 3. 各设计公司 4. 会所 5. 位置图（一般设于封底） 6. 有关公司名称及代理公司名称

（2）楼书设计应注意的问题

1）楼书应较厚重，给予客户稳重的感觉，表现大气。硬性楼书页数不宜过多（28～40页），若页数不够，可采用较厚重的纸张。楼书尺寸不宜过大，否则会不方便携带，如图5—13所示。

2）硬性楼书必须具有表5—18中所要求的内容，除非资料未落实。

3）楼书内容必须正确，尤其是户型图、数据必须仔细核对，不能出现差错，开发商须签名确认。

4）楼书必须注明“上述一切资料，均以政府最后批准图则及法律文件为准”。

5）楼书中应注明售楼处地址和电话号码、开发商名称、代理商名称及物业管理公司名称。如有其他著名合作单位也要注明（如设计单位、建筑公司、园林设计公司等）。

6. 海报、宣传单张

海报和宣传单张主要做大量派发使用，适用于展会、巡展、街头派发。海报的尺寸多为41 厘米×57 厘米，宣传单张则多使用 A4 或 A3 尺寸。

（1）海报、宣传单张的作用

相比于媒介广告的无方向性宣传，海报和宣传单张宣传范围小但精确覆盖。派发海报和宣传单张是房地产项目促销时常用的宣传策略，也是向客户传递房地产项目信息的有效方式之一。宣传单张如图 5—14 所示。

图 5—13 某项目楼书实例

图 5—14 某项目宣传单张实例

相比于电视与报纸广告的大额资金投入，海报和宣传单张的特点是费用低、到达率高，针对性强，可起到事半功倍的作用。

（2）海报、宣传单张的主要内容

1）案名、LOGO 及宣传语。

2）外立面效果图。

3）项目最大卖点及重点介绍。

4）价格（选择性）。

5）主力户型图及坐标。

6）小区规划图及坐标。

7）位置图及坐标。

8）现房或准现房的字眼（如有）。

9）投资回报分析（投资物业）。

10）最后注明“上述一切资料，均以政府最后批准图则及法律文件为准”。

11）售楼处地址和电话号码、开发商名称、代理商名称及物业管理公司名称。如有其他著名合作单位也应注明（如设计单位、建筑公司、园林设计公司等）。

7. 折页

折页是房地产项目宣传的另一重要工具。折页的设计应多预留一个折口（袋），可插放平面图或户型图，如图 5—15 所示。折页一般应包含以下内容，所有内容必须正确，并在印刷前经开发商签字确认。

图 5—15　某项目宣传折页实例

（1）案名、LOGO、宣传语。

（2）位置图，显示道路或街道名称、坐标、绿化带和周边配套位置，并加以文字说明。

（3）小区规划图（如有一、二、三期，要标明，或以不同颜色进行区分）及坐标。

（4）会所效果图及部分会所设施的图片。

（5）户型图（选择性）及坐标。

（6）景观及园林介绍。

（7）物业管理情况介绍（如属高档或外销楼盘，则此项内容为必备）。

（8）外立图或小区效果图。

（9）车库及人车分流介绍。

（10）周边物业售价或租价比较（选择性）。

（11）售楼处地址和电话号码、开发商名称、代理商名称及物业管理公司名称。如有其他著名合作单位也要注明（如设计单位、建筑公司、园林设计公司等）。

（12）最后注明"上述一切资料，均以政府最后批准图则及法律文件为准"。

8. 平面图和户型图

平面图和户型图的尺寸应比楼书或折页小，以方便夹在楼书或折页内。某项目户型图如图 5—16 所示。平面图和户型图的设计风格和色调必须与项目整体风格相匹配，一般包含以下内容，所有内容必须正确，并在印刷前经开发商签字确认。

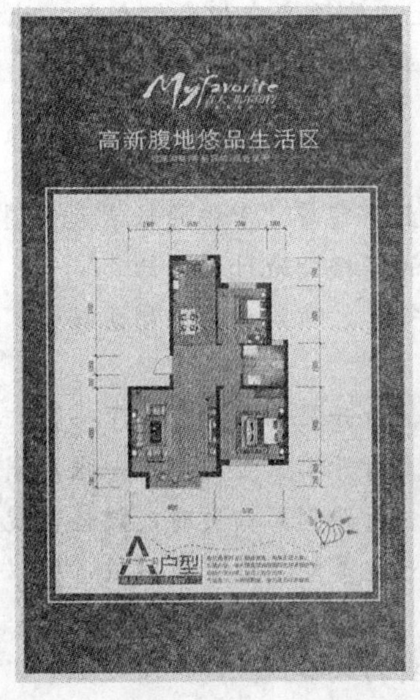

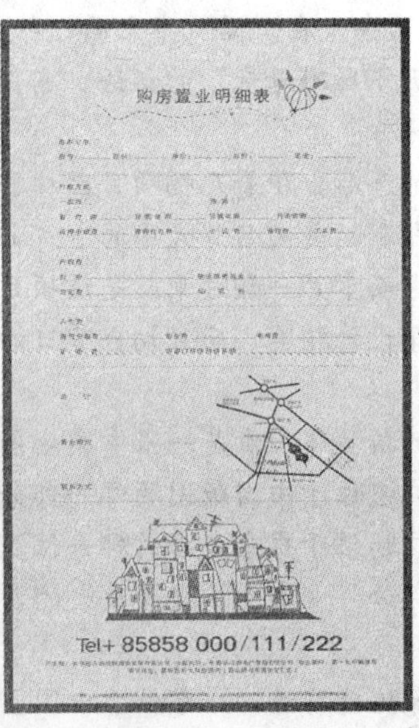

图 5—16　某项目户型图（正、反面）实例

（1）户型号或名称，以及所在楼号。

（2）案名、LOGO、宣传语。

（3）户型局部的不同（如上、下层户型一样但阳台面积不一样，应分别注明）。

（4）户型销售面积。

（5）户型进深及面宽尺寸。

（6）户型套内面积。

（7）户型内需设有基本家具摆放。

（8）规划图，以标明该户型所在位置。

（9）坐标，以指示户型的方向。

（10）户型的优点及其景观指引说明。

（11）所有插座、电闸及空调开关的位置。

（12）户型的承重墙、非承重墙、窗户、门。

（13）管道的位置。

（14）最后注明“上述一切资料，均以政府最后批准图则及法律文件为准”。

案例链接 5—7

某项目宣传单张和折页设计应用分析

项目一

某高档楼盘在市场推广时，因为母亲节即将到来，项目策划者考虑到人们普遍的求福祝

愿心理，于是将整张宣传单张剪切做成一张流光溢彩的“福”字，而“福”字中间又隐含着项目的LOGO及名字。在“福”字上面，印上“是母亲庇护我们成长，让幸福庇护母亲一生平安——祝福天下所有母亲”的话语。宣传单张上方设计了一根小红绳，让人可以将其挂在墙上或者其他地方。

在宣传单张的背后，印着几幅项目园林、小区及室内设计的精美图片。在宣传单张的最下方，贴着一张印制精美的名片大小的卡片，上面写着“幸福的母亲最希望住在哪里”这样一句悬念式的话，而卡片一翻过来就是该项目的售楼处地址及电话。

这张宣传单张设计精美，而且切合节日的气氛，所以客户很愿意接受。

项目二

曾有一楼盘的折页乍一看是一张中国地图，打开第二页却变成了一张广东地图，而且用明显的标识圈出广东位于中国版图的哪一部分。打开第三页又变了一张广州市地图，同样用明显的标识圈出广州位于广东版图的哪一位置。打开到第四页时，该楼盘就被很夸张地突出位于广州的哪一部分——由于该楼盘最大的卖点就是处于最繁华路段，所以地段是其要突出的重点。

折页中的文案这样写道：广东位于中国重要的战略位置，广州又位于广东重要的战略位置，××位于广州CBD最核心位置，猜一猜××的升值潜力如何?

客户随着折页本身制造的悬念步步深入了解，最后才发现自己陷入策划者精心策划的圈套之中——大家在轻松一笑的同时，也对该楼盘的卖点印象深刻。

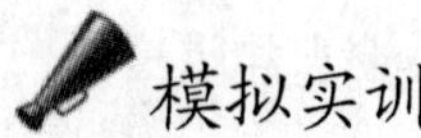

模拟实训

根据本课题学习目标的要求，结合相关理论知识，在教师的指导下，针对以下任务的要求展开实训。

任务一：假如某小型房地产项目要进行整合推广，请列出必须要进行的包装措施，并对其进行初步成本分析。

任务二：收集房地产项目宣传单张若干张，对其设计内容进行分析。

任务三：现场调研一个刚开始销售的房地产项目，对其售楼处现场的包装情况进行调研，并撰写调研报告。

课题五　房地产项目广告策划

学习目标

了解房地产项目广告的分类，熟悉广告费用预算的方法及影响因素，掌握房地产项目广告的内容、广告媒介的优缺点、选择影响因素和广告效果评价的方法。能够对房地产项目各阶段广告的目标进行分析及确定，能设计简单的报纸广告文案，能进行媒介的选择和组合，并对房地产项目广告效果进行简单评价。

一、房地产项目广告策划的目标

房地产项目广告策划是房地产企业在广泛调研的基础上，对房地产市场和个案进行分析，以决定广告活动的策略和广告实施计划，力求广告进程的合理化和广告效果的最大化，最终将产品介绍和推广给潜在的客户。广告策划是房地产策划部门的核心业务之一。

房地产项目广告策划的目标是指房地产广告在一定的时间内，对特定的目标消费者所要完成的沟通任务和销售目标。

1. 不同策划目标的广告分类

（1）通告性广告

通告性广告具有广而告之的作用，目的是促使初级需求产生。在房地产项目处于导入期时，为了引起消费者的兴趣，采用通告性广告，告知消费者楼盘的位置、品质、设计、价格、配套设施、环境、物业管理、开盘时间等消费者感兴趣的信息，吸引消费者的注意力，激发消费需求。因此，通告性广告多在房地产产品刚刚入市或者推广出现变动时使用。某项目通告性广告如图 5—17 所示。

（2）说服性广告

说服性广告的作用在于能够更多地传递房地产项目各方面的信息，加深消费者对项目的认知深度，提高本企业项目的竞争力，说服消费者从竞争对手的项目转到本企业的项目。当消费者的购买欲望已经产生或该房地产项目所处的竞争环境颇为激烈时，可较多地采用说服性广告。某项目说服性广告如图 5—18 所示。

（3）提示性广告

图 5—17　某项目通告性广告实例

图 5—18　某项目说服性广告实例

提示性广告的作用是为了保持消费者对某种住宅产品的记忆，提醒消费者不要遗忘本产品。因此，提示性广告多在房地产项目已进入中后期时使用，或用于新旧楼盘开发的间隙期。某项目提示性广告如图 5—19 所示。

2. 房地产项目不同开发阶段的广告目标

确定广告目标时，要考虑消费者认知过程的阶段性，确定分阶段的广告目标。预先明确各阶段的广告目标，有利于广告的设计与创作，见表 5—19。

图 5—19 某项目提示性广告实例

表 5—19　　房地产项目主要营销阶段的广告目标

引导预热期	公开发售期
1. 预告新项目上市，唤起潜在客户注意 2. 说明产品特点，促进推销活动 3. 介绍产品功能、效益、用途和增值性 4. 接触推销人员未能接触的潜在客户 5. 唤起客户对项目的购买欲望，进而采取购买行动	1. 宣布新项目上市 2. 延续引导预热期广告目标 3. 建立项目品牌知名度
强销期	销售持续期
1. 延续公开发售期主要广告目标 2. 说明项目与其他竞争项目的差异性 3. 引证项目畅销 4. 加速意向客户的购买行动 5. 引导客户作最后的选择 6. 指导客户挑选产品 7. 指导客户投资分析 8. 鼓舞销售人员士气	1. 延续强销期广告目标 2. 宣布促销活动 3. 排除销售障碍 4. 加速较难出售产品的销售

二、房地产项目广告费用预算

1. 房地产项目广告费用预算的内容

常见的房地产项目广告费用预算组成见表 5—20。

表 5—20　　房地产项目广告费用预算组成

类别	费用项目
广告调查费用	包括广告前期市场研究费用、广告效果调查费用、广告咨询费用、媒介调查费用等，占广告费用总额的5%左右
广告制作费用	包括照相、制版、印刷、录音、摄影、录像、文案创作、美术设计、广告礼品等直接制作费用，占广告费用总额的5%～10%
广告媒介费用	购买报纸和杂志版面、电视和电台播出频道和时段、租用户外看板等其他媒介的费用，是广告费用的主要组成部分，占广告费用总额的80%～85%
其他相关费用	与广告活动有关的公关活动、管理费等费用，占广告费用总额的5%左右

案例链接 5—8

某项目开盘前期广告费用预算

项目	内容	单价（元）	数量	标准	预算（元）
POP 道具	户外广告牌		1 块	1 年	250 000
	售楼处顶部看板		1 块	1 年	180 000
	模型		1 个		20 000
	室内裱板	400	4 个		1 600
	室内灯箱	1 200	4 个		4 800
	LOGO 墙		1 面		5 000
	横幅	900	10 面		9 000
	引导旗	250	100 对		25 000
设计部分	楼书	30	2 000 本		60 000
	销售海报、销售平面图	5	4 000 份		20 000
	名片、手袋等	5	1 000 份		5 000
媒介组合	××晚报	28 000	4 次	整版彩色	112 000
	××时报	25 000	4 次	整版彩色	100 000
	电视广告			3 个月套餐	180 000
	开盘促销				90 000
	促销				50 000
备用					50 000
小计					1 162 400

2. 广告费用预算的影响因素

(1) 市场竞争程度

房地产市场竞争激烈、竞争者数量多时，需要较多的广告费用投入。

(2) 广告投放频率

一般目标沟通对象在一个购买周期内接触 3 次广告信息才能产生记忆，接触 6 次为最佳频率，当广告频率超过 8 次，将会产生负面影响。

(3) 产品的销售进度

销售初期广告预算较高；当销售达到一半时，需要投入最多的广告支出；当销售接近尾声时，广告预算降低。

(4) 产品的替代性

竞争者多、替代性强的房地产项目，一般要做大量的广告，突出与其他楼盘的差异性。

(5) 开发企业的品牌

一个知名的品牌所需投入的广告费用有时远远少于一个普通的品牌。借助于品牌的知名度，少量的广告投入就会使消费者对其产生良好的认知。

3. 广告费用预算的方法

常用的广告预算方法及其优、缺点见表 5—21。

表 5—21　广告预算方法比较

方法	定义	优点	缺点
销售百分比法	企业根据目前或预测的销售额的百分比决定广告费用的多少	可因企业承担能力的差异而变动	销售额与广告费用之间并无直接逻辑关系
量入为出法	将广告费用设定在企业所能负担的水平上	没有资金压力，简单易行	完全忽视广告对销售量的影响，易导致推广支出超量或不足；企业一旦遇到困难，首先削减的就是广告预算和支出
竞争对等法	按竞争对手的大致广告费用来决定本企业的广告费用支出。是房地产企业较常使用的方法	充分考虑到竞争对手的策略	忽视了企业自身的问题，并假设了相同的预算支出会产生相同的营销效果
目标任务法	企业先确定广告目标，据其决定必须执行的工作任务，然后估算每项任务所需的广告支出，总和就是计划广告预算	以目标为依据做预算，针对性强；解决实际问题能力强	需要更多技巧；任务的内容和成本的确定带有明显的不确定性

4. 广告费用预算的计划与控制

房地产广告费用预算一般控制在楼盘销售总额的 1%～3%。通常，广告的发布主要集中在引导预热期、公开发售期、强销期和销售持续期四个阶段。不同阶段的广告费用支出情况见表 5—22。

表 5—22　　各主要广告周期费用支出情况

广告周期	广告费用支出情况
引导预热期	广告费用支出较大，一般占总预算的30%～50%
公开发售期	报刊等媒介的费用上升，其他的销售道具已制作完成，较少再产生费用
强销期	一方面，报刊杂志、广播电视的广告密度显著增加，费用上升；另一方面，为了推动销售，将穿插各项促销活动，因此将增加较大的广告预算。这一阶段的广告费用占总预算的40%以上
销售持续期	销售逐渐结束，广告费用慢慢趋近于零

三、确定广告的内容

广告的主要内容涉及广告的主要类别和广告的主题，不同的类别和主题传递了不同的广告内容和信息。

1. 广告的类别

（1）形象广告

形象广告的主要目的是树立开发商和房地产项目的品牌形象，并期望给人留下整体和长久的印象。

（2）促销广告

促销广告的主要目的是传达所销售楼盘的有关信息，吸引客户前来购买。大部分的房地产广告都属于此类。

（3）公关广告

公关广告的主要目的是树立企业的良好形象，一般通过软性广告的形式出现（如在大众媒体上发布的入伙通知、联谊通知、祝贺词、答谢词等）。

（4）观念广告

观念广告的主要目的是倡导全新生活方式和居住时尚。

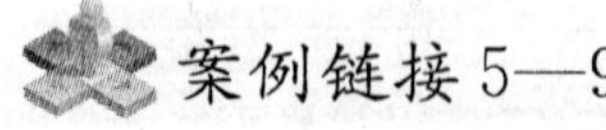

案例链接 5—9

房地产价值论之教育篇——某项目12月份推广主题

发布时间：12月7日

主题语：我们认为，每个孩子生下来就是天才

标题：名校相邻，高端教育，百年树人从这里开始

文案：◆这里的孩子，生下来就是小天使（幸福）

小白鸽幼儿园、红星幼儿园

◆这里的孩子，每一个都是优等生（优秀）

市实验小学、市第三中学

【孟母三迁】

孟子幼时，其舍近墓，常嬉为墓间之事。其母曰："此非吾所以处吾子也。"遂迁居市旁。孟子又嬉为贾人炫卖之事。其母曰："此又非所以处吾子也。"复徙居学宫之旁。孟子乃嬉为俎豆揖让进退之事，其母曰："此可以处吾子矣。"遂居焉。及孟子长，学六艺，卒成大儒之名。

【译文】

孟子小时候家离墓地很近，就常常玩办理丧事的游戏，他母亲说："这不是我可以用来安顿儿子的地方。"于是搬迁到集市旁边，孟子又做学商人卖东西的游戏。他母亲说："这也不是我可以用来培养儿子的地方。"于是他们又搬到了学堂附近。孟子开始学习谦恭礼让之事，变得守秩序、懂礼貌、喜欢读书。这个时候，孟子的妈妈很满意地说：这才是我儿子应该住的地方呀！孟子长大成人后，学成六艺，终获大儒的名望。

媒体组合：报纸硬广告＋软文、短信群发、DM派单、电视流动字幕广告、商务楼宇液晶电视广告、电梯广告

2. 广告的主题

广告的主题主要解决广告信息如何通过富有创意的思路、方式和恰如其分的广告表现传达给受众的问题。常见的广告主题有以下类别：

（1）与购买心理有关的感性主题

与购买心理有关的感性主题主要是指能够引起消费者对项目品牌的记忆，令其相信本项目比竞争对手的项目要好，从而产生偏爱的广告主题。如：

蔚蓝海岸（深圳）项目推出的广告主题——"极品的生活，就是挥霍得起阳光与空气的亲水生活""在蔚蓝会所，我找到了把阳光搅拌到咖啡里的那种感觉"。该广告将客户追求的阳光和空气作为主题，会使那些渴望拥有一个整天与阳光和河水为伴的家的消费者产生购买的冲动。

（2）与购买行动有关的理性广告主题

与购买行动有关的理性广告主题主要是指能够引起消费者理性消费行为的广告主题。如：

西安某公寓项目广告——成家立业后，自然而然地想寻求一个属于自己的空间，但是缺少了儿女承欢膝下的父母过得会快乐吗？让父母住在离自己很近的地方，经常的探望同样会使父母笑逐颜开。

（3）与产品内容有关的广告主题

与产品内容有关的广告主题主要是指能够引起消费者直接关注产品相关内容的广告主题（如产品规划特色、产品周边环境、特色设施等）。如：

泰富华庭项目的广告——泰富华庭为业主倾力打造5 700平方米地面景观园林和4 000多平方米空中园林，形成以棕榈泉中央景区、迪斯尼儿童乐园、矽谷园3大主题景区为核心的立体式园林。

（4）与产品营销推广有关的广告主题

与产品营销推广有关的广告主题主要是指与房地产项目推广过程中促销活动相关的广告

主题。如：

购房送户口，三万元购两房，月供600元起，毛坯价送精装修，仅限5名。

(5) 与企业形象有关的广告主题

与企业形象有关的广告主题以房地产公司的规模、信誉、对社会的贡献为主要内容。如：

万达商业广场——缔造商业传奇，引爆财富亮点。

3. 广告诉求点

广告诉求点即广告本身要告诉受众的是什么。广告诉求点是对产品卖点的高度提炼和概括，转化成消费者容易理解和记忆的信息，让消费者充分认知产品。

(1) 理性诉求和感性诉求

1) 理性诉求。理性诉求即通过真实、准确、公正地传达开发商或房地产项目的有关信息或其带给消费者的利益，让受众理智地作出决定。理性诉求广告实例如图5—20所示。

图5—20　某项目理性诉求广告实例

房地产产品的特殊性决定了消费者购买决策的理智性，因此，理性广告是房地产广告诉求的基础，其诉求点可以从户型、地段、价格、环境、配套设施、升值空间等入手。

2) 感性诉求。感性诉求即通过描述广告中的人物或家庭购买房地产产品后得到的精神和情感收获而打动和吸引消费者，唤起其认同感和购买欲。感性诉求广告实例如图5—21所示。

房地产销售往往倡导一种温馨的或者个性化的生活方式，对某些消费者是一种事业成功的标志和体现。因此，亲情、成就感、尊贵感及生活品位等方面的诉求，可以引起消费者情感上的共鸣。

在实际运用过程中，可运用理性诉求和感性诉求相结合的方法，即用理性诉求传达信息，以感性诉求激发消费者的购买欲望，从而达到最佳的广告效果。

(2) 房地产广告诉求点应用

房地产广告诉求点的确定应根据具体项目具体分析，可从以下方面考虑：

1) 阐述项目的位置、所在地的历史渊源、项目交通条件。

2) 阐述项目人口密度情况。

3) 阐述项目的升值潜力。

4) 阐述项目的背景、开发商的信誉。

5) 阐述项目的品质、实用率和舒适程度。

6) 阐述项目的付款计划。

7) 阐述项目的深远意义。

图 5—21 某项目感性诉求广告实例

8）阐述项目的物业管理特色。

4. 房地产项目平面广告文案

房地产广告传播的主要目的是传播信息，因此，平面广告文案应包含项目名称及 LOGO、广告标题、楼盘形象、地理位置、项目卖点、价格和开发、建设、销售信息等要素，在房地产项目广告中根据实际需要选择使用，如图 5—22 所示。

图 5—22 房地产项目平面广告文案要素一览

（1）项目名称及 LOGO

房地产项目平面广告应在醒目位置标明项目名称及 LOGO，设计新颖的项目名称和 LO-

GO 能够迅速吸引消费者的注意，给其留下深刻的印象，引导消费者关注项目的其他信息。

（2）广告标题

广告标题也称主打广告语，是整个房地产广告文案的精华，能够起到概括和提示广告内容、突出产品特殊优势、吸引消费者购买兴趣的作用。如：

如图 5—23 所示，某项目的平面广告标题是“我和邻居，没共同语言。”，乍一看，让人吃惊，仔细品味画面，主人公和林木、野花、小鸟为邻做伴，尽享大自然的丰厚馈赠，捕捉现代人厌倦喧嚣、回归自然的心态，可谓回味无穷。

图 5—23　某项目的平面广告实例

（3）楼盘形象

楼盘形象展示的主要目的是吸引消费者的注意力，有以下不同的表现形式：以建筑整体为中心的楼盘形象，以建筑细部为中心的楼盘形象，以人物形象表现的楼盘形象，以自然风光表现的楼盘形象，以及以人文景观表现的楼盘形象，以及以水墨山水表现的楼盘形象等，如图 5—24 所示。

（4）地理位置

项目地理位置是房地产广告应具备的重要内容，是消费者关注的一个重要信息点。一般除了利用简略地图标明项目确切位置外，还应标注周边标志性建筑，主要商业、教育等配套设施，以及便捷的交通设施等。

图 5—24　楼盘形象表现形式实例

(5) 项目卖点

项目卖点即项目所特有、最具特色、最能吸引消费者的项目要素特征（如区位优势、交通便捷、文化内涵、规划布局、建筑风格、户型设计、价格优惠、装饰装修、配套设施、物业服务、发展潜力等）。

(6) 价格

广告中的价格可以表现为起价或均价。起价多为楼盘中位置、户型、朝向最差单位的价格，多用于中低档楼盘，吸引关注价格的消费者。高档楼盘消费者对于价格的敏感性不强，因而均价的运用更多一些。

(7) 开发、建设、销售信息

该类信息主要包括开发商、代理商、规划设计部门、建筑施工单位、物业服务企业名称及售楼处地址和电话等信息，属于广告方案的附文。开发实力强，品牌度和美誉度高的开发商、代理商、规划设计部门、建筑施工单位、物业服务企业，有利于增强消费者信心，提升项目市场知名度和美誉度。

房地产项目广告的主要任务是使消费者看过广告后产生购买兴趣，进而致电售楼处或到售楼处现场进一步咨询。因此，房地产项目广告所包含的内容应重点突出、简洁明了。

四、选择广告媒介

1. 主要广告媒介的优缺点与应用比较

房地产项目广告媒介可以分为线上媒介和线下媒介两种。常见房地产项目广告媒介的优缺点与应用见表 5—23。

表 5—23　　房地产项目广告媒介优缺点与应用分析

媒介	优点	缺点	应用
报纸	覆盖面广，读者稳定，遍及各阶层；时效性强，反应及时；印象深刻，便于保存；发行有针对性；制作灵活，费用较低	时效短、传播读者少	是目前房地产广告中最主要和最有效的广告形式，可以分为硬体广告和软体广告
杂志	目标针对性强，效率高；持续时间长，广告寿命长，精读率高，重复出现率高；广告印刷精致，图文并茂，对读者较有吸引力	广告周期长、时效性差、缺乏灵活性	针对购买力较强的消费者，以高档公寓或别墅为主，有航空杂志、咖啡馆及高档会所的休闲类杂志
广播	传播迅速、及时，不受时空的限制；灵活度高；可选择特定的地区、时段、专题节目播放；制作简单，费用低廉	信息保留性较差，缺乏视觉冲击力	主要针对有车一族的车载广播，有车一族具有一定的经济实力，以提示性广告为主
电视	覆盖面广、收视率高；诉求能力强；表现手段灵活、多样，吸引力强；不受时空限制，及时迅速；地域和时间选择性强	费用高昂，诉求重点不够明确	一般适用于地域性较强的楼市类栏目、电视剧及栏目冠名、楼宇电视等

续表

媒介	优点	缺点	应用
户外广告	展示时间长，表现手段灵活，可利用光电技术使其更吸引人，费用较低，受竞争对手干扰较少	具有一定的地理区域性限制	广告牌、路牌、灯箱、条幅、车厢及交通工具等，一般设置在交通路口、人流聚集处和大型建筑等处
售点广告	能有效引导和促进消费者对本项目特色的认识；树立售点及项目的形象，加深消费者印象；使上门或路过的消费者产生了解项目的欲望；提升售点的现场媒介效果	易与其他项目雷同	室外售点广告：广告牌、灯箱、售楼处和楼盘上的条幅等 室内售点广告：项目模型、楼书、折页、户型图等
DM（直投广告）	传播对象可根据意愿选择，针对性强；在内容上不受发布时间、媒介面积等的限制，可对项目或房源进行详细介绍，有利于提高企业和项目的知名度；制作较简便，费用较低	目标客户对此类广告有排斥心理	主要通过邮寄的方式向某些具备购买力的消费者传递广告信息，形式有楼盘说明书、房源说明书、宣传单张、海报、折页等多种
宣传单张	信息容量大；小范围精确覆盖；费用低廉，比较灵活；广告触及面较广，且带有一定的强迫性，对加强宣传印象有相当作用	不为人重视；会受到市政及环卫部门的限制	是项目促销常用的方法，主要是通过人员散发的关于企业和项目介绍的印刷品，或者夹杂在报纸中派送
网络传媒	时效性强，可随时发送最新的信息；不受地域限制，成本低廉，表现手段灵活、多样；针对性较强；信息量大、传播速度快	受网络速度及上网环境的限制	主要是建立项目产品网站、QQ群、项目论坛等方式
手机	覆盖面广，言简意赅，形式新颖，时效性较强，发布量大，成本较低	针对性不强，容易使客户产生反感情绪	主要用于促销广告信息的传播

（1）线上媒介

线上媒介主要是指报纸、电视、杂志、广播、网络、手机和户外广告（如工地围墙宣传画、巨幅喷画、路牌、招贴画、地铁广告、公交广告、站台广告、灯箱、道旗、横幅和霓虹灯等）。其中，户外广告一般设置在主要交通路口或者人流量较大的地区。线上媒介持续时间长，表现手段灵活，费用也相对较低，受竞争者的干扰较少，但有区域局限性，而且广告内容的修改难度较大。

（2）线下媒介

线下媒介主要是指展销会、DM直邮、楼书、折页、购房须知、户型及价格插页、投资置业指南、优惠券、海报、宣传单张、形象手提袋、礼品等。

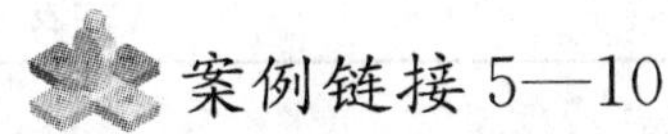

案例链接 5—10

房地产项目短信广告集锦

1. 平民价格买曲江！35 万起置业曲江澜山 90 平方米观景两房，曲江中轴精工品质，8 月回馈加推全新限量户型，席位逐日递减中。详情咨询×××××××。

2. 荣城全新 82～93 平方米两室、130 平方米三室即将上市！3 万平方米水景公园内绝佳观景位置，直对中心 15 亩溪水坡地园林，百米视野间距。欢迎咨询××××××××。

3. 买房送菜地，快乐当农夫，首付 3 万，总价 8 万即可享受 2 300 亩山水大盘，独享 10 平方公里中央植物园，眼光决定财富。品鉴热线××××××××。

4. 唐延路典藏现房写字间 5 000 元/平方米、98 折，8 月 20 日前送 20 万迈腾轿车、3.5 万元精装楼体或复合木地板，凭短信可享受优惠。欢迎来电×××××××。

5. 金源御景华府——800 亩城运公园畔，40 万平方米名流府邸，临西安中学、双地铁、新北客站。详情咨询××××××××。

6. 22 岁能买房，快快加入龙祥摩羯座青年购房行动中来！当下仅需 5 000 元，800 元月供，即可拥有北二环上 44 平方米精致小公寓。详情咨询××××××××。

7. “我和你，在这里”分享万科好生活！新地城精装 66 平方米、82 平方米新品认筹中，本周末浪漫七夕，免费专业摄影，红酒品鉴，特别的爱给特别的你！电询××××××××。

8. 开盘在即 8 万特惠！首付 15 万！上省级名校××中学！享 16 万平方米私家公园！70～100 平方米全明通透户型！万象新天・理想郡，××××××××，看房有礼。

2. 广告媒介的选择与节奏安排

(1) 广告媒介的选择

房地产项目广告媒介选择的影响因素见表 5—24。

表 5—24　房地产项目广告媒介选择影响因素分析

因素	影响
项目规模	如果项目规模较大，开发时间较长，则要在公交站点、主要交通路口等地方设立大型固定的广告位，在市区高大建筑物、公交车厢（站）等载体长期发布广告
项目档次	大众化的项目选择大众媒介即可；而高档次的项目，就要选择一些目标客户可能会涉猎的专业性较强的媒介
项目区位	要根据项目所在的区域有针对性地向目标客户群发布广告
开发商实力	主要是指资金实力。如果开发商所投入的广告资金雄厚，项目规模大，可采取立体广告攻势；如果资金有限，就要选择阅读或收视（听）最广的媒介重点发布广告，尽量节省费用
目标客户的层次	要根据目标客户的年龄、职业、生活品位、关心点、消费水平、对产品的态度、对广告的态度有针对性地发布广告

续表

因素	影　响
目标客户的区域	要根据目标客户生活的区域和范围有针对性地发布广告，原则上要突出重点区域，采取分阶段区域策略
媒体的特性	媒体的发行量，是否容易造成长久记忆，是否容易接触目标客户，是否容易介绍房地产产品，是否容易发挥广告创意，以及成本的高低

由于广告媒介种类较多，不同房地产项目的实际情况不同，以及各城市媒介的影响力不同，有时很难判断哪些广告媒介具有较好的宣传效果。因此，很多房地产项目往往通过前期在各类媒介上进行广告宣传，同时针对来访客户进行媒介接触调研，判断项目在哪几种媒介上的宣传效果明显，从而在后期加大该类媒介的投放力度。

(2) 广告节奏安排

从整合推广的全过程看，房地产项目广告节奏的形式主要有集中型、连续型、间歇型和脉动型等，其各自的特点见表5—25。

表5—25　　各类房地产项目广告节奏控制比较

类型	定义	优点	缺点	适用营销周期
集中型	广告集中于一段时间发布，在短时间内迅速形成强大的广告攻势	能在短期内给消费者强烈而有效的刺激，以达到广告的预期效果	广告费用集中于一段时间，发布时机的选择相当重要 广告未达到预期效果，则很难补救	开盘前后（预售前后）、项目封顶之际或完工入伙时
连续型	一定时期内，均匀安排广告发布，使广告反复在目标市场出现，以逐步加深消费者印象	不断地刺激消费者	不可能每次都达到刺激消费者的目的 无法进行大规模、长时间的广告攻势	从项目开工到完工入伙的整个房地产建设及销售周期内
间歇型	做一段时间，停一段时间，再做一段时间，反复进行	广告集中，目的性强	间歇过长，消费者易遗忘	项目开工、预售开始、楼盘封顶、竣工入伙
脉动型	一段时间内持续发布广告，并在某些时机加大力度，形成广告攻势	能够不断刺激消费者，形成短期的购买欲望	广告费用相对较高	公开发售期和强销期

案例链接5—11

某住宅项目的广告媒介选择

一、平面媒介

1. 在市区重要位置及项目周边设置固定的户外广告位，看板报纸化。

2. 在发行量较大的报刊杂志上按照销售方案不定期投放广告。

3. 在餐饮娱乐场所投放角落广告，摆放宣传资料。

4. 在人流集中的公交线路上投放公交车身广告。

5. 自办期刊，寄送给目标客户。

二、视频类媒介

1. 确定项目规划方案之后，聘请专业公司制作项目动画。

2. 结合施工现场和工程进度，拍摄一部纪录短片，展示“精益求精”的建造水平和工作态度。

3. 与分众传媒合作，在人流集中的公交车、写字楼、电梯间等位置播放宣传片。

4. 于新世纪广场的超大LED屏幕上放映宣传片。

5. 与各大影院合作，在电影片头处加入贴片广告。

三、其他媒介

1. 在房地产网站开辟专门页面，以各种网络活动来推广本项目，带动人气，如楼座命名、价格猜想、广告语征集、业主活动征集等。

作用：提高关注度、增加参与性；用群众的力量集思广益、推陈出新，并将其融入到本项目的企划思路及活动内容中；降低宣传成本；强化品牌忠诚度。

2. 分区域、分人群、分时段进行手机短信投放。

作用：看似为垃圾信息，其实是重要的舆论工具，是制造话题、宣传项目的重要手段；可以较为准确地辐射到目标客户；易形成来人来电，见效快、成本低，是储备客户资源的重要方法。

3. 在本地广播电台收听率较高的栏目投放电台广告。

作用：出租车司机及乘客是最大受众，人群数量较大；内容灵活多变，叙述角度广泛，表现方式丰富；成本低，受众面广，可与其他宣传手段形成视觉和听觉上的立体格局。

4. 创办本土房地产（电视）栏目。

作用：填补房地产传媒市场空白；拥有舆论平台，就掌握了话语权；形成对外的竞争壁垒。

五、实施广告策略

1. 房地产项目营销周期广告策略

在制定广告策略时，可运用各种媒介为项目促销造势，对项目做及时报道，配合招标、奠基、开工、施工进度、中间质检、封顶、开盘等活动，形成系列报道，从而有助于全面推广项目，提升开发商企业形象。

根据项目建设的不同阶段，项目营销推广可以划分为以下几个营销周期：引导预热期、公开发售期、强销期和销售持续期。不同时期实施不同的房地产广告策略，见表5—26。

表 5—26 各营销周期广告媒介策略

营销周期	广告媒介策略
引导预热期	广告运用仅为一些新闻报道、现场包装、户外媒介和印刷媒介，以通告型为主，重点是引起消费者的好奇与期待，吸引他们的注意
公开发售期	又称为“轰炸期”，广告运用以报刊媒介为主（范围、数量、种类增加），并伴随开盘期庆典活动和促销活动，以通知型广告和促销型广告为主，广播、杂志等其他媒介广告开始出现
强销期	大量报纸广告、户外媒介和印刷媒介结合有力的营销推广（如人员拜访、电话追踪、派送邮寄等），促销活动频繁，促销攻势全面拉开
销售持续期	最后冲刺阶段，进一步寻找全新卖点，时间相对较长，广告量极少。工作重点是对前期积累客户的消化吸收和一些事务性的收尾工作

2. 常见房地产项目广告媒介的应用策略

（1）报纸媒介的应用

报纸是房地产项目常用的广告媒介之一。报纸广告媒介的种类繁多，各有不同的阅读人群，会产生不同的效果，一般房地产企业偏爱发行量大的报纸。受广告预算的制约，除某些重要的节点外，一个项目的广告通常不会全部涵盖本地区的各大报纸，而是通过广告费用与广告效果的比较来进一步选择。房地产项目报纸广告的具体操作流程见表 5—27。

表 5—27 房地产项目报纸广告的具体操作流程

流程	具体内容
明确广告目的	确定广告的类型、广告预达到的目标和有关建议
确定报纸类型	引导期内，一般只在发行量大的报纸上投放 公开期和持续期，投放报纸的种类多，工作重点在软文铺垫和强势硬性广告视觉冲击，将项目的价值、优势、潜力表现出来
广告刊登的次数和日程排布	通常在较短的时期内，如一个星期、一个月内，同样的广告或者是微变的广告会出现一次以上，反映该时段内的投资动态、抢购状况或卖点强调，出现的次数和日程安排都要严格控制，以免浪费
确定广告的大小、投放位置和版面	广告大小主要有中缝、通栏、半栏、半版、1/4 直版、整版，还有数版甚至是专刊。一般主要选择整版、半版、1/4 直版，位置主要在新闻下和报头，应根据广告目标和成本确定。一般而言，在显著的版面上半版或整版地刊登广告，对增加客户的信心和对开发商的信任大有裨益
广告设计和表现	包括醒目的标题、简洁的文案、易识别的色彩、真实的画面和投资案例分析
效果的测定	广告发布前，在内部交流意见，进行必要的修改，确保发布时的质量。广告发布后，通过现场来电、来访、下定数量等统计反映市场效果，也可以邀请部分客户对广告发表意见和看法

（2）网络媒介的应用

房地产网络广告是房地产网络营销中应用最广泛的一种，除了一般的网络广告形式之外，还有其特定的广告形式，主要类型见表 5—28。

表 5—28 房地产网络广告的主要类型和具体内容

类型	具体内容
网站楼书	房地产网络广告最有特色的广告形式，内容丰富，声、画、字俱全
信息发布式广告	便于浏览者迅速、有条理地了解最多的房地产项目信息，主要表现为文字
网站广告	最为昂贵的网络广告，其信息容纳量几乎可以包含整个房地产项目的内容，使客户可以全面了解楼盘信息。一般来说，开发商委托一个著名的房地产门户网站，建立项目的页面，并且在门户网站的显眼处做好图片或文字链接，方便浏览者点击进入查看项目页面
通栏广告	比一般的广告要大，一般是横贯整个网页页面
擎天柱广告	与通栏广告类似，只不过这种广告是竖着位于网页的某一边
其他形式广告	如 LOGO 广告、BANNER 广告

(3) 户外媒介的应用

房地产户外广告形式多样、手法创新、无处不在，具有较高的传真度和一定的排他性，受到开发商的青睐，其具体分类见表 5—29。

表 5—29 房地产户外广告媒介的分类

类型	具体内容
灯箱广告	分室内和户外两种，室内灯箱广告主要安装在售楼处、地铁站和机场等，室外灯箱广告主要安装在人流量大的街道。灯箱广告要选择透光性强、喷绘后色彩饱和度高且不易褪色的广告画面材料，画面设计要尽量使用透光时色彩鲜明的颜色，来表现广告画面的主要内容
看板广告	分工地现场看板和户外广告路牌。工地现场看板主要以楼盘工地围墙为广告画面载体，用砖墙、木板、PVC 等材料制作；户外广告路牌主要选择人流量、车流量大的地点，载体为从中型到超大型的广告牌 看板广告画面可以用颜料、油漆绘制，也可以用喷绘输出的广告画面装裱。看板应考虑夜间灯光照明，这样可以使看板广告在夜间分外醒目，并延长了看板广告宣传时间
条幅、彩旗	可以是横跨马路的横幅，也可以是悬挂在楼盘脚手架或现房建筑物墙壁上的横幅或直幅，且幅面较大。条幅用料视面积大小和实际情况，有普通牛津布、增强牛津布、聚氨酯类灯箱布等，印刷方法有丝网印刷、计算机放样喷印、计算机喷绘输出等。彩旗一般用普通牛津布丝网印刷
车身广告	分为车身内广告和车身外广告，车辆类型主要是出租车和公交车。车身外广告以双层公交车最为理想。因其车身庞大，外观突出，而且车速较慢，受众能从容阅读广告信息

六、开展广告效果的测定

1. 房地产广告社会效果的测定

(1) 事前测定

事前测定是在发布前对广告所产生的社会效果进行评估，常采用专家综合意见法，由专家对广告的语言、表现及手段等诸要素，从法律规范、伦理道德、文化艺术、传统习惯、宗教信仰和社会风尚等不同角度进行测定，并对产生的社会效果进行评估，从而对广告的调整提出建议。

（2）事后测定

事后测定是在广告发布后对广告所产生的社会效果进行测定，常采用来函统计进行测定。具体做法是以广告推出后不同客户所做出的各种反应为依据，要求企业把广告宣传后收到的来函认真登记，并以此分析客户接受广告宣传的反响。

2. 房地产广告销售效果的测定

房地产广告销售效果的测定是以销售情况的好坏直接判断广告的效果，一般运用统计学有关原理与运算方法来测定，见表 5—30。

表 5—30　房地产广告销售效果的测定

测定方法	具体内容
广告效果比率法	销售额的增加率与广告费的增加率之间的比率关系，即在销售额增加率一定的情况下，广告费增加率越小，表明广告销售效果越好
广告效益法	即计算每元广告费与广告后销售增加额之间的关系，广告效益的得数越大，则广告销售效果越好。这种方法能较实际地反映出广告销售效果
广告费比率法	每百元销售额支出的广告费用，广告费比率越小，则广告销售效果越好

在房地产项目实际销售过程中，由于对广告效果的量化较困难，因此通常采用广告投放以后客户来电来访的数量作为广告效果的评价指标。房地产产品与其他产品相比较，属于特殊产品，价值量大，购买决策时间长，客户在获得广告信息后如果对产品产生兴趣，一般还要通过电话或者现场咨询的形式进一步考察，因此来电来访的数量就成为广告销售效果的直接体现。房地产项目广告效果统计见表 5—31。

表 5—31　房地产项目广告效果统计

媒体名称	日期	规格	版面	价格	主打内容	来电			来访（组）			
						当日	次日	次后日	当日	次日	次后日	当周
	主观评语：											
	主观评语：											
	主观评语：											
其他	主观评语：											

注：1. 当日为媒体广告发布之日，其他类推。

2. 效果统计时应附当日媒体发布稿。

3. “其他”可填写横幅、看板、门口气球、参加房展等各类推广措施的内容及其效果。

3. 房地产广告心理效果的测定

广告心理效果的测定是以广告的收视率、兴趣与欲望、产品知名度等间接促进销售的因素为依据，测定受众对广告的印象，以及引起的心理效应。房地产广告的心理效果测定大致分为房地产广告心理效果的事前测定、事中测定和事后测定。

模拟实训

根据本课题学习目标的要求，结合相关理论知识，在教师的指导下，针对以下任务的要求展开实训。

任务一：针对某房地产项目，调研该项目在推广过程中使用的广告媒介，以及这些媒介的发布成本费用。

媒介一：____

媒介二：____

媒介三：____

其他媒介：____

任务二：收集几份房地产报纸广告，对其广告文案进行简要评价。

广告一：____

广告二：____

广告三：____

课题六　房地产项目活动策划

学习目标

了解房地产项目活动策划的主要内容，掌握房地产项目活动的时机和流程策划，熟悉常见的房地产项目活动策划。能够根据房地产项目推广的目标，确定运用哪些活动来进行房地产项目卖点的宣传，能够制定简单的房地产项目活动策划方案建议。

一、房地产项目活动策划的主要内容

房地产项目活动策划是房地产企业依据自身营销战略，在充分考虑消费者需求和营销目标的情况下，整合本身的资源，通过充满创意的活动或事件营销，吸引媒体报道与消费者参与，进而达到提升企业和项目形象，并促进销售的目的。

房地产项目活动策划的主要内容如图 5—25 所示。

二、房地产项目活动策划的实施

1. 房地产项目活动的时机策划

房地产项目活动策划的主要目的是树立企业形象，提高企业知名度，增加房地产项目租售量。因此，房地产项目活动的时机选择分为以下几种情况：

（1）房地产项目开盘前期积累客户数量不足时。

（2）新项目或新产品导入市场的速度必须加快时。

（3）市场低迷或竞争特别激烈时。

（4）企业计划加强广告力度时。

（5）主要竞争对手积极进行活动推广时。

（6）想要获得更多客户等方面的情报时。

（7）信誉受影响或需要加大市场影响力度时。

2. 房地产项目活动的流程策划

房地产项目活动的流程设计是整个活动策划的核心内容，项目活动可以分为筹备阶段、执行阶段和评估阶段。

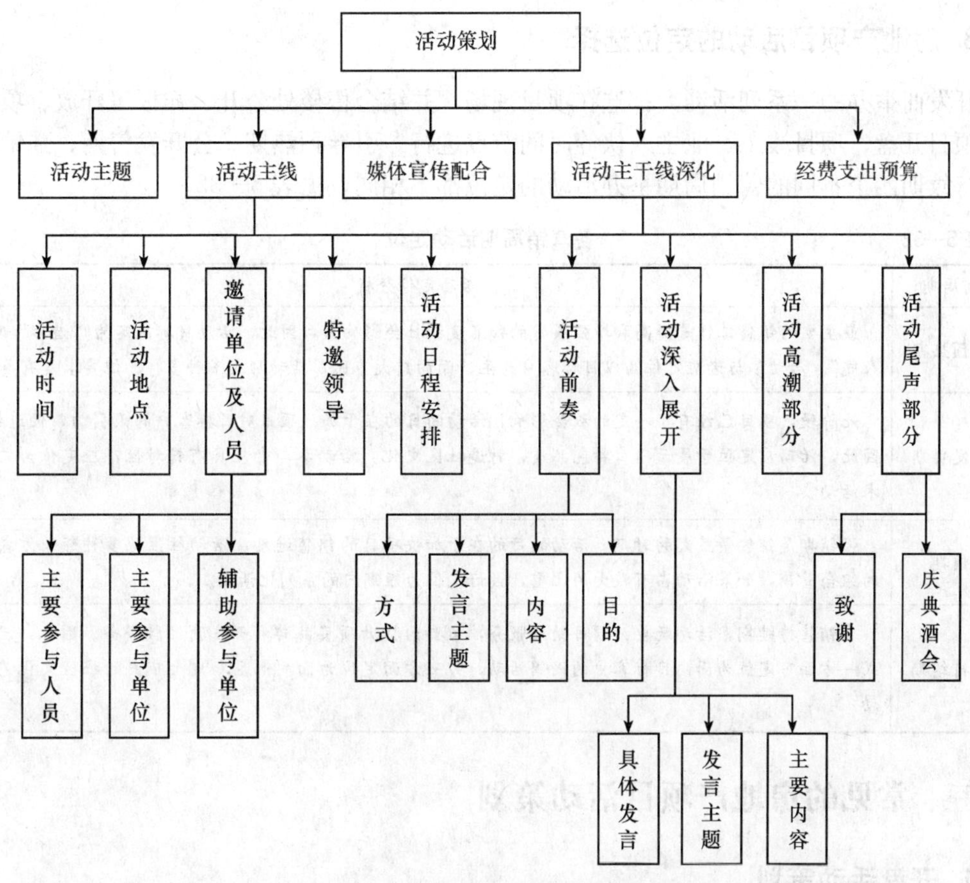

图5—25　房地产项目活动策划的主要内容

（1）筹备阶段

筹备阶段主要是根据既定的方案及人员分工，进行物料的准备、与广告代理公司和策划公司进行合同谈判、选址、人员邀请、广告发布等。

（2）执行阶段

执行阶段大致又可分为活动前、活动中、活动后三个阶段。

活动前阶段主要包括对现场的再次检查，人员、礼品及物料配备到位，来宾接待等。

从主持人宣布活动开始到活动结束为活动中阶段。此阶段的主要任务是处理一些突发事件，此时必须反应敏捷，处理果断，确保活动正常进行并成功结束。

活动后阶段即拆场阶段，主要工作包括播放欢送曲、送客、拆场及恢复现场设施等。

（3）评估阶段

活动评估阶段的工作很重要，关系到活动能够给企业带来的效益。每一项活动都有具体的目标，如客户来访量、客户评价等；与销售结合的活动还有当日成交量、促销效果等；传播层面还有发稿量、发稿篇幅，以及后续对品牌及销售产生的积极影响；费用层面包括是否超出预算等；另外还有队伍锻炼成长等方面的因素。这些都可以纳入评估对象。

3. 房地产项目活动的定位选择

开发商举办的一系列活动大都选在项目现场，并结合售楼处公开、样板房开放、项目封顶、项目开盘、项目竣工、业主入伙等时间节点进行。引导预热期、公开发售期、强销期和销售持续期四个不同的营销周期举办活动的定位都不相同，见表5—32。

表5—32　各营销周期活动定位

营销周期	活动定位分析
引导预热期	最主要的销售工作是提高和增强项目的知名度和社会影响力，因此，活动目标应定为“造市”“聚揽人气”，活动参与者应定位为以目标客户为主，面向广大市民，活动形式多种多样，但要求具有轰动性
公开发售期	此阶段，项目已经有了一定的社会影响，活动的目的在于加强项目对目标客户的吸引力，促进销售。因此，活动应定位于展示项目特色品质，打造社区文化。活动参与者应具有针对性，应定位为文化艺术活动
强销期	强销期是销售量最大的时期，活动的目的在于加快项目的销售进度。活动往往是多种营销方式结合的组合营销，如果活动占有较大的比重，最好定位为短期内的系列化活动
销售持续期	在销售持续期，活动既要为项目销售服务，又要为提升项目品牌和开发商品牌服务。因此，活动形式一方面可定位为面向目标客户的促销活动，另一方面定位为面向业主和广大市民的社区文化艺术活动

三、常见的房地产项目活动策划

1. 开盘活动策划

快速把握开盘时机，准确把握上市节奏，开盘活动策划显得尤为重要。每一个项目都有与众不同之处，而同一个项目相关的人和事也有很多，需要找准项目的差异性，作为开盘活动原创性的切入点。

本部分内容将在模块六进行详细介绍。

2. 促销活动策划

促销活动是一种能在规定时间内，向确定的客户提供具有特定意图的产品或服务的行为。其直接目的是为了刺激客户知晓、喜欢、确信、购买某房地产产品。其实质是开发商与客户之间的信息沟通，目的是吸引和诱导那些有需求的潜在客户。

促销活动作为活动策划的重要内容之一，在整个项目的持续销售过程中非常重要。促销方式在项目的操作过程中需要综合使用，不同项目在不同的销售阶段，应根据具体情况采用不同的促销方式。房地产行业竞争日趋激烈，房地产促销活动也呈现出多种多样的形式。

对于大众住宅，由于购买群体主要为中低收入者，因此，对这类群体的促销方式主要是使用面积、价格及付款方式上的优惠，切合其现实需要和心理特点。目前，大众住宅促销方式具体有以下几种：买房送面积和买房免（若干年）物业管理费；买房免（代缴）相关税费；抽奖促销；竞价销售和限时特卖；定向让利和限量让利；一次性付款获一定折扣；免息或低息分期付款；低首付，高年限银行按揭等。

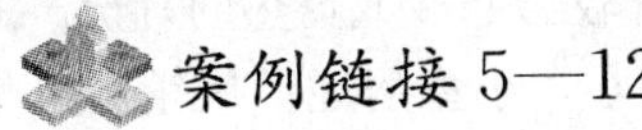
案例链接 5—12

广州新盘情人节浪漫起航 楼市优惠扎堆

一、广州富力城

情人节优惠：广州富力城借情人节到来之际，继续以超低价加推全新南向三房单位及叠景两房单位。此次推出的南向园景三房，户型方正，实用率高，客厅开间宽达 4 米，可即买即住。

凭结婚证购房送价值 10 000 元钻戒；购房送 10 000 元家电礼金。

二、富力金港城

二月推出“2009 爱在富力金港城”活动，情人节期间购房更可获得“足金金牛”，并可参与“家电大抽奖”，目前有部分珍藏 55～130 平方米的一房至四房单位，起价为 3 600 元/平方米，并附送高达 1 500 元/平方米的全屋装修。

情人节当天富力金港城还将举行“爱在金港城”摄影大奖赛、时尚礼品大派送等活动。

三、保利中环广场

保利中环广场将于 2 月中下旬推出南区三栋住宅中的楼王 G 栋，有 90～196 平方米的两房至四房单位，货量 120 套。现在登记可获开盘额外 9.8 折优惠。其中，196 平方米大四房是南区住宅最后的 30 套南向大户型。

四、万科新里程

情人节推货和优惠：万科新里程于 2 月 14 日举行相亲大会，1 000 人的 8 分钟见面会，1 000 多支玫瑰花为你盛开，红酒、歌声魅影、爱情面包、精彩交友游戏，3 000 元丰富现金奖等你拿！

万科新里程倾情加推全新 B8 栋，最高 5 999 元/平方米。

五、凤凰城

情人节优惠：凤凰城翠谷 2 期山居联排美墅，带全屋装修及花园，特惠价 140 万元起。2 月 28 日前成功购买，即有机会获得总价值 7 万元的 SPA 设备及法国红酒。精品洋房首付 8 万元起，均价 4 680 元/平方米。

（资料来源：搜房网）

3. 展销会活动策划

房地产展销会（交易会）是房地产开发企业集中向客户展示企业和项目形象的一种活动方式，分为自办型和参展型两类，以参展型为主（如很多城市在春秋季节召开的大型房地产展销会，同时还有一些如现代生活方式展等）。房地产行业往往有“金九银十”的说法，因此，秋季房地产展销会对很多房地产企业来说非常关键。

（1）展销会活动策划的四大要素

1）时间。大型房地产展销会的时间一般在每年五月、九月，具体安排在周五、六、日。其他房地产展销会根据情况多安排在周末或节假日，尽量避开较为寒冷或炎热的月份。

2）地点。大型房地产展销会一般选择城市的大型会展中心，小型房地产展销会可根据项目定位情况选择符合项目形象的场馆举行。展会地点总体要求要知名度高，人流量大，交通方便。

3）人员。大型房地产展销会是展示项目形象的过程，因此展销人员应提前接受专业培训，深入了解项目情况，熟悉客户类型和客户心理，了解竞争对手项目的情况，注意树立企业良好的形象。

4）广告。充分利用广告媒体将展会信息向观展者传递，特别是展会开展前一周，要加大广告投放力度，直至展会结束。

（2）展销会展厅的布置

为了吸引观展者的关注，应注重展销会会场的布置和销售气氛的调动，力求在短时间内给观展者留下深刻的印象。展厅的大小根据开发商的经济能力和展会现场的情况而定。

1）入口位置。入口位置设置接待台，安排礼仪小姐发放楼书或宣传单张，招呼观展者入场参观，发放小礼品，收集观展者的个人资料（姓名、通信方式或名片）。有时在入口位置也会设置舞台，举行音乐、舞蹈表演等，吸引观展者。

2）展示馆。在墙壁上张贴项目效果图，布置大屏幕电视播放项目形象广告，陈列项目规划模型、户型模型等，充分利用展销人员有针对性地介绍项目的详细情况，展示开发商的实力，以获取信任。

3）样板房。有实力的开发商会在现场展示代表性的样板房（局部），特别是精装修交房的项目会在现场展示装饰、装修材料样品，并标示使用的品牌和规格。

4）洽谈区。洽谈区主要用于接待意向客户，展示已售楼盘销售情况，针对户型选择、总价位情况、付款方式、银行按揭、税费等问题进行答疑解惑。

（3）展销会活动策划应注意的问题

1）参展准备工作要充分（如配备看房车等），相关资料要齐全，楼书、宣传单张准备要充分。

2）主办方可邀请房地产管理部门工作人员、金融和法律等方面的专家进行现场咨询，以吸引观展者。

3）展销会期间的工作强度较大，需要配备高素质的展销人员。

4）需要有中高层管理人员现场组织、协调，以应付突发事件（如老客户由于房屋质量问题的投诉）。

5）对现场咨询、看房和成交的客户情况做好记录，以备展会结束后总结研究。

4. 公关活动策划

公关活动是指房地产企业通过积极沟通处理企业与内部员工、外部合作伙伴、竞争者、客户、政府部门、新闻媒体、相关社会群体、所在社区等之间的关系，树立企业形象，促进项目的销售和企业的发展的相关活动。

房地产公关活动策划应以公众利益为出发点，以树立企业和项目良好的社会公众形象和品牌形象为目的，间接起到促进房地产项目销售的作用（如发现或制造对企业或项目有价值的新闻、赞助体育比赛、奖励金牌运动员、赞助文艺表演、举办区域发展论坛，以及其他公益活动）。

按照公关活动的功能不同，房地产公关活动可分为以下几种方式：

（1）宣传性公关

房地产企业应加强与新闻界的关系，运用报纸、杂志、广播、电视等多种传播媒介，采用撰写新闻稿、发布公益广告、召开记者招待会、举行新产品发布会、发表演讲、发表专家报告等形式，向社会各界传播企业及产品的相关信息，以形成有利的社会舆论，创造良好的氛围。

（2）征询性公关

征询性公关主要是通过开办各种咨询业务、制订调研问卷、进行民意测验、设立热线电话、聘请兼职信息人员、举办信息交流会等形式，征询对房地产产品价格、质量、功能、户型等方面的意见和建议，形成效果良好的信息网络，并将获取的信息进行分析研究，为房地产经营管理决策提供依据，为社会公众服务。

（3）交际性公关

房地产企业可采用联谊会、座谈会、招待会、专访、慰问、电话访问、信函等形式，通过语言、文字的沟通，为企业广结良缘，巩固传播效果（如某些房地产企业成立客户联谊会、业主文化沙龙等，开展各种交际性公关活动，通过情感的沟通，加深了客户对企业的信任）。

（4）服务性公关

服务性公关是指通过售后服务、消费指导、消费培训、便民服务等实惠性服务，以行动去获取公众的了解、信任和好评，以利于促销和树立及维护房地产企业的形象与声誉。

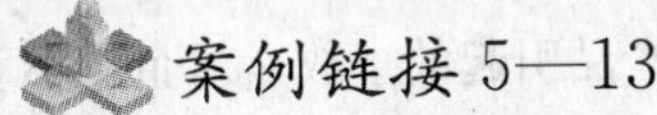

案例链接5—13

万达公司的“三项承诺”与“八条信誉保证”

大连万达公司在其项目推广过程中，向客户提出“三项承诺”和“八条信誉保证”。

一、三项承诺

承诺一：质量不好，予以赔款。

承诺二：面积短缺，缺一赔三。

承诺三：不满意者，可退可换。

二、八条信誉保证

按照《中华人民共和国消费者权益保护法》《中华人民共和国经济合同法》《中华人民共和国建筑法》《中华人民共和国广告法》等法规，在万达公司购买商品房屋的消费者，凡涉及下列情况之一者，经确认后，万达公司均给予相应的赔偿或退换，并公开赔礼道歉。

1. 对于承诺一的“质量不好，予以赔款”

第一条　万达公司确保所建全部工程质量达到“优良工程”以上。

第二条　凡购买万达公司开发的商品房时，如发现工程质量问题，一经工程质量监督主管部门认证，确实妨碍消费者居住，危及消费者生命、财产、健康等，均予以经济赔偿。

2. 对于承诺二的“面积短缺，缺一罚三”

第三条　购买万达公司开发的商品房的消费者，凡《购房合同》中所标明的面积与有关产权部门认定的面积不符者，万达公司按照“缺一赔三”的原则，对消费者进行赔偿。

3. 对于承诺三的“不满意者，可退可换”

第四条　购买万达公司开发的商品房者，无论任何原因，凡对所购住房不满意，交付使用一个月内，可予退换，并保证100%退款。

第五条　未经业主委员会同意，开发商擅自更换物业管理机构，业主对所购房屋可退可换。

第六条　在销售中，违反《中华人民共和国广告法》和《中华人民共和国反不正当竞争法》，以隐瞒、欺诈行为导致“货不对板”现象，或在销售中以劝诱、威胁等手段，促使消费者购房，经查实后，本公司均无条件予以退换。

第七条　消费者签订《购房合同》（含《房屋认购书》等）后，销售部门在办理公证登记、按揭手续，提供咨询时，额外向消费者滥收费用的，消费者有权退房。

第八条　本着人道主义精神，对已签《房屋认购书》，甚至已签《购房合同》后，消费者因出现不可预测的天灾人祸（如重病、伤残、死亡等）而导致无力支付余款者，经有关部门确认后，可换房或退房。

（5）社会性公关

社会性公关是指通过赞助文化、教育、体育、卫生、福利等事业，参与国家、社区重大社会活动等形式来塑造企业的社会形象，提高企业的社会知名度和美誉度。

（6）危机性公关

危机性公关是指房地产企业遇到如消费者投诉、不合格产品引起的事故、对企业不利的信息传播以致造谣中伤等个别事件而进行的挽救性公关活动。这些危机性事件的发生往往会使企业的信誉下降，产品销售额下跌。房地产企业公关人员应迅速行动，协助有关部门查清原因并及时做好处理工作，以使企业遭受的损失减小到最低程度。

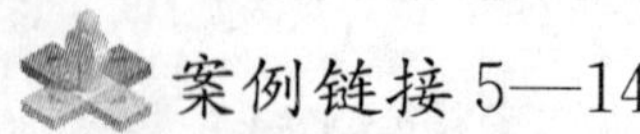

望海花园——举行领海组团产品说明会

活动类型：公共关系营销

活动目的：借活动推广项目

目标客户群：中高端客户

2011年4月10日上午，望海花园领海组团产品鉴赏酒会在本市一家五星级酒店隆重举行。在本次品鉴会上，众多置业者和媒体记者共聚一堂，共同见证了这个拥有最佳自然生态环境的高品质社区。会上，开发公司和山东黑马地产的有关负责人就项目核心价值点、工程进度等方面进行了详细介绍，与会者对该项目纷纷表示了浓厚的兴趣。整个产品品鉴会现场的气氛被推向了一个又一个高潮，很多与会者表示了对领海组团强烈的购买意向。

策略分析：

山东黑马地产策划这次产品说明会摒弃了项目大众媒体推广的“规定动作”，而是用一场针对目标客户的公关活动取而代之，最大限度地融合项目推广概念，引起了在场成功人士的强烈关注，取得了立竿见影的效果。

望海花园——举行捐资助学仪式

活动类型：公益营销
活动目的：树立企业形象
目标客户群：潜在客户

2009 年 8 月 18 日下午，“望海花园捐资助学仪式”在项目营销中心内隆重举行，来自本市的 10 位贫困学生获得由望海花园捐赠的 10 万元助学基金，顺利迈入他们向往已久的大学殿堂。

望海花园项目自面市以来，在以优异的产品设计和精准的营销策划赢得市场、取得销售佳绩的同时，更不忘投身于公益，本着“以人为本，关爱社会”的宗旨，由开发商出资设立“望海花园助学基金”，用以帮助品学兼优的贫困学生实现大学梦想。本活动自正式启动以来，受到了社会各界及学生家庭的好评。

策略分析：

望海花园举行捐资助学仪式，运用媒体的社会影响力进行造势；一方面让社会各界人士认同，另一方面树立起了企业良好的公益形象。客户相信的是实力和品牌，此次活动再次引发客户对望海花园的强烈关注。

5. 体验式活动策划

在房地产活动策划中运用体验式营销的手法，可以让消费者主动对企业产品产生兴趣。体验式营销活动有两种情况：一种是对产品进行破坏性的试验，以博得消费者的信任，从而打开产品的销路（如在售楼处现场进行对房屋外墙建材的水渗、冰冻、高温等破坏性的试验，让消费者亲眼看到其优良的建材品质，进而对项目的品质产生信任感）；另外一种情况是应用于项目销售中，要求销售人员给消费者提供较为全面的服务。

6. 代言活动策划

通过对与政府合作项目的宣传，借助政府的威信，能有效地提升项目的地位与形象。

此外，还可以利用社会名人的知名度提升项目形象，最常见的办法是请某名人为项目作形象代言，以与某名人为邻作项目卖点。

名人代言活动策划应注意以下问题：

(1) 名人形象应与项目定位相符（如奥林匹克花园请奥运会奖牌获得者作为代言人）。

(2) 尽量让宣传内容与实际相符，不能给消费者空头承诺，即名人应真正成为本项目的业主。

(3) 没有必要盲目选择知名度极高的社会名人，应结合当地实际情况选择名人代言。

7. 事件营销活动策划

事件营销是有计划地策划、组织、举办和利用具有新闻价值的活动，通过制造有“热点新闻”效应的事件，吸引媒介和公众的注意与兴趣，以达到提高项目知名度、塑造企业良好形象的目的，最终促进项目的热销（如企业或楼盘庆典仪式、土地资源新储备、新项目开工、楼盘封顶、新产品推出、新合作方引入、形象代言人确定、前期客户入住等企业活动，另外还可以开展或举办助残公益活动、体育赞助活动、客户联谊会等公益性的实践活动）。

事件营销目前已经成为开发商的惯用手段，通过“造势”提高项目的知名度和美誉度。事件营销一般具有突发性强、时间紧迫、市场机会大、受众面广、高频率的媒体助阵、信息复杂不容易分辨等特点，因此需要策划者具有非凡的胆识和智慧。

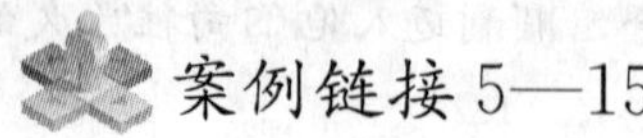
案例链接 5—15

爱丽舍花园项目三大创新促销手段

爱丽舍花园开售时，开发商采用了三大创新促销手段吸引市场的注意，该举措得到了广大客户的认可。

创新促销手段一：出版发行《爱丽舍花园售楼书》

1. 最大限度获得注意力。为一个房地产项目的销售专门写一本书由出版社出版发行，在国内属首创（预计发行量 3 万册，在这以前所有的售楼书都是赠送，不曾出版）。这一创新形成的巨大反差，直接展现了产品的差异性，自上而下、高屋建瓴地创造了影响力，并能吸引极大的注意力。

2. 直接可为甲方节约 10 万元的楼书设计、制作、印刷经费（保守计算）。

3. 将获得不可估量的无形资产。该书的公开发行，势必引出各类媒介的关注，并会得到许多无偿的报道。该书不仅为卖爱丽舍花园而吆喝，而且捎带写出房地产项目全程的操作步骤。所以，该书不仅仅是为客户写的书，而且是为整个房地产行业写的书。媒介统计认为：一本书传播的毛评点至少为印量的10倍。也就是说，至少将有 30 万人会知道爱丽舍花园。业内人士更懂得高品位房产的价值。假设 30 万人中 1‰会买房，爱丽舍花园将所剩无几。所以，发行该书可以很好地创造价值。

4.《爱丽舍花园售楼书》的出版，能节省日后甲方投放的广告经费。在日后的销售过程中，策划公司将力图为开发商节省1%的广告投放经费。

创新促销手段二：专家卖楼领衔主演

房地产商品不同于小商品，在这个特殊的市场里，由专家引领住宅消费潮流，由专家教会老百姓购买房子和使用房子。

设计师与市场策略设计专家出现在广告中，设立两条售楼热线，然后由工作人员登记来电客户，并预约在武汉某五星级酒店举办“售楼发布会”，并进一步争取媒体合作，创造新的注意力。

创新促销手段三：将售楼处改为茶馆

茶馆与老武汉关系密切，曾经代表老武汉的一种生活方式。“茶馆”二字，在武汉有特殊的文化内涵和居住文脉内涵，其本身就有潜在的知名度价值。

取名爱丽舍茶馆，实为售楼处，其内部功能设施完全符合售楼处特定功能，当然还有品茶的功能。所不同的是，凡进入茶馆者，均收“茶钱”，除非买一本《爱丽舍花园售楼书》，则可免费。这一新举措在武汉房地产界乃至全国房地产界引起反响。

（资料来源：越秀地产投资顾问有限公司《爱丽舍花园项目营销策划推广报告》）

模拟实训

根据本课题学习目标的要求，结合相关理论知识，在教师的指导下，针对以下任务的要求展开实训。

任务一：以所在城市为背景，为某大型房地产项目开盘制定开盘活动方案。

____

____

任务二：参加一次所在城市的房展会，选择三个项目，观察并记录各项目在展会期间开展的促销活动和采取的包装措施。

项目一：__________________________

____

项目二：__________________________

____

项目三：__________________________

____

课题七　房地产项目整合推广策划报告撰写

学习目标

掌握房地产项目整合推广策划报告的主要内容，能够模仿撰写规范的房地产项目整合推广策划报告。

房地产项目整合推广策划的核心业务为广告策划、媒介策划、包装策划和活动策划，但它还会涉及市场调研和产品分析等内容。以下是房地产项目整合推广策划报告的常用结构。

一、市场调研

1. 前言

前言包括本次市场调研的背景、动机、运用手段和目的等。

2. 市场分析

市场分析包括当前市场分析（开发总量、竣工总量和积压总量）和区域市场分析（销售价格、成交情况）。

3. 近期房地产行业的有关政策、法规和金融形势

具体内容略。

4. 竞争个案项目调研

具体内容略。

5. 客户分析

客户分析包括客户地域分布、购买动机、功能偏好（外观、面积、地点、格局、建材、公共设施、价格和付款方式等）、购买时机、季节性、购买反应（价格、规划和地点等）和购买频度等。

6. 结论

具体内容略。

二、环境调研

1. 地块状况

地块状况包括地块位置、面积、地形、地貌、性质等。

2. 地块本身的优劣势

具体内容略。

3. 地块周围景观

地块周围景观包括地块前后左右、远近景、人文景观和综述。

4. 环境污染及社会治安状况

环境污染及社会治安状况主要包括水、空气、噪声、社会治安状况等。

5. 地块周围的交通条件

地块周围的交通条件主要包括地块的公共交通条件和直入交通情况。

6. 公共配套设施

公共配套设施主要包括菜市场、商店、购物中心、公共汽车站、学校、医院、文体娱乐场所、银行、邮局、酒店等。

7. 地块地理条件的优劣势分析

地块地理条件的优劣势分析主要包括 SWOT 分析和综合分析。

三、概念设计

1. 小区的规划布局和空间组织。
2. 小区容积率的敏感性分析。
3. 小区道路系统布局（人流、车流等）。
4. 小区公共配套设施布局安排（学校、会所、购物等）。
5. 小区建筑风格的形式及运用示意。
6. 小区建筑外立面色彩的确定及示意。
7. 小区户型比例的搭配关系。
8. 小区经典户型的功能判断及面积划分。
9. 小区环境绿化。
10. 小区环艺小品主题风格确定及示意。

四、识别系统

1. 核心部分

核心部分包括名称、标识、标准色和标准字体。

2. 运用部分

（1）现场

包括工地围板、彩旗、条幅、欢迎牌。

（2）营销中心

包括形象墙、标牌、指示牌、展板、胸卡、工作牌和台面标牌。

（3）工地办公室

包括经理办公室、工程部、保安部和财务部。

（4）功能标牌

包括“请勿吸烟”“防火”“配电房”“火警 119”、消防通道、监控室等标牌。

五、营销策划

1. 项目产品分析

（1）项目特性分析

项目特性分析主要包括优劣势判断和在同类物业中的地位排序。

（2）建筑规模与风格

具体内容略。

（3）建筑布局和结构

建筑布局和结构主要包括实用率、绿地面积、配套设施、厅房布局、层高、采光通风、管道布线等。

（4）装修和设备

装修和设备主要包括装修是豪华还是朴素，设备是进口还是国产，保安、消防、通信等设施情况如何。

（5）功能配置

功能配置主要包括游泳池、网球场、俱乐部、健身房、学校、菜市场、酒店、剧院等。

（6）物业管理

物业管理主要包括物业管理是自己管理还是委托他人管理，以及物业管理收费水平和管理内容等。

（7）开发商背景与分析

开发商背景与分析主要包括开发商实力、以往业绩、信誉和员工素质等。

（8）结论和建议

结论和建议主要包括哪些需突出、哪些需弥补、哪些需调整。

2. 目标客户分析

(1) 经济背景

经济背景包括经济实力和行业特征。

1) 公司（实力、规模、经营管理模式、承受租金、面积、行业)。

2) 家庭（收入消费水平、付款方式、按揭方式)。

(2) 文化背景

文化背景包括推广方式、媒介选择、创意、表达方式等。

3. 价格定位

价格定位包括理论价格（达到销售目标)、成交价格、租金价格和价格策略。

4. 入市时机、入市姿态

具体内容略。

5. 广告策略

广告策略包括广告的阶段性划分、阶段性的广告主题、阶段性的广告创意表现和广告效果监控。

6. 媒介策略

媒介策略包括媒介选择、软性新闻主题、媒介组合、投放频率和费用估算。

7. 推广费用

推广费用包括现场包装费用（售楼处、样板房、围板等)、印刷品费用（销售文件、楼书等）和媒介投放费用。

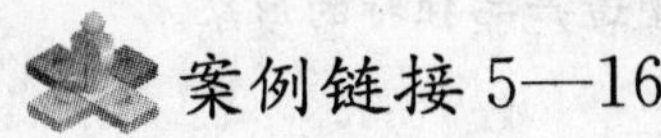

案例链接 5—16

名仕龙城项目各阶段营销推广策略实施

周期策略：

期别	时间	媒介策略	知名度	品牌美誉度
一期	2008 年—2009 年	重拳出击，全面轰炸	从无到高	无
二期	2009 年—2010 年	保持频率，侧重形象	高	区域第一
三期	2010 年—2011 年	保持频率，巩固品牌	高	整个城市著名

阶段分述：

一、引导预热期（2008.3—2009.5）

工作概要：

1. 为开盘做一些必要的工作，包括销售文件和销售道具的准备，如销售平面图、销售海报、户外看板、引导旗、横幅、海报等。

2. 引导预热期中广告表现以工地看板、现场围板、横幅等为主来造势，形成开盘的气势。

3. 举行奠基开工仪式，制造卖点，给客户带来一份期待的心情，为正式开盘积累充裕的客源。

4. 以户外广告传达项目的主体概念，塑造产品的品牌形象。

5. 通过楼书、海报等宣传资料发掘潜在目标客户。

6. 设计及包装现场售楼处。

战术安排：短兵相接战术

利用有品位的售楼处、精致的样板房、精美的宣传资料、气派的户外广告吸引路过目标客户。

企划重点：建立形象雏形

产品分析——产品定位——企划定位——案前设计——形象引导宣传

二、公开发售期（2009.5—2009.11）

工作概要：

1. 开盘活动的策划。

2. 开盘广告设计与发布。

3. 户外推广活动策划与实施。

4. 提醒目标客户购买时机，保持产品区域性的独有特点，沿用报纸、夹报，维持媒介的出现率，配合促销活动，达到销售目的。

5. 相关销售广告设计与发布。

6. 房展会参展方案策划。

战术安排：全面攻击战术

利用报纸等大众传播媒介和户外看板、公交车、引导旗、横幅等小众传播媒介，对目标受众进行宣传。同时进行一些公开的促销活动，制造声势，塑造产品独特的形象。

企划重点：建立总体形象

公开信息媒介炒作——公开信息主题活动营销——人文地段概念——现代建筑概念的诉求——绿色母体的景观规划特色——样板区和样板房参观——阳光房型——项目强强组合

活动建议：开盘酒会、市中心唐装歌舞表演、购房抽奖送礼活动。

三、强销期（2009.11—2010.7）

工作概要：

1. 报纸、广播、促销活动、公关活动交叉运用，以期迅速达到去化。

2. 增加媒介出现率，不断刺激目标客户，促其尽快购买，创造销售的高潮。

战术安排：重点突破战术

举行主题营销活动，制造企划话题，并保持一定的宣传频次。锁定目标客户，并对客户施行跟踪，利用重要节日的不同时间点和工期的不同进度，向客户寄发DM（直邮）资料，吸引客户到现场参观，促进其购买。

企划重点：建立产品形象

“盛世”概念的确立——工程进度（立面落成、结构封顶、园艺完工）——物业管理——重要节假日促销——智能化——房展会

活动建议：盛世文化节、家居装潢名家交流会、公益活动冠名。

四、销售持续期和清盘期（2010.7—2011.6）

工作概要：

1. 持续的促销活动策划。

2. 提醒目标客户购买时机，沿用报纸和户外媒介，维持出现率。

3. 配合行销活动，达到销售目的。

战术安排：强化攻击战术和促销性战术

采取夹报方式，对目标客户进行投递。为使客户对本项目有深刻印象，并催促客户能立刻抵达现场参观，必须在适当的时机进行促销活动，吸引大量人流，以期创造销售高峰；另外，可参加一些有针对性的房展会，积累客户。

企划重点：品牌巩固

口碑巩固——工期进度——开发商形象——联谊回馈促销——清盘

阶段策略表格明细：

阶段	目的	执行	具体推广手段
引导预热期	完成各项销售工具的发包和制作 耳语传播 确立企划方案细部内容 完成销售准备	确定平面图和立面图 设计现场接待中心 申请水、电及工地电话 确定广告宣传作业程序 区域性调研 制作定点看板	工地围墙看板 重点区域户外形象广告 网站架构 客户分析 VI体系设计完成 样板房装饰
公开发售期	联系公司既有客户，争取先期成交 完成现场准备工作 传达本项目开盘前销售信息，实施第一阶段强销	预告开盘日期 以电话拜访方式联系公司既有客户做先期销售 定点统计及追踪 发布报纸广告 排定媒介计划 现场指示牌，旗帜等安置完成 入驻接待中心	定点看板 DM派发 报纸广告 参加展会 网站发布 媒介发布全面启动 说明书、平面图册
强销期	扩大宣传面，开发潜在客源 延续公开发售期热潮，进入第二阶段强销 集中掌握来人来电的成交率	来人来电最后过滤 实施销售控制 配合报纸等媒介举办宣传活动 发布媒介广告 充分掌握项目销售情况	报纸广告 杂志广告 户外广告

续表

阶段	目的	执行	具体推广手段
销售持续期	阻力产品促销 困难产品突破 第三阶段强销 未成交客户分析及追踪	有希望客户再过滤 对竞争项目采取顺势而为的机动作法	报纸广告 客户宣传
清盘期	未成交客户分析及追踪	项目结案 项目总结	报纸广告 销售检讨

（资料来源：郑秋浩《名仕龙城项目企划说明书》）

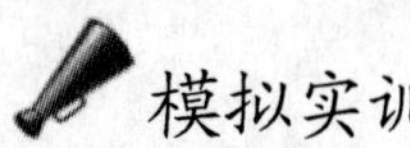

模拟实训

根据本课题学习目标的要求，结合相关理论知识，在教师的指导下，针对以下任务的要求展开实训。

任务：在网络上下载一份较为完整的房地产项目整合推广策划报告，按照本课题的内容进行分析，总结房地产项目整合推广策划报告必须包含的主要内容。

模块理论知识检测

1. 房地产项目整合推广策划主要包含哪些内容?

2. 房地产项目推广过程中滞销的主要原因有哪些?如何解决?

3. 房地产项目尾盘滞销的主要原因有哪些?如何解决?

4. 常见的房地产产品命名方法有哪些?

5. 房地产项目价格的基本构成包含哪些内容?价格确定的影响因素有哪些?

6. 房地产项目价格确定的流程和方法有哪些?调价的原因和方法有哪些?

7. 房地产项目销售场所包装的主要内容有哪些?

8. 房地产项目广告策划的主要流程有哪些内容?如何进行广告预算?如何选择广告媒体并进行广告效果的评价?

9. 房地产项目活动策划的常见类型有哪些?

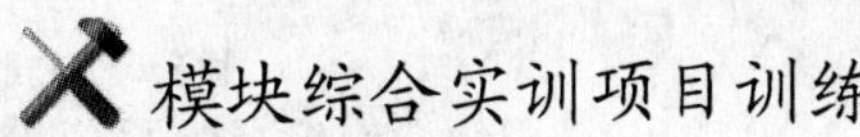

模块综合实训项目训练

房地产项目整合推广策划报告撰写

任务要求:选择某未开盘项目,模拟对该项目的整合推广进行策划建议,内容须包括项目的命名,项目的价格策略、包装策略、广告策略,以及项目的活动策划。

任务提示:本任务的内容较为复杂,可先在网上下载一份较为完整的房地产项目整合推广策划报告,在其基础上结合已选定项目进行策划;项目的选择可以虚实结合(即可以结合周围已有的项目);任务的完成可分组进行。

评价标准:符合国家的法律法规,策划建议具有较强可操作性,结构完整。

模块六

房地产项目销售执行策划

经过前期科学准确的项目调研、项目定位分析、产品策划建议，以及项目整合推广建议，房地产项目营销策划进入到销售执行阶段。房地产项目销售执行阶段是决定房地产开发企业项目投资是否获利、获利多少以及资金回收速度是否迅速的重要环节。

房地产项目销售执行阶段按项目销售时间及进度，可分为筹备期、引导预热期、公开发售期、强销期、销售持续期、清盘期。不同的时期需要开展不同的销售执行工作任务，因此需要开展相应的销售策略的策划。其中的主要工作涉及代理商的选择和评估、销售价格与优惠措施的确定、销售前的物料准备、项目的入市开盘、促销活动的实施、销售过程的控制，以及项目售后服务等。

“房地产项目销售执行策划”模块可以通过以下课题的学习逐一进行：

课题一　房地产项目销售执行策划概述

课题二　房地产项目营销渠道策略选择

课题三　房地产项目销售优惠措施确定

课题四　房地产项目销售执行具体实施

课题五　房地产项目售后服务策划

课题六　房地产项目销售执行活动方案撰写

课题一　房地产项目销售执行策划概述

学习目标

了解房地产项目销售执行策划的含义，熟悉房地产项目销售执行的阶段性划分及各阶段的工作重点，掌握房地产项目销售执行计划的内容。能够针对不同的房地产项目的销售推广阶段进行阶段性划分，能够模仿制订简单的房地产项目销售执行计划。

一、房地产项目销售执行策划的含义

房地产项目销售执行策划是指为了实现房地产项目的销售目标，对有利于项目销售的一系列工作进行整合，使项目按照规范的操作手段进行运作而采取的一系列创意活动。

房地产项目销售执行策划主要包括房地产项目营销渠道策略选择、房地产项目销售优惠措施确定、房地产项目销售执行具体实施，以及房地产项目售后服务策划等内容。

二、房地产项目销售执行阶段划分

房地产项目销售执行阶段的划分是根据市场销售规律、工程进度及形象配合、营销目标等因素进行。由于某些因素的不可预见性，后期的策略将根据项目的实际销售情况、工程进度以及同期市场竞争状况进行相应的调整。

按房地产项目销售时间及进度，可将房地产销售完整地分为筹备期、引导预热期、公开发售期、强销期、销售持续期、清盘期等阶段，见表6—1。

表6—1　房地产项目销售阶段时间及累计销量安排（项目销售期为24个月）

阶段	时间	累计销售量
筹备期	开盘前6～12个月	
引导预热期	开盘前6个月	5%～30%
公开发售期	开盘后1个月	40%～50%
强销期	开盘后2～3个月	60%～70%
销售持续期	开盘后4～8个月	80%～90%
清盘期	开盘后9～12个月	90%～98%

1. 筹备期

筹备期是指房地产项目开发建设前期，由房地产营销策划公司、咨询公司、代理公司与房地产开发公司初步接触，向其提供项目调研报告、营销策划报告等资料，房地产开发公司决定与哪个公司合作的过程。对于自己销售的房地产开发公司，则由销售部门介入，展开前期调研、营销策划等工作，为项目前期的宣传做好准备。

2. 引导预热期

引导预热期是指项目在未取得预售许可证前的对外宣传阶段，对项目的主要卖点进行宣传，以提升项目形象，积聚客户，预热市场。

3. 公开发售期

公开发售期即开盘期，是在项目取得预售许可证后正式对外发售的阶段。通常是在前期项目预热成功后，已积累了大量意向客户的前提下进入公开发售期。

4. 强销期

强销期是项目开盘后的一段重要销售节点，在此阶段仍需大量的广告宣传和推广费用，并配有各种宣传活动。同时，此阶段的销售数量及能力需求也较高。

5. 销售持续期

销售持续期是项目销售经过公开发售期、强销期后逐步平稳的销售阶段。销售持续期广告和促销活动趋于平稳，看房客户逐渐减少并稳定，大部分房源已售完。

6. 清盘期

清盘期是项目的扫尾阶段，可选择的房源缺乏，剩余房源多存在一定的缺陷，销售困难突出。

三、房地产项目销售执行各阶段的销售策略

1. 引导预热期的销售策略

不具备销售条件时，提前发布销售信息，通过媒体宣传和开展相关活动提醒目标客户和潜在客户；面对激烈的市场竞争，提前发布销售信息可吸引客户的注意，分流竞争对手的部分客户；先行在市场中建立一定知名度和客户基础，为后期的开盘打下良好的基础；对本项目的目标客户及市场进行测试，为开盘时销售策略的执行和调整提供依据。

2. 公开发售期的销售策略

集中人力、物力、财力，调动多种宣传媒介，整合各种可利用资源形成有效和强劲的促

销势头，确保开盘成功及开盘期销售目标的实现。同时，在公开发售期要注意销售控制，尽量将一般性房源及困难房源提前推售。

3. 强销期的销售策略

掌握良好的销售时机，顺应销售势头，完成目标销量；保持充足的房源（如需保留房源，数量不宜超过总量的15%），避免客户资源浪费；控制现场销售气氛，运用不同的促销手段，保持热销场面；在客户可接受的前提下，多次进行小幅度的价格调整（一般每次不超过1%），加强客户购买决心；建立项目良好的市场形象，提高客户的认可度。

4. 销售持续期的销售策略

根据剩余房源特征挖掘新的卖点，突出个性，有针对性地进行广告宣传和促销活动，促使销售持续。

5. 清盘期的销售策略

利用后期项目开发宣传契机，采用“特价房”等多种促销方式和重新定义市场、改进产品等方法处理尾房。

三、房地产项目销售执行计划的制订

一般来说，房地产项目销售执行计划应包含以下内容：

1. 计划概要

计划书开头要对本计划的主要目标和建议作简明扼要的陈述，目的是让上级主管快速掌握计划的核心内容。目录可附在计划概要之后。

2. 现状分析

现状分析具体内容包括影响目前房地产市场未来发展的重要宏观环境趋势，目标市场的资料（市场规模、增长率、客户群特征、购买行为特征、市场细分），过去一段时间的房地产销售情况，主要竞争对手的规模、目标、质量、市场占有率等。

3. 机会与威胁分析

对项目的外部机会与威胁、内部优势与劣势进行分析，并作出对策性建议。

4. 制定销售目标

销售目标是销售计划的核心部分，分为财务目标和销售目标两类。

财务目标主要由即期利润指标和长期投资收益率指标组成。财务目标必须转换成销售目标，如销售额、市场占有率、分销覆盖率、单价水平等。

销售目标主要包括年度总销售量、阶段性销售额及资金回笼计划，各项目年销售量、阶段性销售额及资金回笼计划，各项目年度宣传推广计划及年度营销费用计划等。

5. 销售策略

针对不同的销售目标，制定不同的销售策略，如提高单价、低价竞销、优惠促销等。

6. 行动方案

制定具体的行动方案，即如何做、何时开始、何时完成、由谁做等。行动方案应做到详细、可行。

7. 预算开支

根据行动方案编制预算方案，包括各种物料的成本、促销的成本、广告宣传的成本等。

8. 控制

将计划规定的目标和预算按季度、月份或更小的时间单位进行分解，以便主管部门能对计划执行情况进行监督检查。

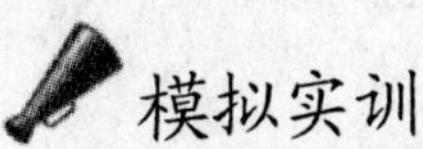

模拟实训

根据本课题学习目标的要求，结合相关理论知识，在教师的指导下，针对以下任务的要求展开实训。

任务：对本城市的 3 个房地产项目的销售阶段进行调研，了解所调研的项目目前属于哪个销售阶段？其主要销售任务是什么？

项目一：____

____

项目二：____

____

项目三：____

____

课题二　房地产项目营销渠道策略选择

学习目标

了解房地产营销渠道的类型及特点，掌握房地产项目销售代理公司的选择步骤及具体流程，了解房地产项目销售组织管理的主要内容。能够模拟进行简单的房地产项目销售代理招投标过程。

一、房地产营销渠道的类型分析及选择

1. 房地产直接营销渠道

（1）房地产直接营销渠道的含义

房地产直接营销渠道是指开发商自己组建销售队伍，直接将房地产产品租售给消费者。

由于委托代理商要支付1%～3%的佣金，故某些开发商愿意自行租售。开发商实力和营销能力较强、品牌形象好、产品素质优良以及市场状况良好的房地产项目宜采用该方式。

（2）房地产直接营销渠道的优缺点

优点：降低营销成本，控制销售价格，提高项目利润率；便于直接了解和把握顾客的需求、购买特点及变化趋势，从而快速调整项目的销售策略；能对销售节奏和价格走向进行有效控制；有利于避免某些素质不高的代理商介入造成的营销短期行为；有助于加强对销售人员的管理，提高销售人员积极性；有利于提升产品和企业品牌形象。

缺点：缺乏专业营销经验，资源不能有效利用，影响营销业绩的提升，甚至增加营销成本；分散企业决策层的精力，不易制定出全方位、完善的营销策略；企业机构臃肿，运行效率不高；项目销售结束后销售人员很难安排；销售出现问题后，不利后果都由开发商负责，风险较高。

2. 房地产间接营销渠道

（1）房地产间接营销渠道的含义

房地产间接营销渠道又称为房地产代理营销，是指房地产开发商经过中间环节（代理商）把房地产商品销售或租赁给消费者。

房地产开发商的工作重心是开发建设，大多无心建立一批机构完整、有经验的销售队伍，从而将全部或部分销售任务委托给有经验的代理商，充分发挥代理商的专业优势。

（2）房地产间接营销渠道的优缺点

优点：简化交易活动，为开发商和消费者节约大量的时间和精力；充分利用代理商广泛的营销网络、丰富的营销经验和市场信息、专业的营销职能和训练有素的销售队伍，缓解开发商人力、物力和财力的不足；充分利用代理商的客户资源；加快项目营销推广速度，分散开发商的销售风险。

缺点：经营环节增加，成本上升，利润降低；代理商的专业素质和职业道德水准差异较大；售前和售后服务容易脱节，增加业主的不满情绪；降低了开发商对市场的敏感度；某些代理商代理项目较多，无法集中精力；推广过程中，开发商和代理商之间容易出现矛盾。

（3）房地产代理营销的种类

1）独家代理。独家代理是指开发商只与一家代理商签订委托代理合同，代理商具有独家代理销售的权利的代理营销方式。独家代理有以下不同的类别：

①现场销售代理。现场销售代理是指代理商只负责销售现场的销售代理工作，按照销量获取佣金。

②风险代理。风险代理是指代理商向开发商缴纳一笔保证金，保证在一定时期内，以某一价格销售一定数量的产品，如果在规定的时间内没有完成销售任务，则开发商少付、不付佣金或没收保证金，或由代理商购买剩余产品。

③全程代理。全程代理是指代理商的服务范围不仅仅局限于销售工作，还包括利用自身的市场经验和专业水平为开发商提供全程的咨询服务。

④买断代理。买断代理又称为包销，是指代理商向开发商一次性买断房地产产品，然后向社会销售，从而获得销售差价的方式。

2）联合代理。联合代理是指开发商与多家代理商签订委托代理合同，多家代理商共同参与房地产项目销售的代理营销方式，谁销售出去，谁就获得佣金。

（4）房地产代理佣金的提取

1）固定费率。固定费率是指无论最终成交的房地产价格是多少，代理商都以成交总额的一个固定收费比例收取代理佣金。

2）固定费率、超额共享。固定费率、超额共享是指开发商与代理商约定固定的售价，如代理商以该价格售出产品，则佣金按照固定的收费比例计算，如代理商以高出约定售价售出产品，则除提取固定佣金外，高出部分由双方分成。

3）完全赚取差价。完全赚取差价是指开发商与代理商约定固定价格，如代理商以该价格销售产品，则开发商不支付佣金，如高于约定价格，则代理商提取高出部分的佣金。

3. 网络营销

随着网络时代的来临，很多大型的房地产网站纷纷推出在线营销中心，联合知名房地产开发商进行网络销售，即集文字、图片、视频等多种展示手段于一体，与现实生活中的售楼处呼应互动。新浪乐居网站首页如图 6—1 所示。

相关调查表明，超过 75％的消费者购房前会上网进行信息查询。网上选房、售房、购房，直至装修、家饰，影响了现代购房者的购房习惯和行为。因此，网络营销逐步被房地产

图 6—1　新浪乐居网站首页

企业所接受并加大了投资力度。

网络营销有以下优势：真实还原购房流程，全面升级售楼产品，整合游戏、交互、楼书等技术，属于体验式营销；网络房源信息容量大，可供客户随意选择；“一对一”式的互动自主沟通交流，使项目在第一时间接触客户，体现了专业性；网络平台克服了真实销售渠道的地理区域限制，扩大到全国，甚至国际市场；房源展示效果直观，弥补了传统交易的缺憾；简化了买卖过程，节省了时间和体力，信息来源更加透明；网络营销中心提供了看房团、团购等整体服务措施。

以搜房网为例，房地产网络营销中心有以下六大功能：

（1）视频播报

多家房地产网站都陆续获得了网络视听许可证，帮助房地产项目制作介绍视频、楼盘宣传片以及样板间实景等进行在线放映，给购房者以直观的感受。

（2）网上沙盘

网上沙盘是一个互动沙盘，虚拟场景中包括楼房、绿地、树林、雕塑、商务会所、人工湖、停车场、游乐场等实体，形象逼真。它不是一个静态的世界，而是一个开放、互动的小区环境，只需鼠标轻轻一点就可随意参观。某项目网上售楼处电子沙盘如图 6—2 所示。

（3）全景展示

用户通过鼠标操控，可以看到 360 度全景效果，全面展示项目每一个细节，在线看到真实户型场景，立即享受身临其境的看房体验。

（4）体验楼书

体验楼书整合了图文点播、动画、视频以及虚拟现实等技术手段，全方位、直观并且深入地展现楼盘项目品质及特色。体验楼书正式上线之后，有购房意向者可以在线阅读并下载收藏，足不出户即可身临其境地了解项目。

（5）在线顾问

通过在线顾问系统，可即时实现客户与销售人员面对面交流，客户可自主选择销售顾问

图 6—2　某项目网上售楼处电子沙盘

进行在线咨询及沟通。

(6) 在线订房

每一个项目的用户管理中心都有强大的在线订房及看房报名功能，可以实现网上客户聚合。购房者对项目进行了充分的了解后，可以进入在线订房系统，填写个人资料，在线预订想要的户型。为了让购房者更直观地了解户型销售状况，在此还能看到销控表系统，真正实现信息透明化。

二、房地产项目销售代理商的选择

1. 房地产项目销售代理商的考查

房地产开发商根据开发项目的实际情况，以及以往与代理商的合作经验，往往根据以下考查点对意向合作代理商进行考查与评估，最终确定最适合销售自己项目的代理商，见表6—2。

表 6—2　房地产开发商选择代理商的考查点

考查点	考查内容
实力与信誉	代理商团队成员的素质水平、所拥有的市场信息资料和企业资源、代理商信誉等综合实力
从业资质	是否具有从业资质证书，执业范围和资质等级如何
职业精神	团队成员是否具有良好的职业道德和信誉，包括能否为委托方保密，是否具有客观、真实、真诚的作风，房地产交易过程中除佣金外，是否还有其他利益等
市场调研能力	是否能够贴近市场，并将获得的大量市场信息分析、提炼，提交具有一定水准的市场调研报告
公关能力	是否具有良好的声誉，是否与媒体有密切的联系，是否成功地组织、策划过大型的公关活动
是否适合项目	擅长哪类项目的推广，对所委托项目的认知程度及准备或实际可投入的人力、物力、财力等
以往的业绩	以往所代理项目的成功率和平均销售周期

续表

考查点	考查内容
可投入营销工作的资源	人员、经验和销售网络（销售网点和客户网络分布情况）的实力
管理、沟通和协调能力	是否有一套严密有序的管理制度和管理方法，是否具有一定的信息收集、储存、传播、交换的能力和较强的公关能力

2. 选择房地产项目销售代理商的步骤

（1）制订代理商选择计划

根据项目推广的需要，由开发商销售部或营销管理部等相关部门制订代理商选择计划。主要任务是：收集市场上代理商的有关资料；设计评审模式，制定选择代理商的标准；如已有代理商，对其各项工作进行评价；初选一批代理商作为考查重点，并根据需要进行增减；制订详细的选择计划，对各项活动及所需时间作出具体安排。

（2）访问候选代理商

开发商访问各候选代理商，收集决策所需的各种资料，明确各代理商的优势和劣势。访问需了解的主要内容有：代理商的实力，其以往代理项目的规模及主要客户，代理商的主要服务领域和服务范围，代理商的素质和能力，代理商的管理水平和财务状况。

（3）邀请候选代理商访问本公司

对候选代理商作适当删减，邀请有意向的代理商访问本公司。开发商提前向候选代理商提供一套公司资料，主要包含以下内容：本公司的发展历史、组织结构；本公司项目及其特点；本公司市场占有率、主要竞争对手的基本情况；项目推出和销售计划，包括项目竣工时间、是否是现房，以及项目的位置、价格、规模和费用支付标准等。

此阶段的任务是先让代理商了解本公司推出的项目，然后由各代理商在规定时间内拿出各自的营销方案，以供评审之用。

（4）评审各代理商的方案设计

首先要准备方案评审表，列出评审项目和评审标准。评审项目一般包括营销前的各种准备措施、营销方案的创新性和实用性、能否达到预定的营销目标、广告媒介选择的合理性、整个营销过程的协调性，以及营销方式的可行性。然后在此基础上逐一进行评估、打分后汇总。

（5）选定代理商

评审负责人按原定评审标准写出综合评审报告，交由决策者作出最后的选择，并由开发商与中标的代理商签订代理合同。

3. 选择房地产项目销售代理商的具体流程

（1）发布选择房地产项目销售代理商的信息

由房地产开发公司负责销售的部门进行组织，在相关行业网站、专业媒体发布选择房地产项目销售代理商的信息，制定对代理商的考查标准，并在相关信息中予以明示。

(2) 接受报名

接受所有有意向的代理商的咨询和报名。

(3) 预审

根据所有报名的代理商的资质、社会知名度、业绩、销售人员等情况进行预审。

(4) 粗选

根据预审结果，最终选定几家代理商进行投标。

(5) 标书编写

根据项目情况编写标书。标书一般涉及内容（项目工程情况、项目地点、项目性质、功能用房比例、计划销售时间等）和要求（公司资质和业绩要求、项目班子要求、策划报告要求、费用要求、合同条件要求等）两个方面。

(6) 发标、收标、评标

向以上选定意向代理商发放标书，并给予一定的期限收标、评标。评标往往由投标代理商主管策划、销售的项目班子成员与开发商评标委员会人员共同参加，评标过程中代理商针对策划报告进行汇报，开发商针对其中的问题进行提问。

(7) 定标

根据以上评标结果确定一家代理商作为最终选择。

(8) 费用确定

进一步明确代理过程中所涉及费用的种类和数额。

(9) 发中标通知书，签订合同

双方针对合同的签订进行协商，针对某些合同条款进行谈判和调整，无异议后签订合同。

阅读资料 6—1

房地产项目销售代理合同（实例）

甲方：

乙方：

本协议约定项目为位于××的________项目（以下简称本项目），项目性质为住宅及商业，建筑用地面积约为________万平方米，总建筑面积约为________万平方米（其中住宅及商业用房的建筑面积以最终规划设计为准）。本项目由××房地产开发有限公司投资开发，为进一步发挥各自的优势，本着优势互补、共同发展的原则，甲、乙双方经友好协商，一致同意签署本“房地产项目销售代理合同”（以下简称本合同）。

第一条：合作期限

1. 甲方同意于______年____月____日至______年____月____日正式委托乙方为____项目的独家全权销售代理单位，委托期限____年。在本合同到期前的____天内，如甲、乙双方均未提出反对意见，本合同代理期自动延长____个月。合同到期后，如甲方或乙方提出终止本合同，则按本合同中合同终止条款处理。代理期从本项目满足销售条件（见本合同第二条第一款）并且甲方取得预售许可证及开盘广告刊登之日起计，开盘广告刊登之日不得迟于取得预售许可证后5日，特殊情况确需调整的须经甲方书面认可。

2. 在本合同有效代理期内，除非甲方或乙方违约，双方不得单方面终止本合同。

3. 在本合同有效代理期内，甲方不得在________地区指定其他代理商。

第二条：甲方的责任及权利

1. 负责保证本项目销售的合法性，申办有关租售的法律程序，同时向乙方提供有关本项目销售的法律批文副本资料，包括：

(1) 本项目商品房预（销）售许可证。

(2) 营业执照。

(3) 小区总平面图、各楼层平面图、房屋立面图、鸟瞰图、室内厨卫设施表、装修装配标准（含家具配置图及效果图）。

(4) 本项目销售窗口表。

(5) 商品房预（销）售合同、房屋认购书。

(6) 与银行签订的按揭协议。

上述证照、资料须经乙方确认无误并加注“销售专用”字样后盖章。

2. 全权委托乙方安排本项目销售的广告宣传推广工作，负责本项目销售过程中的有关成本费用，其中包括：

(1) 各种广告、宣传及有关销售资料的设计、编辑、制作、派发及发布费用。

(2) 与本项目销售直接相关的市场调研、客户座谈等费用。

(3) 售楼处、展销会场地及有关设备的设计、建设、装修、租用、布置等费用。

(4) 提供电话、空调、复印、传真、计算机、打印机等办公设备。

(5) 有关促销活动费用。

上述费用乙方均需事先提出预算并经甲方书面同意后方可发生。

3. 根据乙方的建议负责确定本项目销售进度、销售报价、付款方式、按揭办理、物业管理内容及收费标准等。

4. 甲方选派工作人员负责与认购者签订《商品房销售合同》，并负责接受客户各类房款，以及契约盖章、客户催款、银行按揭、产权办理等工作。所有房款及定金须由甲方专门负责收取，甲方人员必须配合乙方销售工作，且必须与乙方在售楼处的员工上下班时间一致。

5. 提供租售所需契约空白文本等，配合乙方租售，并在乙方工作人员陪同客户看房时提供帮助。

6. 按本合同的约定向乙方支付销售代理的溢价分成、佣金。

第三条：乙方责任

1. 在本项目的销售代理过程中必须遵守中华人民共和国、北京市的有关法规，不损害甲方品牌形象。

2. 负责对本项目的销售工作进行总体策划，包括销售价格定位、付款方式设计、销售对象、销售时间及各种租售渠道等。

3. 负责在现场组建售楼班子，负责本项目的现场销控，本部设立项目专案组负责市场信息分析、销售跟踪、巡视及督导。

4. 负责计划、监督、制作售楼书、推广宣传单、展览板、认购书、认购须知和其他一切有关销售的资料，以及有关报刊、电视及电台等媒体广告的设计及制作工作。

5. 各种销售宣传推广的计划及费用均需甲方书面同意后方可实施或发生。

6. 承担销售人员的工资、奖金、福利及交通等费用。

7. 代表甲方以甲方名义签订本项目的销售认购书，协助甲方统一收取认购者定金。

8. 安排有关售后跟进事宜，如协助甲方催款，提交详细租售报告、客户统计分析、媒介分析、策划及销售分析报告。

第四条：销售价格及佣金事宜

1. 项目销售价格

双方约定本项目销售均价为________元/平方米，以此基准价格为基础，经甲、乙双方确认，根据幢差、楼层、朝向等做成一房一价表，作为本合同附件，与本合同具有同等法律效力，乙方销售底价必须达到此价格表标准。

2. 销售完成时间

双方约定本项目的销售完成时间为____个月，乙方须在此时间段内完成本项目的全部销售工作。

3. 固定代理佣金

甲方同意在委托期内委托乙方代理销售的本项目在达到上一条规定的销售价格实现销售时，甲方按实际销售回款额的1.5%（百分之一点五）给予乙方作为销售代理佣金。

4. 溢价提成

以一房一价表为基础，实际成交价超出价格表以上的部分视作溢价，溢价部分甲、乙双方各得50%（百分之五十）。

5. 结算方式

租售佣金结算方式为月结，以客户正式签订购房合同并已支付首期款为结算标准，其中首付款的金额不得低于该房总房款的20%。每月最后一天为结算日，每月成交单位有关代理佣金、溢价提成款，甲方须于次月10日前付清予乙方，收到款项后乙方应开具有效发票。

6. 若甲方于委托期内自行销售给买家，则该甲方自行租售单位计算在乙方租售业绩之内，该部分租售额按上述第四条第三款、第四款佣金计算方法支付佣金予乙方。

7. 如遇认购者签署认购书后违约，认购者所付定金归乙方所有。

第五条：违约责任及合同终止

1. 委托期的延续或终止须于委托期限完结前30天内由甲、乙双方代表书面决定。

2. 如由于甲方工程进度、销售手续等原因，造成乙方无法按时完成各项销售工作，则乙方有权单方面终止合同，甲方应按已实际达成的销售无条件结付全部乙方应得的佣金（含广告费）、溢价提成，承担相应违约责任。如因甲方原因导致客户退房，该套房屋仍视为乙方的代理业绩。

3. 在本合同规定的委托期内，乙方完成本合同所指的销售代理工作且甲、乙双方之间结清一切代理费用后，本合同终止。

4. 若于本合同第一条规定的全程策划代理期内，甲、乙双方中任何一方违约，另一方可提前终止合同，并要求违约方支付违约金计人民币________万元整，并由违约方承担由此引起的一切法律及经济责任。

5. 若甲、乙双方因履行本合同发生争议，协商不成并导致诉讼，则由本项目所在地法院解决有关司法管辖问题。

第六条：其他

1. 本合同所涉及的项目案名及开发商名称（甲方）以最终正式文件为准。

2. 本合同所涉及的项目数据，以项目最终的测估为准并相应调整。

3. 本合同一式四份，甲、乙双方各执二份，具有同等法律效力。

4. 所有由乙方事先提出并经甲方书面同意的各项费用预算表作为本合同的附件，一式两份，甲、乙双方各执一份，与本合同具有同等法律效力。

5. 合同内容如有修改，经双方同意后，可另立补充合同，补充合同与本合同具有同等法律效力。

6. 本合同经双方签署，即刻生效。

附件一：本项目可售房源表

附件二：本项目销售计划

附件三：本项目销售价格表

附件四：本项目宣传推广费用预算表（分阶段提供）

甲方（盖章）：　　　　　　　　乙方（盖章）：

代表人：　　　　　　　　　　　代表人：

地址：　　　　　　　　　　　　地址：

签署本合同时间：　　　　年　　月　　日

三、房地产项目销售组织管理

房地产项目销售组织管理包括销售团队设计、人员招聘、人员培训、业绩评价和人员激励五个方面。

1. 销售团队设计

销售团队设计包括确定销售团队目标、组织形式和规模等。销售团队目标包括确定销售进度、销售面积和销售额，构建客户关系和项目推介等。销售团队规模的确定多采用工作量法，步骤为：确定项目总销售量，确定单位产品需要对客户进行访问的次数，确定需要访问总次数，确定每个销售人员可以进行访问的次数，根据年访问总次数和每个销售人员的年访问次数确定销售人员数量。

2. 人员招聘

销售团队成员招聘时，要注重专业、学历、品德，兼顾相貌气质。房地产销售人员在与人接触时应给对方良好的第一印象；同时要考虑语言能力，懂方言；掌握必要的交通工具，能吃苦耐劳；有一定的社会经验，最好有房地产经纪人职业资格证书。房地产销售人员必须精力充沛，有很强的自信心，渴望成功，勤奋好学，并有承受客户拒绝的心理素质。同时，招聘中还需要注意对团队成员的性格、形象、经验及性别进行合理搭配，从而建立一支高效、团结、有活力的销售团队。

目前房地产企业招聘销售人员的途径主要有：销售人员推荐、广告招聘、应届生招聘以及在企业内部人员中挑选等。

3. 人员培训

销售人员进入公司或者开始新项目销售前，都要进行有关培训。培训主要内容包括企业情况（公司背景、公众形象、公司目标、企业文化等）、项目情况（项目定位、项目规模、建筑情况、户型情况、周边环境与公共设施、交通条件、发展潜力、小区景观、容积率、绿化率等）、市场知识（房地产市场概况、竞争者概况、市场信息等）、销售技能（客户心理、销售方法与技巧、签订买卖合同的程序、物业管理服务内容及收费标准等）和综合素质（礼仪培训，建筑学基本知识、财务相关制度、法律法规等）。

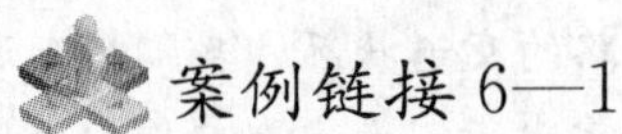

济南市某项目销讲说辞

一、项目展板销讲

这张展板是济南市最繁华区域的示意图，同时也是我们项目周边配套设施的示意图，方向是上北下南左西右东，项目大约在这个位置。本项目西邻历山路，专门为全运会开通的BRT快速公交车就从小区门前经过。项目周围有二十多条公交线路，四通八达的交通为您的出行提供了便利的条件。项目南有大润发超市，北有家乐福超市，西临银座、贵和等大型购物中心，为您的生活提供了便利的条件。

济南几大著名旅游景点：千佛山、泉城公园、趵突泉将项目围绕。现在人们都很讲究养生，您入住我们小区后，周末和爱人一起带着孩子去千佛山锻炼身体，去泉城公园呼吸新鲜的空气或者去趵突泉看看泉水，这种生活也是非常惬意的。项目独特的地理位置让您享受离尘不离市的环境，这些在其他地方并不是有钱就能买到的。

现在人们都比较注重健康，每年都会定期进行健康体检，项目周围的千佛山医院、齐鲁医院、中心医院、省中医院等大型三级甲等医院距本项目最多只有一刻钟的车程，为您和您家人的健康提供最权威的医疗保证。

几十年的文化沉淀使得历下区成为高等学府的聚集地，山东大学、山东师范大学等知名学府都在项目周围，文化氛围非常浓厚。并且山师大校内有山师附属幼儿园，项目东临就是省重点中小学山师附小、山师附中，入住我们的小区后您的孩子就可以享受到从幼儿园到大学“一站式”的教育服务。

项目西邻就是济南最成熟的CBD核心区——泺源大街。首先，泺源大街聚集了国际、国内及省内著名大企业总部、星级酒店、顶级写字楼，且还有多家金融机构；其次，项目对面正在拆迁，规划要建高档写字楼，这里将是济南高端客户群最聚集的地方。在这种位置拥有一套住宅，无论是投资还是居住都是不错的选择。

二、项目沙盘销讲

项目处于历下区核心位置，位于济南CBD核心区泺源大街与历山路交汇处东南角，这边是项目的沙盘，方向和现实中的方向是一致的。我们现在大约在这个位置，项目南邻省直机关宿舍，北临项目规划中的二期，东临省重点中小学山师附小、山师附中，西邻济南的交通主干道历山路。项目原址是省直机关宿舍，本项目属于历下区重点的旧城改造项目。

本项目是山东××住宅开发建设有限公司在济南全力打造的扛鼎之作。项目总占地54亩，总建筑面积近16万平方米，由五栋高层组成。其中沿街两栋楼分别是4、5号楼，户型以一居、两居为主，面积范围53～86平方米，一至二层是沿街商业区，准备打造成具有国际风情的商业街。东临的三栋高层从南到北一字排开，南首是1号楼，18层的高层，主要安置回迁人员，不对外销售；2号楼为26层，3号楼为24层。开发商综合考虑到济南市的地理环境、居民生活习惯和城市未来发展趋势，本着以人为本的设计理念，在户型设计方面采取“四明设计”，即明厅、明卧、明厨、明卫，提高了居住的舒适度。

小区共有两个出入口：北出入口以车辆为主，考虑到历山路的交通状况，我们把车道延伸到小区内侧，这样即使在上下班的高峰期也不会耽误您的正常出行；南出入口作为小区的主出入口，人、车都可进入小区。整个小区采用人车分流的设计，确保老人和孩子出行的安全。

小区采用全封闭式管理，安装了刷卡式门禁和周全的电子监控系统，确保每位业主的安全。小区楼宇间穿插交错着中心庭院、小桥流水以及户外休闲健身广场，打造一种人、路、水、景相结合的柔美画卷。灰白相间的外立面把整个小区衬托得高贵、典雅、大方。

项目在建筑节能方面大量使用新型材料和绿色能源，建筑节能高达65%，这样既提高了居住的舒适度，也大大降低了小区的噪声。进入小区，每个单元都设有豪华大堂，窗户采用断桥铝合金窗，隔声、保温、防尘，并且玻璃为中空玻璃，确保每位业主有安静的休息空间。小区供暖方式是集中供暖，采用地板式采暖，大大节省了室内的空间，因为人的大部分穴位都集中在脚上，地板式采暖更符合健康住宅的设计理念。

人员培训的方式主要有课堂讲授、案例分析、模拟现场演示等。

一支有较强执行力的销售团队经培训后应具有以下专业能力：

(1) 销售人员熟悉并掌握所有项目销售资料，能把项目产品的特色和优点完整、真实地介绍给客户。

(2) 销售人员掌握并了解公司的各项规定，对不明确的问题，向现场经理请示，对所有载以文字并列入合同的内容认真审核。

(3) 销售人员应做好销控对答，现场经理和销售人员默契配合，遇到错误先向客户解释，请客户谅解，并协调客户换房，可给予适当的优惠，并当场解决。

(4) 销售人员应熟悉标准合同，通晓相关法律法规，与客户以双赢策略签订合同。

4. 业绩评价

销售人员业绩的评价可以采用标准对照法和比较法等。

标准对照法是指房地产企业建立一套科学、完善的销售业绩评价指标体系，将销售人员的实际销售情况与指标体系标准进行比较来反映其业绩效果。

比较法是将销售人员的业绩与其他销售人员业绩进行比较，从而反映其业绩效果。比较法包括横向比较和纵向比较。横向比较是指同一个业绩评价期内不同的销售人员业绩之间的对照比较；纵向比较是将考察期间销售人员的业绩与其前期业绩进行比较。实践中，常常采用横向比较。

5. 人员激励

恰当有效的激励机制会调动销售人员的积极性，显著提高销售效果。激励措施越明显，销售人员就会越努力。针对房地产销售人员的激励制度主要包括佣金回报、旅游参观、外出培训、荣誉称号和实物奖励等。

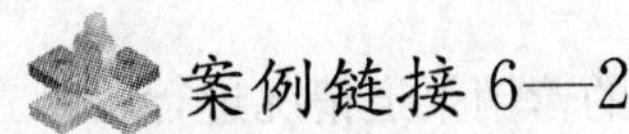

案例链接 6—2

某项目销售人员培训计划表

项　　目	内　　容
一、致词	
二、销售部工作流程及行为规范 1. 销售人员行为准则 2. 销售部内部分工 3. 接待、签约流程 4. 销控及回款	销售部行为准则、销售部构架及岗位职责、签约流程
三、关于项目的推广 1. 规划设计内容及特点 2. 平面设计内容及特点 3. 项目的优劣势分析 4. 营销策略	总平面图、户型图、景观及效果图、建筑组团、容积率 总户数、总建筑面积、总单元数、单套面积、户内面积组合、户型优缺点、面宽、层高等 优劣势分析表、价目表、付款方式销控表 价格、付款方式、策略定位、销售目标、手段
四、竞争对手优劣势分析	竞争楼盘调研表
五、工程知识 1. 物业管理 2. 销售人员须知 (1) 办理按揭手续及相关计算 (2) 入住程序及费用 (3) 合同说明 (4) 相关法律文件	物业管理公司简介、管理架构、管理公约解释等 办理按揭所需资料一览表、利率计算表、入住费用表

续表

项　目	内　容
六、销售技巧 1. 电话接听技巧 2. 推介产品技巧 3. 销售谈判及成交技巧	
七、本市房地产市场走势及集团发展策略	
八、市场调研	竞争楼盘调研表
说明：	

（资料来源：廖志宇《房地产推广操盘手册》）

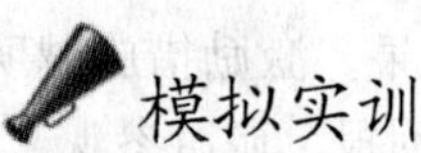

模拟实训

根据本课题学习目标的要求，结合相关理论知识，在教师的指导下，针对以下任务的要求展开实训。

任务一：利用网络调研法，对所在城市某一房地产开发商的营销渠道情况进行调研。

1. 公司名称：________________

2. 该公司是否自己销售开发的房地产产品？________________

3. 如该公司使用代理的方式进行房地产产品销售，请列出最近三年与该公司合作的代理商的名称。

____

____

任务二：调研某一房地产项目销售代理商，了解该公司曾代理过哪些著名的房地产项目。

____

____

____

课题三　房地产项目销售优惠措施确定

学习目标

熟悉房地产项目销售付款方式的类型，掌握房地产项目销售中的优惠方式。能够针对不同的客户推荐不同的付款方式，能够在房地产项目销售推广过程中熟练运用不同的优惠方式。

一、房地产项目销售付款方式

1. 一次性付款

一次性付款是指一次性交足房屋总价款或先交95%房价款，余款在入伙后付清，并享有一定优惠折扣。一次性付款会给予购房者最高的折扣，手续办理简单，节约时间，但资金占用量大，且资金的安全性较差，具有较高的风险。

2. 银行按揭

银行按揭又称为购房抵押贷款，是指购房者以所购房屋的产权作为抵押，由银行先行支付房款给开发商，购房者按月向银行分期支付本息，银行按揭的成数随国家对房地产行业的调控有所变化，通常由五成到八成不等，期限由5年到30年不等。

银行按揭手续较复杂，且对申请人的资格审核较严格，并要求提交一些私人资料，而且供房期越长，利息负担越重。

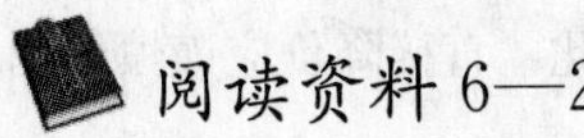
阅读资料6—2

银行按揭办理流程

一、客户如选择按揭贷款作为付款方式，销售人员应在客户付款签约前向该客户讲清按揭贷款的种类、申请条件、还款年限、还款方式、计息标准、利率、需要向银行提供的证明资料、保险费及全部流程的详细情况，并根据客户实际情况，帮助客户选择最佳按揭方式（商业按揭贷款、个人公积金贷款、组合贷款）。

二、在客户补足大定金后，带领客户来现场财务处领取收入证明空白表格，并请客户夫妻双方规范填写后由各自工作单位签章确认（个体经营者须提供企业营业执照、法人代码证、半年内的公司财务报表、纳税证明等足以证明其具备还款能力的相关资料）。

三、客户付完首期款（一般为总房款30%）签约后将首付款收据复印件、收入证明及相关资料交与现场财务人员，并在专业人员的指导下规范填写贷款申请，再由开发商交与协议银行。

四、银行根据客户的申请和相关证明对客户的单位或企业进行核查。银行核查通过后，通知客户去银行签署贷款合同，同时缴纳保险费，并设立还款账户。

五、银行将客户所贷款项（风险金除外）拨到开发商账户后，通知客户次月开始还款。

六、客户在办理完产权证、他项权证等抵押手续，将贷款中风险金部分拨到开发商账户后，由开发商通知客户去开发商处办理进户手续、领取钥匙入伙。

3. 分期付款

分期付款有两大优点：一是资金压力小，每期付少数资金，当房地产升值时容易转手，适合投资者；二是分散了资金风险，当工程进度慢时，可向开发商施加压力。

分期付款的缺点是费时费力；定期要向开发商支付一定的款项，不适合公务繁忙或经常出差的购房者，而且付款总额高于一次性付款，所能拿到的折扣也较低，甚至没有折扣。

4. 以租代售

以租代售是指欲购房者可先试住一定时间，在试住满意后决定购房时，已付的租金计入总房价，购房者只需付余款即可。

以租代售有利于开发商提高销售率，但物业管理不便，手续麻烦。

二、房地产项目销售优惠措施

1. 直接优惠

（1）直接降价

直接降价的促销手段对客户最为直接，通过降价，切中客户的心理价格区间，让客户欣然接受。降价必须小范围进行，并给予特定的理由。否则，客户会有“价格可能还会降”的心理预期，同时会损害项目老客户的利益，影响企业形象。因此，直接降价应谨慎使用。

（2）现金折扣、数量折扣

开发商可以分别给予一次性付款的客户和大体量购买的客户现金折扣和数量折扣，鼓励其提前付现、及时付现以及增大购买量。同时也可以在关键销售节点针对特定客户进行限时折价，有利于提醒意向客户提前下定。

（3）减首付或送首付

减首付或送首付是促销的重要手段。开发商牺牲部分利益而提供低首付的优惠措施，对经济实力较弱的客户颇具吸引力。

（4）贷款贴息

贷款贴息是指按揭贷款利息由开发商全部或部分承担，一般以一次性结算方式在房款中扣除。贷款贴息减少了客户的总购房支出，缓解了购房的压力。

（5）特价房

房地产项目在销售过程中，为吸引客户的注意力，会推出少量格局不佳或楼层、朝向不理想的特价房，价格相对低廉，被称为“广告户”（如房地产广告中的“每平方米××××元起”，或者“每套仅××万元”等）。特价房很大程度上可以帮助开发商吸引客户的关注，从而购买其他房源，同时也是房地产项目推甩尾房的有效方法。

（6）付款方式的调整

付款方式的调整是房价在时间上的一种折让，可以分为三种方式：付款时间的调整（总付款期限的缩短或延长，各个阶段付款时间设定向前移或后延）、付款比例的调整（各个阶段的付款比例是前期高、后期低，均衡分布，或者是前期低、后期高）和付款利息的调整（如“免息供房”“首期零付款”等）。

2. 间接优惠

（1）买房送面积

较常见的方式有：买房不计阳台或厨房、卫生间面积，买房附赠花园，买房赠公共分摊面积。买房送面积可以使客户得房率大大提高，是一种较为有效的优惠方法。

（2）以老带新

在房地产项目销售过程中，应充分利用老客户的口碑宣传作用，鼓励老客户利用自身的社会关系介绍新客户，并以赠送礼品、免一定时期的物业管理费等方式对介绍成功的老客户进行奖励。同时，为避免新客户对老客户的获利产生意见，对介绍成功的新客户也应给予相应的优惠。

（3）买房代缴相关税费或物业管理费

开发商为客户代缴购房相关税费，使其减少购房支出，或者提供免若干年物业管理费的优惠措施。

（4）送精装修

精装修的商品房，交房时即可入住，省去了装修的麻烦。装修成本是客户关注的问题，开发商对房屋进行精装修不仅可以减少客户的直接成本，也可以帮助其减少需要投入的时间和精力等间接成本。

（5）抽奖或者送礼包

该方式是通过赠品、奖金或礼包作为促销诱因来刺激客户购买（如赠送奖金、基本家具、家电、整体厨房、汽车或国内外旅游等）。该方式可以提高开发商项目的品牌形象。

3. 无风险购房

（1）自由退、换房

自由退、换房是房地产开发商为客户提供的一种无风险购房措施，会使客户对开发商的产品质量更有信心。但该方法对开发商具有较高的风险，开发商必须具有充足的资金避免风险发生，同时对销售时机和项目产品有充足的自信。换房时按市场价格折算，实行多退少补。

（2）试住

试住主要是针对一些有一定购买需求但未最终做出决断的客户。开发商为他们提供试住服务，试住满意后再予以购买。试住属于体验式营销方式，提高了购买的可能性。

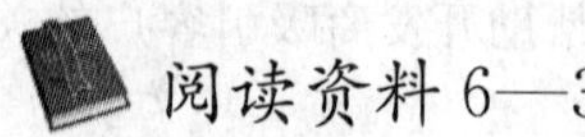

阅读资料 6—3

房地产促销活动常打的六张牌

一、送礼牌

方式：折扣优惠、特价单位、送车、送车位、送保险、现场抽奖、有奖游戏、送装修、送电器、送物业管理费、送有价票券等。

特点：以小搏大。通过给客户一定的实惠，以较小的代价，拉开与周边楼盘的价差和销售速度，加快资金回笼的速度。

应用策略：最为直接。常用于中低档楼盘、高档楼盘的尾盘期，此时可以通过少数特价单位的销售带动其他单位的销售。

二、会员牌

方式：会员卡、贵宾卡。

特点：第一种是开发商的会员卡或贵宾卡（如万科的万客会）。会员会不定期收到开发商的楼盘销售信息和活动信息，会员购买开发商的物业产品可获得优先权或折扣优惠，吸引潜在客户购买和业主的二次置业。此类会员对开发商的忠诚度较高，往往出现二次购买，甚至多次购买。第二种是消费会员卡或贵宾卡，知名开发商与一些较知名的商场或饮食娱乐场所合作，会员在指定场所消费可获得折扣优惠。该类会员对开发商认知度和忠诚度明显不如上一类会员。

应用策略：适用于整个营销过程。这一类促销方式适用于知名开发商和大盘，一些实力雄厚、后续开发能力强的开发商往往通过使客户成为俱乐部成员或贵宾的形式，发展潜在消费群。这一类促销方式的效果较明显，而且客户忠诚度较高。

三、展销牌

方式：长期展销厅、巡回展示。

特点：通过长期展销厅或巡回展示的方式，发布楼盘销售信息，展示楼盘形象和开发商实力，培育目标市场和品牌知名度。长期展销厅一般设在消费力较强的城市和人流比较集中的商业中心（如万科的建筑展示中心、红石的建筑师走廊等）。

应用策略：适用于产品开发期和销售期。主要为开发量较大的知名开发商和多期开发的大盘。开发商实力雄厚、品牌意识高，有意识地培育目标市场，宣扬企业的经营理念，在客户心目中已形成较高的品牌知名度。

四、文化牌

方式：社区文化活动、冠名赞助音乐会、电视剧、专栏节目等。

特点：通过组织社区活动（如联谊会、酒会等），调节销售过程的气氛，增强已购买客户的信心和忠诚度，挖掘潜在客户，形成一种社区文化，树立楼盘的良好形象。冠名赞助一些文化品位较高或与楼盘特质比较相近的社会活动，如音乐会、电视剧、财经节目、体育比赛等，针对目标客户群的喜好，有目的地发布楼盘销售信息，有利于宣传楼盘形象。

应用策略：适用于产品的销售期。多用于大盘和开发量较大的开发商。

五、展会牌

方式：房地产展销会，如春交会、秋交会、港交会、住交会。

特点：房地产展销会为各个楼盘提供了一个集中展示的平台，方便消费者一次参观多个楼盘。各个楼盘在展销期间通过精心布置展位和出台各种各样的优惠措施，充分展示楼盘形象和企业品牌，吸引客户前往楼盘现场参观选购。

应用策略：适用于展会期间。是目前影响最为广泛的促销方式，效果较明显。应选择较好的展位，注意宣传册的制作，并进行现场促销活动。

六、节日牌

方式：各种节日，如情人节、圣诞节等。

特点：特定的节日往往是促销的良机，各开发商充分利用节日的特定含义举办各类促销活动，在特定的节日给予特定的对象以一定的优惠，吸引客户购买。

应用策略：适用于节日期间。减轻广告色彩，促销主题要切合节日，给予实际的促销优惠。

（资料来源：廖志宇《房地产推广操盘手册》）

模拟实训

根据本课题学习目标的要求，结合相关理论知识，在教师的指导下，针对以下任务的要求展开实训。

任务一：以熟悉的房地产项目为例，进行实地调研，了解该项目业主入住时除之前缴纳的合同规定的购房款之外，还要缴纳哪些费用？

____

____

____

任务二：以所在城市的房地产市场为例，进行网络及实地调研，哪些典型项目在“情人节”“妇女节”以及“劳动节”等节日期间开展了优惠促销活动？具体有哪些促销形式？

情人节：______________________________

____

妇女节：______________________________

____

劳动节：______________________________

____

课题四　房地产项目销售执行具体实施

学习目标

熟悉房地产项目销售前准备、项目开盘的主要内容，了解房地产项目销售实施、商业项目招商的工作流程，掌握房地产项目促销活动效果评估的方法，以及房地产项目销售控制的主要内容。能够制定简单的房地产项目开盘实施方案。

一、房地产项目销售前准备

1. 房地产项目合法的审批资料准备

房地产项目应准备《建设工程规划许可证》《土地使用权证》，预售商品房要准备《商品房预售许可证》，现房销售应准备《商品房现售许可证》等资料。如委托中介机构代理销售，还应准备正式的《代理销售委托书》。

2. 销售资料准备

（1）宣传资料

如形象楼书、功能楼书、折页、宣传单张等。

（2）客户置业计划

针对项目不同的面积、楼层、朝向、总价，制订完善的客户置业计划，让客户了解自己的选择范围。

（3）认购合同

客户选中了自己喜欢的房子，但还没有签订正式买卖合同前，须缴纳一定数目的定金，确定其对该房号的认购权。因此，应事先准备认购合同等资料。

（4）购房须知

为明确客户的购买程序，方便销售，应制定书面购房须知。购房须知包括物业介绍、可购买对象、认购程序等内容。

（5）价目表与付款方式一览表

制作价目表，使每套房子的单价、总价一目了然。同时准备付款方式一览表（如一次性付款、按揭付款、分期付款等）。

（6）其他相关文件

可根据项目自身来确定（如办理按揭指引、须缴税费一览表、办理入住指引等相关文件或资料）。

3. 销售团队准备

为保证销售工作能顺利完成，必须保证销售人员的数量与素质。对招聘的销售人员，要进行系统的售前培训工作，以提高其素质和能力。

一般情况下，房地产开发公司或代理公司的项目销售团队的人员组成，如图 6—3 所示，各岗位可根据项目需要进行设置、拆分、合并。

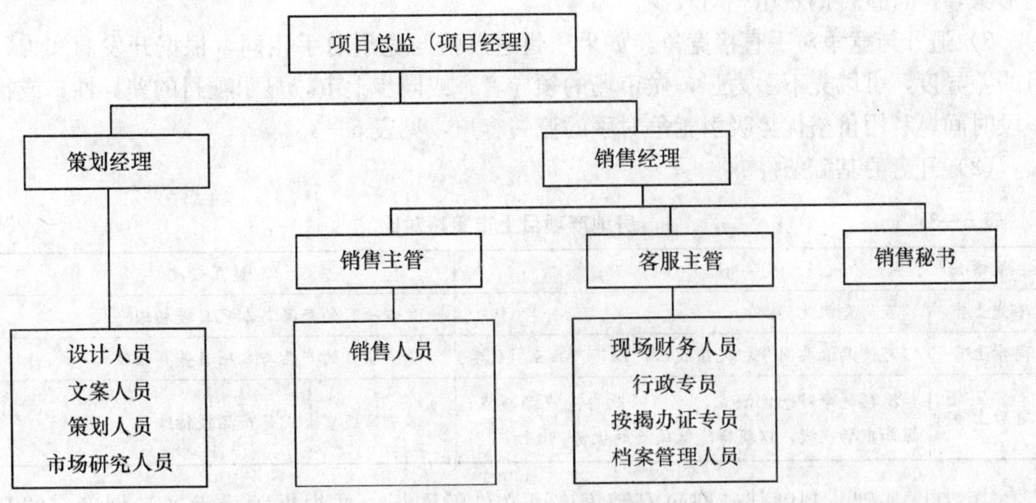

图 6—3　房地产项目销售团队组成

4. 销售现场准备

一般情况下，销售现场应做好设计和布置售楼处、保证看房通道安全畅通和精装修样板房等工作。另外可做一些户外广告牌、灯箱、导示牌、彩旗等，营造现场氛围。

二、房地产项目开盘

1. 房地产项目开盘的含义

房地产项目开盘是指通过有效整合公司内外资源，有针对性地向目标客户传递有效价值信息，实现客户积累，并根据积累情况采取适当的价格和方式对外集中销售。

项目开盘是房地产投资商、开发商、代理商们最为关注的销售节点，也是后期项目推广是否顺利的关键时期，对项目后期的销售起着重要的作用。

2. 房地产项目开盘时机的选择

(1) 开盘时机选择的影响因素

1) 销售环境。对国家的宏观经济发展状况、房地产调控政策、金融政策以及法律法规的颁布对整个房地产行业的影响进行分析和预测，把握政策动向，迎合有利政策，避开不利政策，同时充分利用销售旺季（如金九银十）、节假日等时机。

2) 工程进度、交房期限及预售许可证的办理情况。对于资金困难的开发商，一般选择工程过半并取得预售许可证时开盘。而有些实力强的开发商则会选择项目封顶和园林景观营造完工后再开盘，这样有以下优势：楼盘以全貌呈现，给人以眼见为实的感觉，树立开发商的形象，广告宣传的费用相对较少。

3) 避开与竞争对手直接竞争。如果项目进度恰与竞争对手相同，根据开发商实力、项目的差异度，可以先下手为强，做市场的领导者；或同步上市，显示项目的差异性；或推迟一段时间，利用价格优势吸引竞争对手的流失客户，见表 6—3。

(2) 开盘的基础条件

表 6—3　房地产项目上市策略对比

策略	目　的	适用情况
率先上市	获得先机优势	竞争项目的产品与本项目较相似
同步上市	可使两者共同分担促销成本，以获产品互补优势	竞争项目的产品与本项目差异性较大
延后上市	观察竞争对手优缺点，适当修改自身产品缺点；探知市场规模，以获得降低风险的优势	本项目规模大或是产品较特殊

1) 制度基础。制度基础即政府销售许可文件的取得。要根据项目发展计划确定的开盘节点制订政府销售许可文件取得的计划。密切关注工程进度及营销进展情况，严格执行计划，争取按期取得销售许可文件，并可考虑根据营销进展适当调节销售许可文件的范围。

2) 价格基础。价格基础即客户能够接受的初期价格。房地产产品在客户心目中的价格，主要取决于初期的销售价格，太低会降低客户的价值预期，太高则会影响客户的购买欲望。

3) 人气基础。房地产项目只有在初期的推广中形成足够的市场热度，才能够在客户心目中形成热销楼盘的印象，后期的销售才能在这种基础上形成持续性。

4) 客户基础。客户基础即充足的客户储备。目前，口碑营销越来越受到房地产销售人员的重视，成为房地产销售的重要渠道。前期客户通过口碑传播，会介绍自己的亲朋好友前来看房或购房。如果项目未形成良好的口碑传播，就很难形成客户持续的购买力。

3. 房地产项目开盘流程

房地产项目开盘的具体流程如图 6—4 所示。

4. 房地产项目开盘决策

(1) 开盘目标

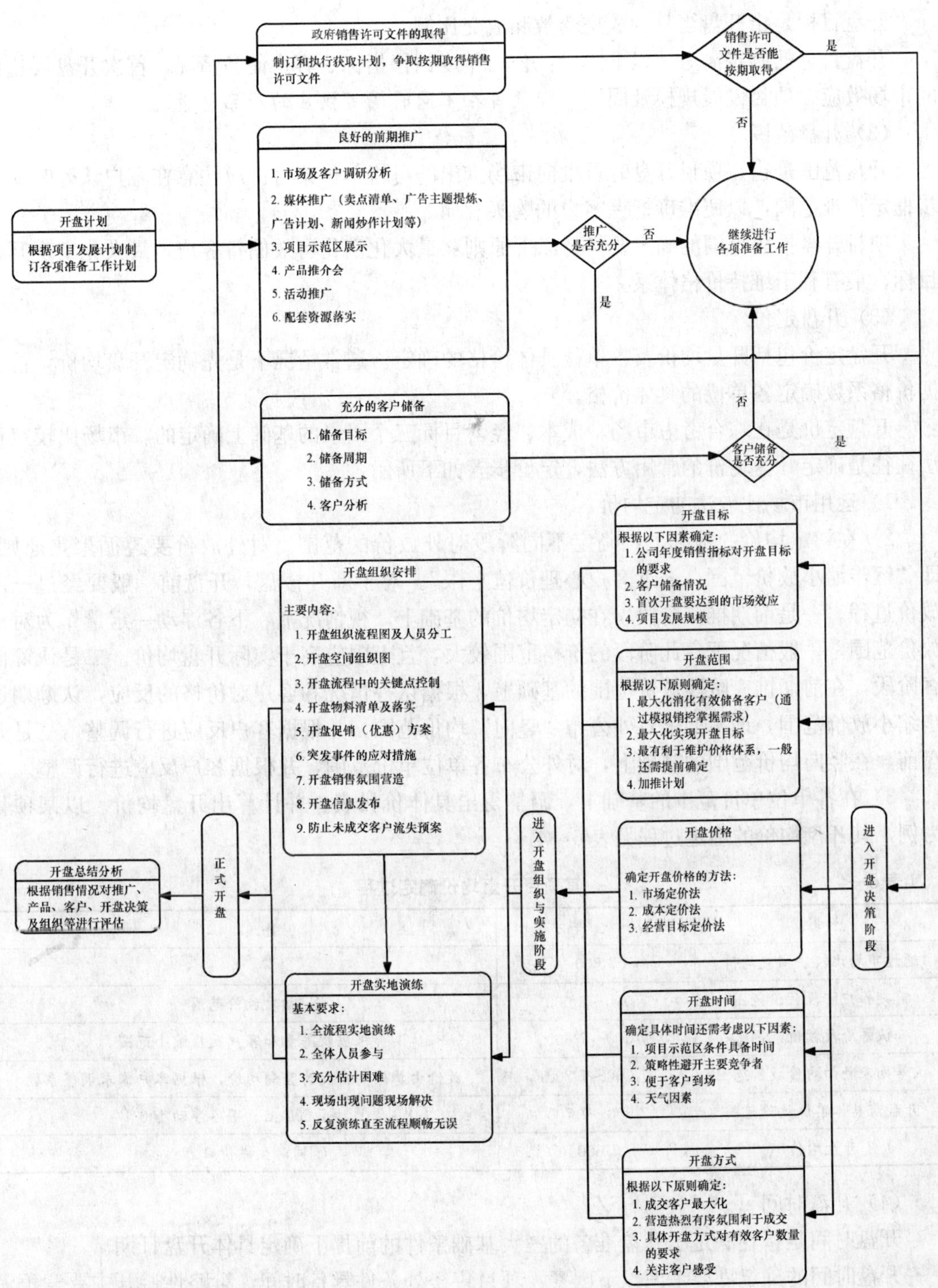

图 6—4　房地产项目开盘流程图实例

开盘目标是指开盘当日的成交套数和成交比例。

开盘目标的制定需考虑以下因素：公司年度销售指标、客户储备情况、首次开盘要达到的市场效应、项目发展规模及周期（即项目在不同时间可供应的产品总量）。

（2）开盘范围

开盘范围是指在项目开盘时首批向市场推出的可售单位集合。应注意在客户认筹时就初步框定拟推范围，以便准确把握客户的购买意向。

项目开盘推售范围的确定要坚持以下原则：最大化消化有效储备客户，最大化实现开盘目标，最有利于维持价格体系。

（3）开盘定价

开盘定价包括开盘均价及各单位具体价格的确定。通常情况下是先确定开盘均价，再根据价格系数确定各单位的具体价格。

开盘定价是在综合考虑市场、成本、经营目标三个因素的基础上确定的。市场比较定价法往往是确定开盘均价的常用方法，定价步骤如下所示。

1）运用市场比较法初定均价。

2）在初定均价的基础上，确定不同阶段对外放价的范围。对外放价要遵循聚焦原则，即“逐步缩小放价范围，逼近客户心理价位上限”。对于新开楼盘，开盘前一般要经过三次放价过程。一是前期推广阶段，在初定均价的基础上，视情况上、下各浮动一定量作为对外放价范围，一般情况下，此阶段的价格范围较大，且上限应高于实际开盘均价。二是认筹储客阶段，在前期推广阶段放价范围的基础上，根据认筹情况和客户对价格的反应，认筹期逐步缩小放价范围，认筹期末对外公布“竖向”均价范围，并根据客户反应进行调整。三是开盘前，在竖向均价范围的基础上，对外公布各单位单价范围，并根据客户反应进行调整。

3）在各单位单价范围的基础上，调整得出具体价目表，并计算出开盘均价。以某项目为例，其开盘均价的确定过程见表6—4。

表6—4　**某项目开盘均价确定过程**

阶段	价格（元/平方米）	备　注
通过市场比较法初定均价	7 500	
前期推广阶段放价范围	7 000～8 000	初次放价范围
认筹阶段放价范围	7 300～7 800	根据收筹量和客户反应缩小范围
认筹期末竖向均价放价范围	7 300～7 800	放价由总体均价变为竖向均价，根据客户需求调整系数
开盘前具体单位放价范围	7 500～7 700	按7 600上、下各浮动100
开盘均价	7 600	同时生成价目表

（4）开盘时间

开盘时间是指在满足了开盘准备的三大基础条件的前提下确定具体开盘日期。

开盘时间的确定需要考虑以下因素：项目售楼处条件具备时间、策略性避开主要竞争者或国家宏观调控政策、便于客户到场、天气因素。

（5）开盘选房方式

常用的开盘选房方式有摇号、抽签、排队、认筹等，不同的开盘选房方式有不同的适用条件和开盘流程。常用的开盘选房方式见表 6—5。

表 6—5 开盘选房方式比较

选房方式	基本做法	储备方式	适用条件	注意事项
摇号选房	开盘现场通过公开摇号（抽签）确定客户购房顺序，按顺序让客户进场选房	不排序认筹	适用于认筹客户数量较多的情况，客户数量与推盘数量之比一般不低于 1.5	避免过多客户不到场而出现冷场的局面；注意整个操作的公正性与透明度
分组摇号选房	将认筹客户预先分组，每组 8～12 人，通过公开摇号（抽签）确定各组别入场的先后顺序，同组内客户按交筹的先后顺序选房	不排序认筹	客户诚意度非常高，供应和需求数量都很大	注意整个操作过程的公正性与透明度；要清楚告知客户选房的具体流程
排队（按到场顺序选房）	预先告知客户开始选房的具体时间，按客户到场的先后顺序进行选房	不排序认筹	忠诚客户较多，容易在卖场形成人流；客户不抵触此类方式；观望市场及高端项目要慎用	要明确是客户自愿行为；注意在现场为客户提供便利服务，避免客户出现抱怨，避免客户相互之间发生纠纷
按认筹顺序选房	在规定的开盘时间内，按客户认购筹码的先后顺序进行选房	排序不选房认筹	客户比较理性；认筹客户数量小于推盘数量	注意通过房源推介鼓励后期客户交筹；注意营造现场气氛，刺激客户集中成交
按筹码对应房号选房（一对一）	客户认购的筹码与推出房源一一对应，开盘时客户只能选购筹码所对应的房号	排序选房认筹（一对一）	需求小于供应，高端市场较适合	注重与客户的沟通，保证客户对房源信息的充分消化；要保证认筹单位的高成交率；开盘单位定价要与客户需求吻合，避免客户流失
按筹码对应房号选房（多对一）	开盘推出的单个房源与多个客户认购筹码（5 个以内）相对应，开盘时根据抽签确定客户购房顺序，客户只能选购筹码所对应的房号	排序选房认筹（多对一）	客户对房源品质有较高要求，需要房源推介，适当分流；对客户需求无充分把握，需要保证推出房源的高成交率；需求大于供应	注重与客户沟通，保证客户充分消化房源信息；要保证认筹单位的高成交率；注意整个操作过程的公正性与透明度
有意向认筹，尽快成交，开盘集中签约	客户认筹时在开盘推售范围内选定意向单位，在取得销售许可后尽快分别成交，开盘时集中签约	排序选房认筹（松散）	需求小于供应，高端市场较适合	客户认购筹码与意向单位对应，无强制性，一个筹码对应 1～3 个意向单位；尽快分别成交，防止出现客户流失，减少不必要的集中储客时间；开盘集中签约形式很重要，提升人气，扩大影响力

注：在摇号选房、分组摇号选房、按认筹顺序选房及按筹码对应房号选房（多对一）的销售方式中，为了有效地避免由于客户未到场而造成的现场跳空现象影响现场客户的购房信心，一般会安排到场客户预先进行换筹，在对有效客户进行梳理后，再按原定的销售方式进行选房。

5. 房地产项目开盘的组织实施

（1）开盘组织流程

良好的开盘组织流程要具备以下特点：分区明确，责任到人；内外场紧密联系配合，控制销售速度，确保开盘目标在一定时段内完成；销控必须准确，坚决杜绝“一房多卖”现象；签约必须及时，保证“销控一个，签约一个”。

（2）人员分工及培训

1）人员分工。开盘现场由开盘总指挥、各区（如换筹区、等候区、销控区、收银区、签约区、复核区）人员及负责人、销售人员（销控专员、销售经理、置业顾问）、销售辅助人员（财务人员、签约人员、复核人员）、咨询人员（银行工作人员、设计人员、工程人员、律师）和现场服务人员（服务生、保安员、保洁员）组成。

2）人员培训。人员的培训主要包括销售培训、销售辅助培训和物业服务培训。

（3）开盘空间组织

开盘空间组织是指开盘组织流程中各工作区（节点）在实际空间中的具体位置分布，如图 6—5 所示。

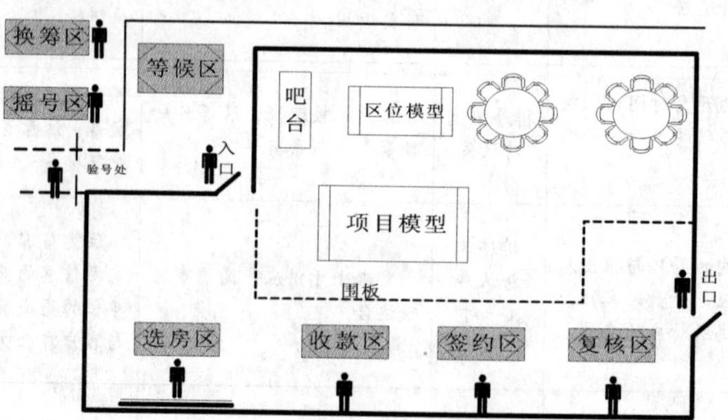

图 6—5　房地产项目开盘空间组织实例

项目开盘销售组织要进行分区管理，一般分为换筹区、摇号区、等候区、选房区、收款区、签约区及复核区。

1）换筹区。主要任务：换筹、收据后面背书。客户凭身份证和收据换取一个选房抽签号。换筹区所需物料有公章、客户换筹登记表、选房抽签号等。

2）摇号区。主要任务：摇号、公证人公证摇号结果、记录信息。主持人负责摇号，公证人员和工作人员分别记录摇号顺序表，并由传递人员将摇号信息传递至等候区。摇号区所需物料有摇号记录表、摇号箱、乒乓球、便笺、记录笔等。

3）等候区。主要任务：检验号码、控制节奏。入口处检验认购客户选房筹号并记录好摇号顺序表，根据选房区实际情况分批将客户放入选房区。等候区所需物料有摇号记录表、便笺、记录笔等。

4）选房区。主要任务：引导选房、确定选房结果、选房信息下传。工作人员根据传单信息报选房人名字，业务人员导购，总销控人员引导，按顺序选房，销控表及时更新，在销控台登记选房结果，并由客户签字确认，收取客户筹号卡。选房区所需物料有摇号记录表、销控板、销控表、便笺、记录笔等。

5）收款区。主要任务：收款、开收据、填写销控表。收取定金并开出收据，所有资料转交签约区。收款区所需物料有收据本、POS 机、点钞机、销控表等。

6）签约区。主要任务：计算房款、打印认购书。计算并核对购房者的相关折扣、单价、楼号、面积和总价，打印认购协议书。签约区所需物料有计算机、打印机、纸张、销控表等。

7）复核区。主要任务：核对并签订认购书。核对购房者相关资料、折扣、单价、楼号、面积和总价，并盖章。复核区所需物料有销控表等。

开盘空间组织的要求有以下几点：易于营造热烈有序的销售氛围；准确控制各区域的空间大小及形式，特别是销控区；交通流线一定要封闭、顺畅，尽可能不交叉；各工作区均预留工作人员通道，并确保各区按流程顺畅衔接。

（4）开盘物料清单及落实

开盘中涉及多种物料，准备阶段应列出详细的物料清单，并落实到具体责任人。

主要物料包括认购须知、客户签约文本（认购书、合同统一文本）、现场销售物料（模型、洽谈桌椅、等候桌椅、服务台、销控板等）、销售宣传资料（楼书、宣传单张、户型单张等）、设备类物料（计算机、打印机、复印机、验钞机、POS 机、保险箱、麦克风、扩音器等）、文具类物料（打印纸、笔、不干胶、电池等）、食品类物料（为客户及工作人员准备的食品和饮料等）和室外宣传类物料。

（5）突发事件的应对措施

开盘前要对突发事件的出现进行预估，并制定针对性的应对措施。

开盘突发事件的类型主要有：

1）天气变化类。如暴雨等，可在现场准备基本物件应急。

2）客户服务类。如客户银行卡无法划账，可提前安排专车及人员在现场随时准备陪同客户到附近银行取款。

3）客户投诉类。如客户激烈投诉、现场争斗等，可紧急安排 VIP 室隔离并快速处理，必要时提前安排公安人员在现场进行协调。

4）现场包装违规类。如相关部门对开盘的宣传条幅进行收缴等，可要求包装制作公司提前协调好政府管理人员，同时安排相关人员在现场随时准备协调工作。

5）后勤保障类。如停电、停水等问题的处理。

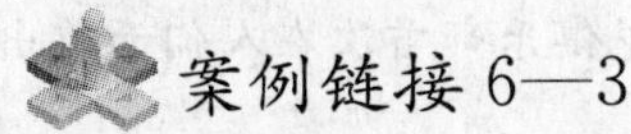

案例链接 6—3

花香维也纳·圆舞曲开盘活动计划书

一、活动主题

花香维也纳爱乐沙龙成立活动暨花香维也纳·圆舞曲开盘庆典

二、活动时间

A：2011年11月9日19点—21点

B：2011年11月10日9点—11点

三、活动地点

花香维也纳售楼处

四、活动对象

1. 以请柬形式邀请目前预定项目的排号客户和一期业主。

2. 相关媒体，尤其是后期推广配合的《××晚报》《××都市报》。

五、活动目标

进一步提升花香维也纳项目品牌知名度，扩大影响力，持续刺激市场，保持较高的销售消化速度。

1. 通过开盘庆典仪式、爱乐沙龙俱乐部成立庆典、老带新优惠酬宾等活动聚敛客户，引发轰动，制造新关注热点。

2. 通过开盘促销积累新客户，激活口碑效应，扩大客源区域，挖掘潜在客户群，有效锁定目标客户群。

3. 使观望客户尽快购买，迅速下定成交。

4. 酬谢已下定、已签约老客户，发挥老客户带新客户的最大功效，加快楼盘消化速度。

六、活动内容

1. 老带新优惠

开盘前已积累的意向客户是实现老客户带新客户，迅速完成销售的基础，对于老、新两方都应给予一定的优惠（如免物业费、赠送购房代金券）。

2. 与本地著名音乐学校的签约仪式

与本地著名音乐学校签约，同时聘请该校校长为会所艺术顾问。借助音乐学校在本地的知名度，使音乐教育成为本项目一个强大的卖点，未来由其提供相应的师资力量，与社区联办艺术幼儿园，并可在会所建成后定期在会所内举行音乐会、音乐讲座和相关培训活动。

3. 爱乐沙龙俱乐部成立庆典

爱乐沙龙俱乐部的成立，为后期活动打下了坚实的人脉基础，使后期活动顺理成章，环环相扣，在本市房地产项目中为首创。

4. “维也纳浪漫之旅”抽奖

前期客户都发放抽奖卡，开盘当天现场抽出大奖，中奖者获赠“维也纳浪漫之旅”。

七、现场组织

1. 入场处巨大的背板上有本次活动主题。同时，爱乐沙龙俱乐部首次在人们面前出现，激发人们对它的了解欲望。

2. 现场一侧布置自助式西点，不设座位，用餐者随时可以走动，可以调动活动热情，也可以多容纳客户就餐。

3. 客户签到时除领取一份精美礼品及项目资料外，还会有一张嘉宾卡，后续活动及抽奖均要用到此卡。

4. 邀请乐队演出，制造现场气氛。

5. 选择具有影响力的主持人主持活动，带动互动参与，活跃气氛。

6. 活动开始时，开发商领导做简短讲话，宣布正式开盘。

八、活动流程

1. 来宾、客户到现场签到。

2. 主持人出场。

3. 现场乐队奏乐助兴。

4. 音乐学校与开发商的现场签约仪式。

5. 开发商领导宣布爱乐沙龙俱乐部成立，推选出的俱乐部负责人宣读俱乐部宗旨和会员章程，同时宣布社区大型音乐会所落成时间。

6. 主持人宣布老带新政策（老客户介绍新客户并成交，老客户与新客户各获得价值2 000元购房代金券或者减免两年的物业费）。

7. 主持人宣布前期客户抽奖开始，中奖者获赠“维也纳浪漫之旅”。

8. 到场客户参与幸运抽奖，抽奖者获赠小礼品。

9. 自助西餐会、现场音乐会开始。

10. 活动结束，宾主尽兴而归。

九、物料与预算（略）

（资料来源：改编自《花香维也纳·圆舞曲开盘活动主题策划书》）

三、房地产项目销售实施的工作流程

1. 客户接待与谈判

该项工作由销售人员负责，必须按照有关规定进行。其他财务、工程及物业管理方面的专业人员，可在销售经理指示下或销售人员的要求下协同工作。

客户接待的第一个关键工作是向客户进行资料解说。销售人员所面对的客户有以下几种：参观客户、排除客户、认购客户、合同客户、业主关系客户、行业关系客户、企业关系客户和项目关系客户等。销售人员应有所区别地开展接待工作，注意强调本项目与竞争项目的对比优势，说服客户，排除非意向客户，锁定意向客户。房地产项目资料解说如图 6—6所示。

在与意向客户谈判过程中，销售人员应站在客户角度，展示项目优势，恰当采用不同的逼定手段，鼓励其及早认购。同时，在认购合同签订之前，销售人员应针对客户的付款方式，对购房、贷款等方面的政策和法规进行解释，消除客户的疑虑。

2. 定金收取及认购合同签订

该项工作由销售人员与财务人员配合完成，认购合同由财务人员统一保管，在使用前由销售人员按顺序号领用，然后才能通知收取定金。

定金必须由财务人员直接收取并开具收据。财务人员在收取定金时，必须再次核实房

图 6—6 房地产项目资料解说实例

号，并核查认购合同，然后即刻做好账目记录，包括房号、收取金额、合同编号、业主姓名、联系地址及电话等。

3. 缴纳首期房款并签订正式《商品房买卖合同》

认购合同中一般都约定首期房款缴纳的具体时间。约定时间到达前 2 日，销售人员负责提醒客户预备首期款，将反馈情况向财务人员通报，并在到期日配合财务人员做好收取工作。

首期款直接由财务人员收取，同时向客户开具收据。若客户选择首期分期付款的，同时还要签订《首期分期付款协议》，完成后须做好账目记录。

以上工作完成后，工作人员原则上应立即与客户签订正式《商品房买卖合同》，并向客户说明余款缴纳期限及银行按揭事宜。

整个过程中，销售人员应做好客户接待、指引工作，并协助做好有关事宜的解释工作。

4. 缴纳余款或办理按揭

该项工作由财务人员及专职人员负责完成，销售人员须做好客户接待、指引工作，在销售经理指示及有关专职人员要求下配合完成有关工作。

5. 其他售后服务

其他售后服务包括已购房客户的回访、客户提出有关申请的跟进与落实、入住、产权办理、投诉处理等。销售人员应树立“一次生意、终生客户”的宗旨，将客户发展成为忠实客户，为以后创造新的销售机会，同时树立良好的企业形象。

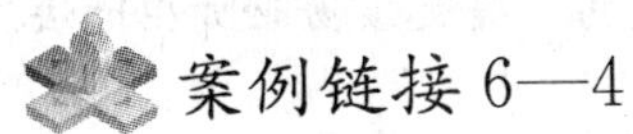

案例链接 6—4

××项目认购协议书

编号：

甲方（出卖方）：××房地产开发有限公司

乙方（认购方）：姓名/公司名称（中文）＿＿＿＿＿＿＿＿＿＿

身份证/护照/公司注册号码：＿＿＿＿＿＿＿＿＿＿＿＿＿

住址/注册地址：＿＿＿＿＿＿＿＿＿＿＿＿＿＿＿＿＿＿

联系电话：＿＿＿＿＿＿＿＿＿＿＿＿＿＿＿＿＿＿＿＿

认购物业：××市××路××××项目＿＿号楼＿＿座（××市房地产测绘队房屋面积测绘报告中××项目＿＿号楼＿＿室），建筑面积为＿＿平方米（以下简称该物业）

定价：按套定价，总价人民币＿＿仟＿＿佰＿＿拾＿＿万＿＿仟＿＿佰＿＿拾＿＿元（￥＿＿＿＿元）

优惠后成交价：总价人民币＿＿仟＿＿佰＿＿拾＿＿万＿＿仟＿＿佰＿＿拾＿＿元（￥＿＿＿＿元）

一、付款方式

□一次性付款　　□银行按揭

二、定金

定金￥＿＿＿＿＿＿元须于签署本认购协议书时付清。

付款以××房地产开发有限公司开具的收据有效，其他票据一律无效。

乙方须按本认购协议书约定时间到甲方指定地点交付首期购房款及办理相关手续。乙方若选择银行按揭付款方式，须在签署《商品房买卖合同》后在甲方规定时间内办理按揭手续，如乙方逾期不办理按揭贷款手续，则视为违约处理。如因乙方原因银行不予同意办理按揭贷款，则乙方应在银行通知后15日内以现金补足购房款。

三、双方权责

1. 本认购协议书签订后，乙方须在15日内前往甲方销售中心，凭本认购协议书和定金收据缴纳首期房款，签署《商品房买卖合同》，所缴定金即转为购房款的一部分。未按期签约、付款，乙方所享受购房优惠全部取消，甲方同时亦有权将该物业另行出售，乙方所支付购买该物业定金不予退还。

2. 本认购协议书中的建筑面积系房屋测绘单位的初测面积，最终建筑面积以政府认可的测绘单位的最终实际测量面积为准，但最终实际测量面积不作为双方房价款结算依据。

3. 乙方声明所提供的联系方式属实，如有变更应立即通知甲方，如因此导致甲方需通知之事项不能按时通知乙方，甲方将不承担任何责任。

4. 乙方声明对甲方开发建设的××××项目的情况已经充分了解，并自愿与甲方签订本认购协议书。

5. 本认购协议书一式两份，经甲方、乙方签字盖章后生效；甲方执一份，乙方执一份，具有相同法律效力；本协议履行过程中如发生争议，协商不成的，提交该物业所在地法院诉讼解决。

甲方与乙方签订《商品房买卖合同》后，本认购协议书自动失效并由甲方收回。

甲方签署：××房地产开发有限公司　　　乙方签署：__________

日　　期：____年____月____日　　　日　　期：____年____月____日

经 办 人：__________

审 核 人：__________

四、商业房地产项目的招商流程分析

对于商业房地产项目来说，招商指的是招租。随着各大城市商业氛围的逐渐形成，商业物业的价值将得到很大的提升。

1. 广义的招商工作流程分析

广义的招商工作流程从市场调研开始，一直到商家签订租售协议为止，包括正式招商前的各种准备工作，主要内容有：

（1）商业项目部进行市场调研和目标客户分析。

（2）确定招商对象。

（3）确定经营模式（如投资经营、委托经营、租赁经营、直接经营、虚拟经营）。

（4）制定招商优惠措施。

（5）商业项目部实施客户招商月计划。

（6）招商主管制定客户招商周计划。

（7）客户信息归档完毕，招商资料准备就绪。

（8）招商主管进行目标客户开发、拜访、接洽。

（9）商业项目部进行客户分类，确定重点客户。

（10）商业项目部安排客户与开发商初步洽谈，填写招商租户登记表。

（11）商业项目部负责客户与开发商的沟通谈判。

（12）开发商、客户双方确定合作对象，签订招商意向书，客户缴纳定金。

（13）商业项目部、开发商与客户沟通、谈判，修改与认可方案。

（14）开发商、客户双方正式签订招商协议。

2. 狭义的招商工作流程分析

狭义的招商工作流程是从接触商家开始，一直到商家签订租售合同为止。狭义的招商工作具体流程如图 6—7 所示。

五、房地产项目促销活动效果评估

在房地产项目销售执行过程中，可采取价格折扣、变相折扣（免税费）、现场展示样板房、展销会、不满意退房、赠送促销等多种促销活动方式。

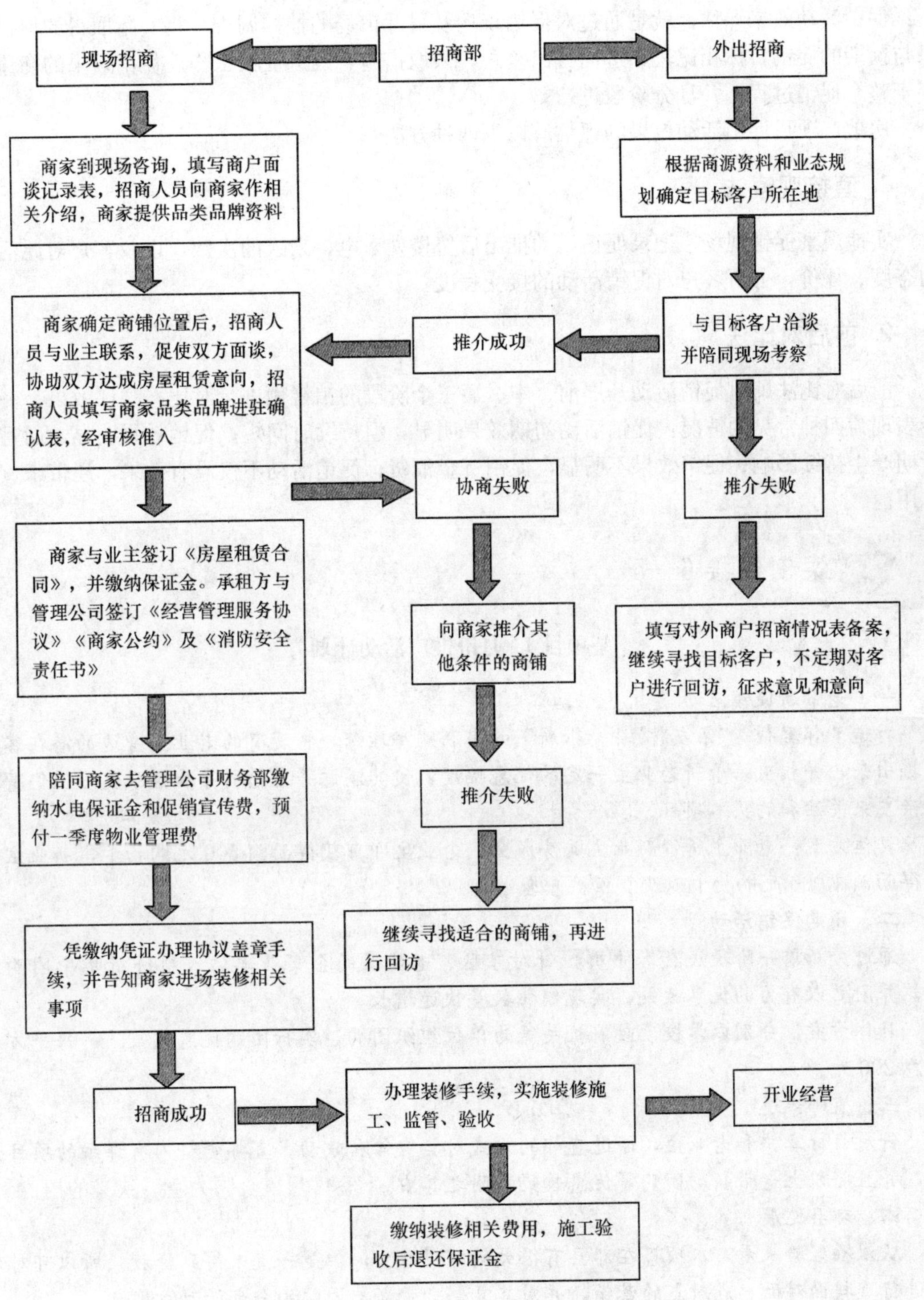

图 6—7　商业房地产项目招商工作流程实例

促销活动效果评估，就是通过对促销现场及目标市场的抽样调查，将实际取得的促销效果与预期的促销目标相比较，进而找出差距，采取措施，改进促销工作。促销效果的衡量贯穿于整个促销过程，并且分阶段进行。

房地产项目促销活动效果的评估有以下两种方法：

1. 直接观察法

实地观察促销现场，记录促销活动推出后售楼处来电、来人的次数，以及客户对此活动的态度、评价，分析客户对促销活动的接受程度。

2. 前后对比法

前后对比法即对促销活动开展前、中、后三个阶段的销售额进行对比，测评效果。一般会表现为四种常见的情况：促销活动初期效果明显，但持续时间短；促销效果明显，而且对后期产生持续影响；促销效果不明显，促销资金浪费；促销活动不仅没有效果，还带来负面作用。

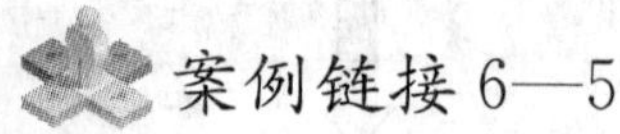

案例链接 6—5

某项目 11 月份推广活动计划

一、老带新促销活动

打造“邻里帮”“亲友牌”“老带新”的串联购房理念，将现有的老业主身边的潜在客户挖掘出来，并相应给予新老业主一定的优惠幅度，使其满意并自愿引导和说服更多他们身边的亲友来关注和购买本项目。

具体方案：老业主所带新业主购房成交，老业主即可获得面额 500 元购物卡，新业主可获得面额 1 000 元购物卡以及蚕丝被一套。

二、团购促销活动

通过分析前一阶段成交客户群，针对东区、老城区的企事业单位人群进行集中团购活动，并附之以有力的优惠政策，实现销售数量快速增长。

具体方案：分别以学校、政府机关等为单位组织团购，实行团购优惠政策——每平方米优惠 200 元。

三、直邮渠道

针对目标客户和老业主，通过直邮的方式对其宣传和鼓动。直邮资料内有详细的项目介绍，并且将以上老带新、团购等优惠政策也附之其中。

四、郊县巡展

从以往经验来看，本项目在郊县有很大的购买潜力，但是一直未得到释放。所以可对郊县进行直接面对面、点对点的营销，并对其复制老带新、团购的全部活动方案。

五、外卖场

为实现更多的客户来访，大范围积累客户群，在银座、嘉乐家超市、渤海国际等人群聚集地设置项目展位，并免费发放购物袋，内装项目资料等宣传品。

六、房地产项目销售控制

1. 房地产项目销售控制的含义

开发商在整个房地产项目推广过程中，应始终保持拥有优质房源，根据市场变化情况，分时间段按一定比例面市，从而可以有效地控制房源，而且后期的优质房源面市时，正处于价格的上升期，还可以取得比较好的经济效益。此即为房地产项目销售控制。

房地产项目销售控制是实现项目利润最大化的途径，是关系到项目营销推广全局的核心策略。实施房地产项目销售控制，要求销售部门必须建立起战略性销控机制，如制订具体的阶段性计划、增强销售数据的处理能力、发挥中层主管的作用以及建立解决争议的控制机制等。

大型房地产公司的销售控制将涉及年度计划控制（销售额分析、销售额与费用比分析、市场占有率分析、顾客满意度跟踪）、营销审计监控（营销环境、目标、战略、组织、方法、程序和业务等）以及销售现场监控（销售人员、客户、行业人员等）。

2. 房地产项目销售控制的基本原则

（1）销售进度要符合项目建设进度及市场规律。

（2）销售进度要体现销售策略。

（3）销售进度要考虑项目的综合成本。

（4）销售进度要规避引发法律纠纷。

3. 房地产项目销售控制的具体实施

（1）建立健全房地产项目销售控制基础工作

1）制定并完善规章制度，加大监督、检查和奖惩力度。在销售过程中，如果销售人员发生违规行为（如互抢客户、把未发售的后期房源向客户推售、为留住客户而向客户泄露销售秘密等），应利用规章制度对其加以约束和规范。

2）完善销控管理措施。销控管理需要以下措施来完善：

①销售登记。管理和登记房源销售情况，包括认购资料、合同资料、产权资料、付款资料等。

②换、退房管理。管理销售过程中换、退房处理及查询。

③款项催缴。处理销售过程中的房款催缴及欠款催缴事宜。

④成交客户管理。登记和管理成交客户详细资料，最大限度提高对成交客户的服务水平。

⑤销售折扣。企业定价需着眼核心客户群，并保持诚信的价格和折扣政策。

3）制订销售计划。把营销目标（住宅套数、销售面积、销售额）在销售周期内按月度分解，以此核定项目组的任务完成情况。

4）加强销售统计信息工作。根据公司的需要制定、完善各种统计报表（如《来电客户登记表》《来访客户登记表》《客户分析统计表》和《月度成交情况一览表》等），对公司的销售情况加以统计分析，作为调整销控策略的参考依据。

（2）充分利用销控工具

1）销控表。销控表以直观的方式显示单个项目的销售进展情况，提供需要了解单位的详细资料及销售情况，并根据选择的付款方式模拟生成付款时间表和按揭供款表，方便客户详细了解和分析，如图 6—8 所示。销控表的制作要合理，要把目前推出和将来推出的房源分开展示。

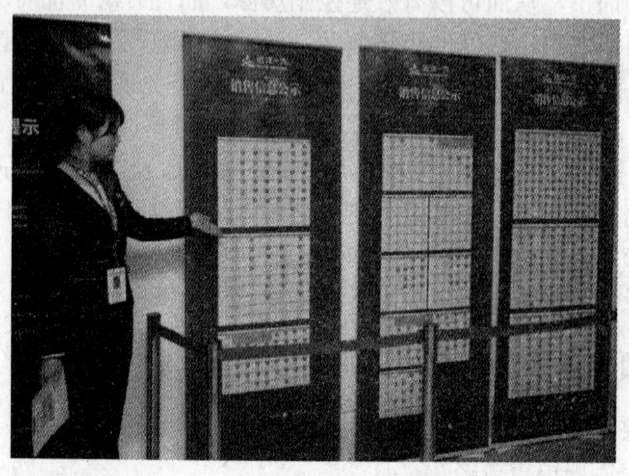

图 6—8　某房地产项目销控表实例

2）销控总表。销控总表以直观的方式显示所有项目的销售进展情况，在掌握全局的同时，也可以查看房间及业主的信息。

3）夹子。夹子即销售人员人手一份的项目资料，因把其汇总装订而命名为“夹子”，是目前最常用的销售工具之一。

4. 房地产项目销售控制的方法

（1）房源控制法

在房地产项目销售过程中，不可将项目所有房源一并推出，应根据销售进度分批、按比例、适时推出不同房源，见表 6—6。

（2）价格控制法

房地产项目在开盘初期，起价不可过高，过高会导致初期销售不畅。购房者一向“买涨不买跌”，降价会对购房者产生不良印象，认为项目有缺陷，同时会令已购者对项目失掉信心。因此，开盘时一定要在准确的市场调研基础上确定价格，在顺利开盘后，适当提高价格，再根据提价后的市场反应逐步调价，以达到稳定的销售状态。价格控制原则是“逐步走高，并留有升值空间”。

（3）时间控制法

时间控制法是以时间为基础，根据不同的时间段（如工程进度等），制定与之对应的销

表 6—6　　房源分类及控制方法对比

房源分类	类别表现	控制方法
一级房源	优秀户型，大户型，最佳朝向、景观、楼层	保留单位，在销售受阻或淡季时推出救市
二级房源	次好户型，次好朝向、景观、楼层	定价较高，同时搭配较差的三级房源分批推出
三级房源	较差户型，较差朝向，无景观，综合素质较低	与二级房源拉开价差，搭配推出。以低价销售或捆绑套餐销售等方式进行推广
四级房源	户型、朝向等有明显的缺陷，后天难以弥补	将此类较差的房源以各种抵款方式提前消化，避免落尾给项目带来销售阻力

量和价格，并且围绕该时间段的诉求重点进行营销，以便掌握什么时间该控制什么，以及如何控制，从而产生协同效益。

（4）促销控制法

销售过程中的促销活动应根据项目推广的不同周期制订相应的促销计划，不局限于折扣让利、赠物抽奖等促销方式，在特殊的时期，针对不同的客户群，可采用赠送物业费、地下室、阁楼、车库等不同的方式。

（5）客源控制法

房地产销售人员应根据与客户的日常沟通，对客源情况进行分类，了解哪些是意向客户，哪些是无效客户，哪些客户的购买愿望较为迫切，哪些客户的购买行动可以适当顺延。根据以上分析，分别与不同客户进行相应的沟通和交流，以优质的服务和承诺赢得客户的信任，创造口碑市场。

（6）广告控制法

项目推广过程中，广告的投放要根据销售进度依次展开，各阶段实施不同的广告方案，不断吸引客户的关注。

模拟实训

根据本课题学习目标的要求，结合相关理论知识，在教师的指导下，针对以下任务的要求展开实训。

任务：利用报纸、网络等相关媒体搜集本市即将开盘的项目，并在开盘日到 2 个项目现场进行活动体验，总结受到的启发。

项目一：________________

____

项目二：________________

____

____

课题五　房地产项目售后服务策划

学习目标

了解房地产项目售后服务的含义，熟悉房地产项目售后服务中心建立的目的及主要任务，了解“客户会”设立的作用及活动方式，掌握物业管理服务的主要内容。能够模仿拟订简单的“客户会”设立方案，能够对客户提出的物业服务方面的疑问进行解释。

一、房地产项目售后服务的含义

房地产项目售后服务又称为房地产后营销，是指项目在销售环节结束后，为购房者提供的相关客户服务和物业管理措施。

房地产项目售后服务是房地产营销系统中不可缺少的部分，对房地产开发企业的后期产品推广有着关键的影响。房地产开发企业是否在企业内部建立了项目售后服务体系，是否制订了完善的售后服务工作计划，是否对客户的反应、意见、投诉等问题给予及时的处理等，都会影响整个公司品牌形象的树立。

二、房地产项目售后服务中心

目前一些大型房地产开发公司专门设置“售后服务中心”，与客户沟通，为客户服务，满足客户的售后需要，增加彼此的信任，提升企业形象。

1. 房地产项目售后服务中心设立目的

（1）激烈竞争的需要

随着房地产行业竞争的日益加剧，市场逐渐成熟，客户在关注房地产产品质量高低的同时，也开始关注售后服务的质量。因此，售后服务的质量被开发商所关注。

（2）客户需求的需要

由于房屋在人们生活消费中处于特殊的地位，从而造成客户对房屋质量的特别关注和期望。房屋交付前，客户希望了解项目的进展情况、装修情况、质量情况等，而交付后，客户则希望遇到的问题及时得到咨询和解决。

（3）产品特性的需要

房地产产品开发周期较长，多为“期房”，从付款定房到交房入住时间间隔长。期间由于某些人为、非人为因素的影响，会导致工程延期、细部结构变化、重要建筑装修材料变化等，从而需要专门部门维护客户关系，与客户及时沟通，召开业主听证会，赢得客户的谅解，从而减少与客户的纠纷。

（4）营销工作的需要

目前很多房地产开发公司设有营销服务中心，集销售与售后服务于一体。但正常运营中，往往侧重于销售环节，从而导致对售后服务的忽视。同时，房地产项目开发往往是滚动进行，一个项目结束即转到另一项目，从而与前一项目的售后服务形成冲突。

（5）信息反馈的需要

房地产项目的顺利推广必须依靠对客户需求的准确挖掘。因此针对客户的投诉、建议，售后服务中心可以将其及时反馈到设计部门、工程部门、销售部门，作为改进房地产项目质量和服务的依据，使项目品质更加优化。

2. 房地产项目售后服务中心的关键性任务

（1）直面客户

房地产项目售后服务中心应站在客户的角度，解决客户的疑难问题，处理好客户的投诉，努力做到让客户满意。

（2）提前预判

房地产项目售后服务中心应针对工程中出现的问题，及时与业主沟通解决。同时把工作重点移到交房之前，要求中标的物业管理公司制定全面、详尽、具有针对性的小区物业管理方案。在物业管理公司接管前做好物业管理公司和业主的对接工作，并帮助业主成立业主委员会。

（3）细化验房工作

房地产项目售后服务中心应在工程建设过程中参与工程验收，了解工程情况；会同工程部、营销部对每一套房屋进行自查；物业管理公司、工程部门、营销部门、售后服务中心四方配合检查验收。

（4）制定售后服务工作流程图

明确各项问题的转接渠道和具体处理方法，规范员工的行为举止，统一步调，避免主观随意地处理问题。

（5）制定操作规范和检查方法

针对典型问题，制定一套完整的操作规范和验收规程，保证问题解决的一致性，提高专业化水平和效率，有效地控制费用支出。

三、客户会

相关调研数据表明，一个公司的客户流失率降低5%，利润就将增加25%～85%。目前很多房地产企业深深意识到保持现有客户的重要性，于是，开发客户、研究客户、客户细分、维系客户等一系列以客户为中心的营销行为应运而生，由此诞生了如今大多数开发商所推崇的“客户会”。

早在1998年，一批有先见之明的地产商便意识到了客户对于自身长远发展的重要性。深圳万科成立了“万客会”、华侨城地产成立了“侨城会”、中海地产成立了“海都会”等。

1. 设立客户会的作用

（1）客户会是客户与开发商沟通的渠道

客户会可以使开发商与客户得到良好的沟通，同时，沟通过程对产品的进步有促进作用，从而促使开发商在新开发的产品中克服缺点，提升产品品质。

（2）客户会是开发商拓展营销的渠道

在竞争激烈的房地产市场，“抓住了老客户等于抓住了一批新客户。”通过客户会，客户会增强对公司产品的忠诚度，并成为该公司品牌美誉度的捍卫者。利用客户会至少可以锁定5%～10%左右的意向客户，并实现以老带新。即使其他会员不能转化为真实客户，也会赢得良好的口碑，并加以传播。

（3）客户会是业主间相互沟通的平台

客户会中，购买相同产品的会员也具备了类似的消费特征和生活态度。因此，可以利用客户会开展有针对性的活动，如针对别墅产品的客户会，就要考虑到业主的身份、地位，举办小型沙龙、艺术鉴赏会、高尔夫球会等。

2. 客户会的活动方式

（1）晚会和派对

举办大型的晚会和派对，一定程度上显示了开发商的实力，以及开发项目的品质和档次，同时显示了开发商对客户会组织经营的“长期性”和“持久性”的共识。举办具有针对性的小范围活动，还可以增强业主对社区环境的认同感。

（2）内刊

目前大型开发商大都有一本专属企业刊物。有的大型企业，甚至出版了多种刊物，分为总公司、分公司、地方公司、楼盘项目等各种类型。据不完全统计，目前国内企业自办的刊物多达12 000多种，总印刷量达1 000万份左右，而且其数量还在以每年25%的速度快速递增。

（3）积分回报

一些客户会采取“积分回报”制度，凡入会会员符合积分条件的行为，都可获得积分，积分回报奖额越高，奖品就越丰富。

会员获取积分的途径通常有非业主会员购房、业主会员重复购房、非业主会员推荐购房、业主会员推荐购房、会员投稿、友情参与、会员合理化建议、活动积分、担任论坛版主等。积累的积分可以兑换免费旅游奖励、等值实物奖品或奖金、抵价奖励、精美礼品等。

（4）商家联盟

部分开发商结成的商家联盟，是客户会吸引客户的重要筹码。商家联盟的好处是实现多方共赢。开发商通过与商业联盟会员的合作，发挥了各自的品牌效应，达到专业优势互补，同时又合理、合法地共享了客户资源，对于客户而言，这类商家联盟能够真正对日常生活产生实际的帮助。对新建项目，商家联盟的作用还在于能够带动人气。

(5) 慈善和公益

被开发商称之为非营利性组织的客户会，从产生之日起，其“功利性”就不断遭到争议。因此，很多开发商往往会将各项活动与慈善和公益联系起来（如设立“慈善基金”“阳光公益金”等）。

(6) 社团活动

除了以上方法，客户会一般会设置下属社团（如篮球队、乒乓球队、老年文艺队、少儿俱乐部合唱团、少儿书画社、棋牌室等），定期举行业主之间的比赛。另外，客户会还不定期地组织活动（如植树节认养树木、社区“夺宝大行动”、啤酒节业主联谊会等）。

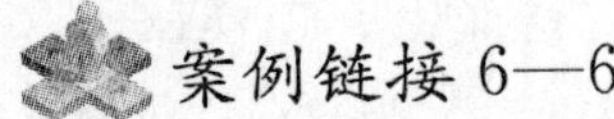

杭州楼市步入“客户资源竞争”阶段

2005年8月18日，浙江绿城集团通过媒体公开向社会招募绿城会会员，这是杭州楼市的客户会首次以高调的方式跟客户会面，标志着该集团酝酿已久的客户俱乐部——绿城会正式面世。

“为客户实现置业理想提供全程支持与服务”是绿城会的主旨。据了解，加入绿城会的门槛并非限于绿城项目的业主，只要年满18岁，并按要求向绿城会提供入会所需的真实、准确、完整的个人资料就可以入会，而绿城项目的业主在提供相关证明材料后可申请成为绿城会的星级会员。

绿城集团副总经理表示，绿城会将来会精选一些商家入会，会员凭会员卡在这些商家消费可享受价格优惠，从而使会员得到更多的增值服务，培养高忠诚度客户。

一、领跑房企纷纷设会

南都集团副总经理介绍，早在1998年，南都集团就仿照万科“万客会”成立了南都房产客户俱乐部，是杭州业内最早的客户会。目前南都集团已开始启动该俱乐部的全面升级计划，提供更深入的服务，挖掘南都特有的品牌文化。

坤和集团也在2000年成立了坤和会，作为一个独立的组织进行运作，有章程和会员守则，目前会员有3 000多名。坤和会之前是封闭式运作，面向的对象主要是自己的业主，但后来也面向预约客户、专业人士、社会团体等更广泛的范围招集会员。

2004年4月，建工集团针对其一、二期的业主成立了丽晶会。后期筹划了“全明星品牌”活动，即为业主提供关于装修、电器、家具、建材等各方面的服务，如与百安居、美克美家等谈合作，为业主提供相应的折扣。

华立地产2004年底成立了客户俱乐部，目的是“促进华立地产业主及多年来一直关心、支持华立地产的社会各界人士与华立地产集团的情感交流，听取客户意见，提供更好的物业”。

杭州领跑房企纷纷成立客户会或客户会升级现象，是杭州房地产从卖方市场逐渐转向买方市场的必然表现，宏观调控使开发商真正明白了客户服务的重要性。

二、客户资源竞争时代来临

绿城集团副总经理认为，从产品营造为中心到客户服务为中心，是房地产发展必然经历的途径。

绿城集团2005年6月3日邀请了美国普地地产国际公司前主席到杭州演讲。这位美国房地产经营管理大师认为，客户服务的第一个好处就是降低销售成本。通过客户间的互相传递和介绍的销售，是最快、最节省的销售方法。通用电气公司多年前的一项调查显示：若一位客户对一件产品不满意，他会告诉14个人，反之他会告诉8个人。

更有房地产行业人士分析认为，房地产企业从“产品导向”到“客户导向”的战略调整，是杭州业内的一个标志性事件，杭州房地产市场将真正步入“客户资源竞争”的层面。

（资料来源：搜房网）

四、房地产项目物业管理服务建议

1. 物业管理服务的含义

《中华人民共和国物权法》规定，业主可以自行管理物业，也可以委托物业服务企业或者其他管理者进行管理。物业管理有狭义和广义之分。狭义的物业管理服务是指业主委托物业服务企业依据委托合同进行的对房屋建筑及其设备、市政公用设施、绿化、卫生、交通、治安和环境容貌等管理项目的维护、修缮活动。广义的物业管理服务应当包括业主共同管理的过程和委托物业服务企业或者其他管理人进行的管理过程。

2. 物业管理服务的模式

根据开发商、业主和物业服务企业的不同关系，物业管理服务模式可划分为以下两类：

（1）委托管理模式

委托管理模式是最典型的、最基本的物业管理服务模式，是由开发商或业主采用招投标或协议的方式选聘专业的物业服务企业，按照合同约定，根据“统一管理，综合服务”的原则，提供物业管理和服务的管理方式。

按照物业是自用还是出租，委托管理模式又可分为以下两种类型。

1）自用委托型。自用委托型是指业主将自有自用的物业委托给物业服务企业进行管理。自用委托型是最常见的委托管理方式，绝大多数住宅项目均属于该模式。

2）代理经租型。代理经租型是指业主将自有的物业出租而委托物业服务企业进行经营管理。该方式又分为两种委托方式：一种是出租权属于业主，由业主与租户签订租赁合同，物业服务企业只承担收租和日常管理工作；另一种是把经租权也委托给物业服务企业，由物业服务企业全权代表业主招揽租户，签订租赁合同。

（2）自主经营模式

开发商或业主不是将自有的物业委托给专业的物业服务企业管理，而是自己组建物业管理部门进行管理，这种物业管理服务模式称为自主经营模式。

自主经营模式按其对物业的使用和经营方式又可分为以下两种类型。

1）自有自用型。自有自用型主要针对大多数收益型物业，如商场、宾馆、度假村、厂房、仓库等。

2）自有出租型。自有出租型主要针对出租型物业。

3. 物业管理服务的内容

物业管理服务的基本内容按服务的性质和提供的方式可分为以下三种。

（1）常规性的公共服务

常规性的公共服务是指物业管理服务中公共性的管理和服务工作，是物业服务企业面向所有业主和物业使用人提供的最基本的管理和服务，目的是确保物业的完好与正常使用，保证正常的生活、工作秩序，净化、美化生活、工作环境。公共服务的具体内容和要求在物业管理合同中明确规定。

住宅物业的公共服务一般应包含以下内容：房屋公共部位和场地的维护与管理；房屋各类公共设施、设备的日常运营、保养、维修与更新，专项维修资金的代管；房屋装饰装修管理；环境卫生管理；绿化管理；保安和公共秩序维护；消防管理；车辆道路管理；公众代办性质的服务，如为业主代缴水电费、煤气费等；物业档案资料的管理。

（2）针对性的专项服务

针对性的专项服务是指物业服务企业面对广大业主和物业使用人，为满足其中一些住户、群体和单位的一定需要而提供的各项服务工作。其特点是物业服务企业事先设立服务项目，并将服务内容与质量、收费标准公布，当住用人需要这种服务时，可自行选择。针对性的专项服务实质上是一种代理业务服务，专为业主、物业使用人提供生活、工作的方便。

针对性的专项服务主要内容包括日常生活类（如为业主洗涤和缝制衣物、代购日常用品、清理室内卫生、代购车船机票、接送小孩上下学），商业服务类（如设立小型商场、美发厅、修理店），文化、教育、体育、卫生类（如开办各种文化、教育、体育、卫生场所），金融服务类（如代办各种保险业务和金融业务等），经纪代理中介服务类（如物业销售、租赁、评估、公证等）。

（3）委托性的特约服务

委托性的特约服务是指物业服务企业为满足业主、物业使用人的个别需求，受其委托而提供的服务，通常是指在物业服务合同中未约定，物业服务企业在专项服务中也未设立，而业主、物业使用人又提出该方面需求的服务项目。委托性的特约服务实质上是专项服务的补充和完善。

4. 物业管理服务的发展趋势

（1）树立超前物业管理服务理念，专业引进品牌物业管理公司。

（2）倡导“体验式”物业管理模式，给业主健康、休闲、浪漫的生活体验。

（3）小区周边外围设置景观围墙，利于小区和周边隔离，加强安保措施，24 小时巡查、监控，消除周边的安全隐患。

（4）采用统一的形象系统进行配置，创建统一的小区标识系统。

(5) 建立智能化物业管理系统，提高管理效率和水平。

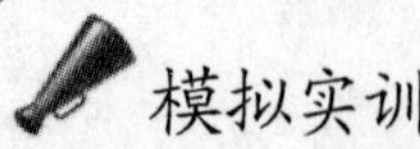

模拟实训

根据本课题学习目标的要求，结合相关理论知识，在教师的指导下，针对以下任务的要求展开实训。

任务一：选择熟悉的大型房地产开发公司进行调研，了解哪些公司建立了客户会，以及该客户会会员的责任和权利。

任务二：选择熟悉的大型房地产项目进行调研，该项目后期使用了哪些物业管理公司？这些公司是开发公司自己组建还是外部招投标？

课题六　房地产项目销售执行活动方案撰写

学习目标

掌握房地产项目销售执行活动方案的基本结构。能够模仿制定较为完整的房地产促销活动方案。

随着房地产行业竞争的加剧，针对消费者的促销活动在房地产销售执行环节中的地位已越来越重要。一份系统、全面的活动方案是促销成功的保障。完整的房地产促销活动方案应由以下 12 部分组成。

一、活动目标

对房地产市场现状及促销活动的目的进行阐述。房地产促销活动的目标主要有以下情况：

1. 开盘销售推广：聚集销售人气，形成热销势头。
2. 楼盘滞销销售推广：摆脱滞销局面，销售由滞到畅。
3. 销售淡季销售推广：克服顾客稀少的情况，使销售业绩淡季不淡。
4. 回笼资金销售推广，减轻企业资金压力。
5. 余房销售推广：针对剩余房源，争取早日脱手。
6. 清盘销售推广：销售尾声，结束销售工作。

二、活动对象

明确促销活动针对的目标客户类型、年龄阶段、从事职业、收入水平、购买动机，明确活动控制在多大范围内，以及是否邀请媒体、政府部门或其他企业参与。

三、活动主题

活动主题是促销活动方案的核心部分，应力求创新，使活动具有震撼力和排他性，打动媒体和客户。

1. 确定活动主题

确定活动主题要考虑活动的目标、竞争条件和环境，以及促销的费用预算和分配。

2. 包装活动主题

在确定了主题之后，要尽可能淡化促销的商业目的，使活动更接近于客户，更能打动客户。

四、活动方式

活动方式部分主要阐述活动开展的具体方式。

1. 确定伙伴

与政府或媒体合作，有助于借势和造势；与代理商或其他中介联合，可整合资源，降低费用及风险。

2. 确定刺激程度

要使促销取得成功，活动必须具有刺激性，能刺激客户参与。刺激程度越高，促进销售的反应就越大。但这种刺激也存在边际效应，因此必须根据促销实践进行分析和总结，并结合客观市场环境确定适当的刺激程度和相应的费用投入。

五、活动时间和地点

时间和地点选择得当，促销活动会事半功倍。在时间上尽量让客户有空闲参与，在地点上也要让客户觉得方便，且要事前与相关部门进行良好的沟通。不仅促销的时间和地点很重要，促销活动持续时间也需要分析。

六、广告配合方式

一个成功的促销活动，需要全方位的广告配合。不同的广告创意、不同的表现手法、不同的媒介，都意味着不同的受众抵达率和费用投入。

七、前期准备

前期准备分三部分：

1. 人员安排

人员安排要做到"人人有事做，事事有人管"，无空白点，也无交叉点。

2. 物资准备

物资准备要做到事无巨细，一一罗列，按单清点，确保万无一失。

3. 试验方案

由于活动方案是在经验的基础上确定，因此有必要进行试验来判断促销工具的选择是否正确，刺激程度是否合适，现有的途径是否理想。试验方式可以是询问客户、填调查表或在特定的区域试行方案等。

八、活动控制

活动控制主要是活动纪律和现场控制。方案中应对参与活动人员各方面纪律作出细致的规定。现场控制主要是把各个环节安排清楚。同时，在实施方案过程中，应及时对促销范围、强度、额度和重点进行调整，保持对促销方案的控制。

九、后期延续

后期延续主要是指活动将采取的后续宣传方式和宣传媒体，为后期的项目产品打下良好的基础。

十、费用预算

应对促销活动的费用投入和产出制定出详细的预算方案。

十一、意外与风险防范

任何活动都有可能出现一些意外（如政府部门的干预、客户的投诉，甚至天气突变导致户外的促销活动无法继续进行等），必须对可能出现的意外与风险事件做好防范准备。

十二、效果预估

预测本次活动会达到什么样的效果，以利于活动结束后与实际情况进行比较，从刺激程度、促销时机、促销媒介等各方面总结成功点和失败点。

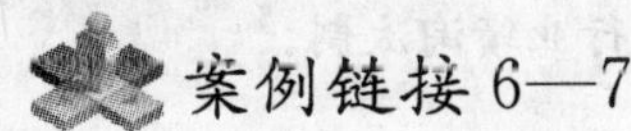案例链接 6—7

名仕龙城项目各阶段企划推广及销售执行方案（节选）

一、第一阶段

项目前期及开盘销售，时间为开始积客至 2009 年 10 月 31 日，现已完结。

1. 阶段性目的

(1) 为项目树立高端的形象，为后期形象展示打下基础。另外，取得必要的销售业绩是本项目获得各方认可的重要前提。

(2) 过半的销售业绩基本适合于本项目的市场定位，真正的目标客户会在年后不断进入，现有客户仍有巨大潜力。

2. 重点工作

(1) 迅速提升销售团队士气，重拾信心。

(2) 根据市场现状及客户储备，确定重点推销房源，提升业绩。

(3) 结合全运会及国庆节，做针对性的主题推广。

(4) 制定出开盘期一系列促销政策。

(5) 做好首批客户签约回款工作，确保首期回款顺畅。

3. 阶段宣传主题

(1) 8 月 25 日～9 月 16 日，以全运会和万人长跑为主题。

(2) 9 月 17 日～9 月 25 日，迎国庆和新售楼处启用。

(3) 9 月 25 日～10 月 17 日，开盘公告。

(4) 10 月 18 日～现在，开盘成功，业绩公示，稳定新老业主。

4. 阶段活动策划

(1) 9 月 16 日，万人长跑活动。

(2) 10 月 3 日，名仕龙城中秋灯谜会。

(3) 10 月 17 日，名仕龙城开盘盛典。

二、第二阶段

项目持续期，2009 年 11 月 1 日至 2010 年 2 月底，现阶段。

1. 阶段性目的

(1) 及时总结项目前期操盘得失，根据需要及时调整，重新制定操盘思路。

(2) 强化细节，进一步完善营销工作。

(3) 把握时机，深入开展技能培训，为来年大卖打下基础。

2. 重点工作

(1) 不断开展促销和主题活动，维系新老客户是该阶段的工作重点。

(2) 全面开展对郊县客户群、重点单位团购的工作力度。

(3) 提出并执行老带新政策，加强介绍成交的支持力度。

(4) 楼书设计制作、销售道具修改、价格体系修正。

(5) 在确保稳定的前提下，加速销售团队的优化进程，实行业绩淘汰制。

3. 阶段宣传主题

(1) 11 月份，名仕龙城地产价值论之地段、教育篇。

(2) 12 月份，名仕龙城地产价值论之户型篇。

(3) 1 月份，名仕龙城地产价值论之建材篇。

(4) 2 月份，名仕龙城迎新春、拜年主题宣传。

4. 阶段活动策划

(1) 11 月份，老带新政策公开。

(2) 12 月份，郊县巡展派单、组织重点单位团购。

(3) 12 月底，贺卡、年历全城大派送，恭贺新年。

(4) 1 月份，名仕龙城建材说明会，实物展厅开放。

(5) 1 月底至 2 月初，名仕龙城年终答谢活动。

三、第三阶段

项目高峰期，2010 年 3 月初至 10 月底，本案最为关键的销售阶段。

1. 阶段性目的及重点工作

(1) 5、6号楼在4～5月推出。
(2) 商业剩余体量5月份推出。
(3) C、D样板房5月份设计施工，7月份完工。
(4) 一期交房筹备及交付工作。
(5) 9月份7、8、11号楼推出。
(6) 楼王推出，将项目品质推向一个高峰。

2. 阶段宣传主题

(1) 3月份，名仕龙城地产价值论之物业篇。
(2) 4月份，名仕龙城地产价值论之商业篇。
(3) 5月份，以名仕龙城样板房设计比赛为主题，提高全民装修意识。
(4) 6月份，名仕龙城地产价值论之智能化篇。
(5) 7月份，名仕龙城地产价值论之功能总结篇。
(6) 8月份，一期开始交房。
(7) 9～10月份，以新楼座推出、楼王呈现为主题。

3. 阶段活动策划

(1) 3月份，3月12日植树节，业主（社区内）植树活动。
(2) 4月底，迎“五一”，车房联展。
(3) 5月份，名仕龙城业主摄影作品展（“我爱我家”主题)。
(4) 6月份，城市变迁——城市老照片摄影展。
(5) 7月份，名仕龙城样板房开放活动。
(6) 8月份，一期交房入住活动。
(7) 9月份，第一届新老业主趣味运动会。
(8) 10月份，楼王推出——高雅艺术赏析活动。

四、第四阶段

项目持续期，2010年11月至2011年2月底。

1. 阶段性目的及重点工作：

(1) 签约回款是该阶段的工作重点。
(2) 在售卖当期房源的同时，开始积累9、10号楼的意向客户。
(3) 根据本年度销售业绩及时调整下阶段的营销策略。
(4) 必要时，放缓销售节奏，提升价格空间，追求利润最大化。

2. 阶段宣传主题

(1) 11月份，暖冬行动，保暖用品馈赠老业主。
(2) 12月份，圣诞主题，名仕龙城迎来第一个社区圣诞节。
(3) 1～2月份，名仕龙城迎新春社区联欢会。

3. 阶段活动策划

(1) 11月份，来访即送礼活动。
(2) 12月份，新老业主平安夜派对酒会。

(3) 1～2 月份，名仕龙城迎新春社区联欢会，正式启动名仕会员制。

五、第五阶段

项目冲刺期，2011 年 3 月初至 10 月底，本案盈利多寡的关键阶段。

1. 阶段性目的及重点工作

(1) 最后一批房源推出，9、10 号楼 5 月份入市。

(2) 可以提前引入项目答谢主题，进一步促销。

(3) 完善会员体系，为下阶段开发工作打好客户基础。

(4) 穿插灵活多变的促销活动，不断形成项目话题。

(5) 价格体系中的均价达到项目顶峰，待余量不足 10%时再适时调整价格。

2. 阶段宣传主题

(1) 3 月份，名仕龙城地产价值论之智能篇。

(2) 4 月份，名仕龙城地产价值论之开发商篇。

(3) 5 月份，以最后房源的推出为主题。

(4) 6 月份，名仕龙城地产价值论之时间篇。

(5) 7 月份，名仕龙城地产价值论至健康篇。

(6) 8 月份，名仕龙城地产价值论之家庭篇。

(7) 9 月份，名仕龙城地产价值论之事业篇。

(8) 10 月份，国庆假期业主郊游联谊活动，老带新主题活动。

3. 阶段活动策划

(1) 3 月份，小区智能体验活动。

(2) 4 月份，制作光盘发放给客户，主要内容为开发商实力和项目历程。

(3) 5 月份，第二届新老业主趣味运动会。

(4) 6 月份，聘请理财专家讲解关于“时间·价值·理财”的话题。

(5) 7 月份，为新老客户组织免费体检活动。

(6) 8 月份，以家庭为单位，组织业主外出旅行或者采摘。

(7) 9 月份，组织中秋赏月活动，馈赠名仕龙城包装月饼。

(8) 10 月份，国庆假期业主自驾郊游活动。

六、第六阶段

项目收盘期，2011 年年底，开发商形象塑造，交房前预处理。

1. 阶段性目的及重点工作

(1) 项目余量不足 10%，针对滞销房源推出特价房促销策略。

(2) 再次强化老带新策略的执行，加速尾盘的去化速度。

(3) 交房工作预处理并执行（装修大讲堂）。

2. 阶段宣传主题

(1) 尾盘销售，收官之作。

(2) 恭贺业主喜迁新居。

3. 阶段活动策划

（1）购房大礼包——购房送装修、送全套家电、送汽车。

（2）各部门交房前业主答疑会（开发商、建筑商、监理部门、主管部门及销售人员）。

（资料来源：郑秋浩《名仕龙城项目企划说明书》）

模拟实训

根据本课题学习目标的要求，结合相关理论知识，在教师的指导下，针对以下任务的要求展开实训。

任务：利用“百度”和“谷歌”等搜索工具，以及之前所收集的房地产网站，搜索下载2份某房地产项目销售执行活动方案，对方案的内容进行分析，写出方案内容对你的启发。

方案一：

名称：________________________________

启发：________________________________

方案二：

名称：________________________________

启发：________________________________

模块理论知识检测

1. 房地产项目销售执行的阶段性划分及各阶段的工作重点有哪些内容？
2. 房地产项目销售执行计划的主要内容有哪些？
3. 房地产项目营销渠道有哪些主要类型？
4. 房地产项目销售代理公司的选择步骤及具体流程是什么？
5. 房地产项目销售付款方式有哪些类型？常见的优惠方式有哪些？
6. 简述房地产项目开盘的时机选择、基本流程、开盘决策及开盘组织实施的主要内容。
7. 房地产项目销售控制有哪些主要方式及内容？
8. 房地产项目售后服务中心建立的目的及主要任务是什么？
9. 物业管理服务的主要内容有哪些？

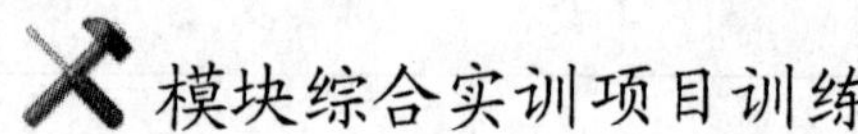

模块综合实训项目训练

房地产项目销售执行策划方案制定

任务要求：选择某未开盘房地产项目，模拟对该项目的开盘设计活动策划方案。

任务提示：

第一，确定实训对象及人选。全班根据情况分为若干小组，每一组选择（或教师指定）所在地区待售的房地产项目作为实训对象；每一小组模拟销售团队，确定岗位人选（岗位可轮换），收集该项目的相关信息。

第二，根据建设进度，为小组确定的项目设计房地产开盘活动方案，主要任务如下：

（1）依据实训项目情况，确定开盘时机。

（2）分析其关联的销售周期，制定内部认购方案。

（3）制定开盘当天完整的活动方案。

评价标准：符合国家相关法律、法规要求，策划方案具有科学性、合理性和可操作性，具有一定的创新性，结构完整。

参考文献

1. 贾士军. 房地产项目策划（第2版）. 北京：高等教育出版社，2011

2. 汤鸿，纪昌品. 房地产策划技术与案例分析. 南京：东南大学出版社，2008

3. 王直民，黄卫华. 房地产策划. 北京：北京大学出版社，2010.

4. 建设部住宅产业化促进中心. 居住区环境景观设计导则. 北京：中国建筑工业出版社，2006

5. 约翰尼·罗斯劳尔，约翰·梅斐尔德. 房地产市场营销（第三版）. 王霆，译. 北京：中国人民大学出版社，2009

6. 中华人民共和国建设部. 房地产开发项目经济评价方法. 北京：中国计划出版社，2005.

7. 祖立厂，王召东. 房地产营销策划（第2版）. 北京：机械工业出版社，2011

8. 夏联喜. 房地产产品规划与组合配比技巧. 北京：中国建筑工业出版社，2010

9. 国家职业标准——房地产策划师（试行）. 北京：中国劳动社会保障出版社，2006

10. 国家职业资格培训教程——房地产策划师. 北京：中国劳动社会保障出版社，2007

11. 余源鹏. 房地产项目销售执行实操一本通. 北京：机械工业出版社，2011

12. 余源鹏. 房地产日常策划业务实操一本通. 北京：机械工业出版社，2009

13. 余源鹏. 房地产市场调研与优秀案例. 北京：中国建筑工业出版社，2006

14. 兰峰. 房地产项目策划. 西安：西安交通大学出版社，2009

15. 廖志宇. 房地产调研执行手册. 北京：中国电力出版社，2008

16. 廖志宇. 房地产定位案头手册. 北京：中国电力出版社，2008

17. 廖志宇. 房地产推广操盘手册. 北京：中国电力出版社，2008

18. 决策资源集团房地产研究中心. 地产策划实施指南. 北京：中国建筑工业出版社，2007

19. 决策资源集团房地产研究中心. 房地产策划剑法. 北京：中国建筑工业出版社，2007

20. 杨思思. 住宅项目策划攻略. 北京：中国建筑工业出版社，2009

21. 杨成贤. 房地产市场调研推广与定价策略. 北京：经济科学出版社，2008

22. 广州市方特思投资策划有限公司. 中国热销地产项目营销诡计. 广州：广东经济出版社，2008

23. 余源鹏. 商业房地产项目招商实操一本通. 北京：机械工业出版社，2010

24. 罗大宇，唐潮. 宅典. 广州：广东经济出版社，2004

25. 肖润松. 房地产市场营销. 北京：化学工业出版社，2011
26. 肖润松. 消费心理学. 北京：高等教育出版社，2010
27. 姚玉蓉. 房地产营销策划. 北京：化学工业出版社，2007
28. 谭善勇等. 房地产传媒运营理论与实践. 北京：化学工业出版社，2007
29. 华梅，蒋英. 房地产营销操作实务. 北京：中国建筑工业出版社，2010
30. 国家发展改革委，建设部. 建设项目经济评价方法与参数（第三版）. 北京：中国计划出版社，2006
31. 苏德利. 居住区规划. 北京：机械工业出版社，2007
32. 卓坚红. 房地产营销策划实训. 重庆：重庆大学出版社，2009
33. 陈春洁. 售楼部管理手册. 北京：机械工业出版社，2009
34. 中海地产营销策划中心. 房地产项目开盘流程. 2010 年 10 月
35. 余源鹏. 房地产项目登记派筹与解筹认购实操一本通. 北京：机械工业出版社，2010
36. 克而瑞（中国）信息技术有限公司. 地产销售经理兵法. 北京：中国建筑工业出版社，2010
37. 郑秋浩. 名仕龙城项目企划说明书. 唯吾知足投资咨询有限公司. 2009
38. 越秀地产投资顾问有限公司. 爱丽舍花园项目营销策划推广报告. 2003
39. 黄福新. 房地产策划师案例报告精选. 北京：机械工业出版社，2008